D1799162

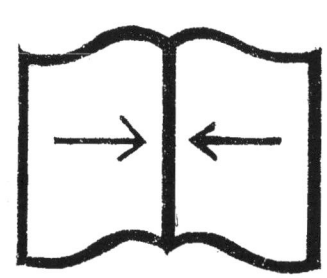

RELIURE SERREE
Absence de marges
intérieures

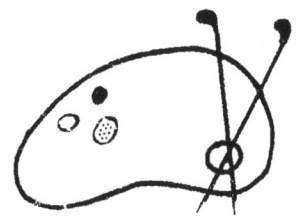

Couvertures supérieure et inférieure
en couleur

LE CRATÈRE

OU

LE ROBINSON AMÉRICAIN

PAR

J.-F. COOPER

TRADUCTION DEFAUCONPRET

Revue et corrigée

PARIS

LIBRAIRIE BLÉRIOT

HENRI GAUTIER, Successeur

55, QUAI DES GRANDS-AUGUSTINS, 55

1896

LE CRATÈRE

OU

LE ROBINSON AMÉRICAIN

Beaugency. — Imp. LaKrag.

LE CRATÈRE

OU

LE ROBINSON AMÉRICAIN

PAR

J.-F. COOPER

TRADUCTION DEFAUCONPRET

Revue et corrigée

PARIS
LIBRAIRIE BLÉRIOT
HENRI GAUTIER, Successeur
55, QUAI DES GRANDS-AUGUSTINS, 55

1896

CHAPITRE Iᵉʳ

De toutes les licences que se permet la liberté américaine, il n'en est pas de plus grande, de plus manifeste, que le changement continuel des noms de baptême. La Bible, la Mythologie, l'Histoire ancienne, ont tour à tour fourni leur contingent.

Heureusement pour le héros de cette histoire, il était venu au monde il y a soixante ans, avant cette invasion des noms modernes, dans la petite ville de Bristol, du comté de Bucks, en Pensylvanie, et il avait reçu tout simplement le nom de Marc.

Son père était médecin, et eu égard au pays et à l'époque, médecin habile et instruit. Le docteur Woolston avait un confrère qui ne demeurait qu'à un mille de distance, et qui s'appelait Yardley. C'était un homme respectable, d'une instruction à peu près égale à celle de son voisin, mais d'une fortune beaucoup plus considérable. Il n'avait qu'une fille, tandis que le docteur Woolston avait une famille nombreuse. Marc était l'aîné, et ce fut sans doute à cette circonstance qu'il fut redevable des soins donnés à son éducation, puisqu'il était le seul des enfants dont on eût encore à s'occuper.

En 1777, un collége en Amérique n'était guère autre

chose qu'une bonne école primaire. En fait de lettres, on n'y étudiait guère que la grammaire; mais on y recevait quelque teinture des sciences. C'en était assez pour qu'en sortant de là on pût aspirer au titre de bachelier ès-arts, et Marc Woolston l'aurait obtenu tout comme un autre, sans un événement qui arriva dans sa seizième année, et qui, en amenant un changement complet dans son plan de vie, étouffa dans leur germe les honneurs académiques auxquels il allait être appelé.

Bien qu'il soit rare de voir de grands bâtiments remonter la Delaware plus haut que Philadelphie, la rivière est navigable même pour eux presque jusqu'à Trenton Bridge. En 1793, lorsque Marc Woolston venait d'avoir seize ans, un bâtiment gréé en carré vint jeter l'ancre à l'extrémité du quai de Burlington, petite ville située presque en face de Bristol. Ce fut aussitôt le point de mire de tous les jeunes gens du voisinage. Marc était alors en vacances, et il n'avait d'yeux que pour le beau navire; à chaque instant il passait la rivière sur une barque pour l'admirer de plus près. A partir de ce moment, il ne pensa plus qu'à l'Océan, et ni les larmes de sa mère, ni le désespoir de la plus âgée de ses sœurs, enfant qui n'avait que deux ans de moins que lui, ni les représentations plus calmes de son père, ne purent ébranler sa résolution. Les six semaines de vacances se passèrent à débattre cette grande question, et le docteur finit par se rendre, réfléchissant sans doute que ce serait une assez grande charge pour lui de pourvoir à l'éducation de ses autres enfants, et que ce serait toujours autant d'épargné si l'aîné se mettait le plus tôt possible en état de se suffire à lui-même.

En 1793, le commerce de l'Amérique était déjà florissant, et Philadelphie était alors de beaucoup la ville

la plus importante du pays. C'était surtout avec les
Indes Orientales qu'elle avait des relations commer-
ciales, qui prenaient de jour en jour plus d'importance,
et le docteur Woolston n'ignorait pas qu'on y faisait
rapidement fortune. Un de ses cousins avait épousé la
fille d'un capitaine de bâtiment marchand ; le père lui
demanda ses conseils et son appui. Le capitaine Crutchely consentit à prendre Marc sur son bord, et il promit d'en faire un homme, et, qui plus est, un officier.

Marc avait juste seize ans le jour où il vit la mer
pour la première fois. C'était un grand garçon de cinq
pieds six pouces, fort pour son âge, et plein d'activité.
A vrai dire, il eût été difficile de trouver personne de
mieux préparé pour son état que le jeune Marc Woolston. Si les trois années qu'il avait passées au collége
n'en avaient fait ni un Newton ni un Bacon, elles n'a-
vaient pas été inutiles pour lui ; car elles avaient meu-
blé sa tête d'une foule de notions en tous genres, dont,
par la suite, il devait tirer parti. Il savait un peu de
tout, et il était si adroit et si habile en une foule de
choses, et de tant de manières différentes, qu'il ne tarda
pas à attirer l'attention des officiers. A peine avait-on
mis à la voile, qu'il était aussi à l'aise à bord du *Rancoc* que dans la maison paternelle, et le jour même, le
capitaine Crutchely dit à son second : Voilà un gaillard
qui ira loin !

Le pauvre Marc ne perdit pas de vue la terre, pour
la première fois de sa vie, sans avoir le cœur un peu
gros. Il aimait tendrement son père, sa mère, ses frères
et ses sœurs.

Le père de Marc avait pour collègue et pour rival le
docteur Yardley. Les deux médecins étaient obligés
d'avoir ensemble de tristes relations, soit dit sans ca-

lembour. Ils étaient trop souvent appelés ensemble en consultation pour être en guerre ouverte. Mais si les chefs des deux familles se trouvaient parfois en même temps au chevet du lit d'un malade, les familles elles-mêmes n'avaient point de relations entre elles. Elles pouvaient se rencontrer par hasard en soirée, mais sans jamais se faire la moindre avance. Les excellentes dames n'étaient pas moins divisées pour les opinions religieuses que leurs maris pouvaient l'être sur la vertu de tel ou tel remède. Il n'était guère question alors d'homéopathie, ni d'allopathie, ni d'hydropathie, ni de toutes les opathies du monde; mais on n'en trouvait pas moins matière à de très-amères discussions, et les médecins se déchiraient à tout aussi belles dents qu'aujourd'hui.

Bien différents étaient les sentiments des enfants. Anne Woolston, la sœur aînée de Marc, et Brigitte Yardley, étaient presque du même âge, et elles étaient compagnes de pension et les meilleures amies du monde. Rendons justice à leurs mères : elles ne cherchèrent pas à contrarier cette inclination; au contraire, elles laissèrent leurs filles libres de s'y livrer, comme s'il leur suffisait de se haïr personnellement, sans chercher à transmettre à leurs enfants ces sentiments d'hostilité. Anne et Brigitte s'aimaient donc de toute leur âme, persuadées, les chères petites, dans la simplicité de leurs cœurs, que puisque leurs pères exerçaient la même profession, c'était un motif de plus pour elles de rester étroitement unies. Elles pouvaient avoir deux ou trois ans de moins que Marc; mais elles étaient déjà grandes, et aimantes et bonnes autant qu'on peut l'être. On envoyait presque toujours Marc chercher sa sœur, lorsqu'elle allait voir son amie, et il était naturellement admis en tiers dans leur intimité. Il fut convenu que Marc serait le frère de Brigitte comme il était celui d'Anne. Brigitte était fille unique, et il était bien juste de chercher à réparer les torts de la fortune.

Marc comprit pour la première fois la force de cet attachement fraternel, quand il perdit les Caps de vue, et qu'il se figura la chère enfant parlant avec sa sœur de l'absence et des périls du jeune marin. Mais Marc avait trop l'esprit de corps pour se consumer en regrets ou pour négliger son service. Il n'avait pas encore doublé le cap de Bonne-Espérance, que son poste était dans les hunes, et quand le bâtiment entra dans les mers de Chine, il avait déjà été appelé au gouvernail.

Ces sortes de voyages duraient alors près d'un an, et le *Rancoc* ne fit pas exception. Si messieurs les Chinois avaient le quart de l'activité de nos Américains, il ne faudrait pas le quart de ce temps; mais le transport du thé sur les canaux du Céleste-Empire était loin de se faire avec la même rapidité que celui du froment sur les routes de la Grande-République, même lorsqu'elles étaient encore aussi raboteuses qu'à l'époque dont nous parlons.

Le *Rancoc* était à peine de retour depuis vingt-quatre heures que Marc Woolston faisait l'envie de tous les garçons de Bristol. C'était alors un beau jeune homme de dix-sept ans, grand, bien fait, dégagé, qui avait doublé le Cap, qui avait vu des pays étrangers et qui avait dans chacune des poches d'une belle veste bleue, d'un drap superfin, un vrai foulard des Indes, dont le bout sortait coquettement, tandis qu'un autre foulard, noué négligemment autour de son cou, retombait sur sa chemise entr'ouverte. A combien de questions il lui fallut répondre sur les baleines, sur les pieds chinois,

et sur ces « vagues qui sont autant de montagnes! »
Marc répondait à tout avec une patience héroïque. Il
était heureux! heureux d'être l'objet de tant d'atten-
tions ; plus heureux encore au sein d'une famille dont
il était devenu l'orgueil.

Enfin, au bout d'un mois trop court, Marc fut rappelé à son poste à bord du *Rancoc*, et il lui fallut s'ar-
racher à ses parents et à ses amis. A son âge, on ne se
laisse pas abattre ; il n'était pas parti depuis huit jours
qu'il était le boute-en-train de tout l'équipage. Il n'allait pas directement à Canton, comme à son premier
voyage. Le *Rancoc* portait une cargaison de sucre à
Amsterdam ; de là il alla à Londres, où il prit un chargement pour Cadix. C'était l'époque où le volcan de la
Révolution française jetait ses premiers feux, et c'était
par la marine américaine que se faisait la plus grande
partie du commerce du monde. Le capitaine Crutchely
avait pour instructions de faire le cabotage en Europe,
jusqu'à ce qu'il eût réuni un nombre de dollars suffisant pour acheter une riche cargaison. Alors seulement
il devait prendre la route de Canton. Comme il allait
de port en port, Marc eut beaucoup d'occasions de voir
le monde, autant du moins qu'on peut le voir dans les
ports de mer. Grande en effet est la différence entre des
villes qui ne sont que des entrepôts de commerce, et
celles qui sont les capitales politiques de vastes con-
trées ! Il en est quelques-unes, Londres, par exemple,
qui réunissent les deux avantages, et alors elles échap-
pent à ce ton provincial, à cet esprit étroit, qui n'est
que trop commun dans les simples résidences de cours.
C'est ce qui rend Naples, malgré le peu d'importance
de son commerce, supérieure à Vienne, et Gênes à Flo-
rence. Quoi qu'il en soit, si Marc, dans ses visites pre-

cipitées à Amsterdam, à Londres, à Cadix, à Bordeaux, à Marseille, à Gibraltar, et à quelques autres ports encore, que je pourrais nommer, n'eut pas le temps d'approfondir ce qu'il voyait et ce qu'il entendait, il n'en fit pas moins une ample récolte de connaissances, dont il fit son profit par la suite. Peu à peu il dépouillait la rouille de sa province et ses idées s'agrandissaient. . Avant de partir pour Canton, Marc se vit appelé du gaillard d'avant à la cabine. Les deux années qu'il avait passées sur mer l'avaient déjà formé, et l'éducation qu'il avait reçue lui avait facilité l'étude de la navigation. Les officiers de marine n'étaient pas alors communs en Amérique, et un jeune homme aussi heureusement doué que Marc, au physique comme au moral, ne pouvait manquer de faire rapidement son chemin, pourvu qu'il se conduisît bien. Il n'est donc pas étonnant que notre jeune marin ait été nommé second lieutenant du *Rancoc* avant d'avoir accompli sa dix-huitième année.

Le voyage de Londres à Canton, puis de Canton à Philadelphie, prit environ dix mois. Le *Rancoc* était un bon voilier, mais il ne pouvait communiquer sa vitesse aux bâtiments chinois. Aussi Marc allait-il avoir dix-neuf ans dans quelques semaines, quand son navire doubla le cap May. En arrivant, le capitaine Crutchely lui promit qu'il serait son premier lieutenant dans son prochain voyage, et, tout heureux de cette promesse, Marc se hâta de remonter le fleuve jusqu'à Bristol.

Lorsque Marc arriva, Brigitte était en deuil de sa mère. Cette perte avait encore rapproché les deux jeunes filles. Marc était de retour depuis quinze jours à peine, quand tout à coup le docteur Yardley lui chercha querelle et lui défendit de remettre les pieds chez lui. D'où provenait cette colère subite? Simplement de ce que Brigitte était devenue une héritière, et qu'elle avait une fortune indépendante du côté de sa mère. Or, penser que cette fortune irait peut-être enrichir le fils de son ennemi, c'était ce que le docteur ne pouvait supporter. Il n'épargna pas les insinuations les plus malveillantes contre les Woolston en général, en exceptant toutefois Anne qu'il ne confondait pas, disait-il, avec les autres. Marc se conduisit avec une modération admirable. Il n'oublia pas un moment que c'était un vieillard qui lui parlait, et que ce vieillard était le père de Brigitte. Que lui importait la fortune de la jeune fille? Savait-il seulement que sa mère lui eût laissé une ferme et des rentes considérables? Ce qu'il aimait en elle, c'était sa franchise, sa douceur, son cœur si tendre et si dévoué; jamais ses pensées n'avaient été plus loin. Marc écouta le docteur jusqu'au bout; puis, quand il fut bien convaincu qu'il prolongerait inutilement sa visite, il saisit vivement son chapeau et sortit.

CHAPITRE II

La scène qui avait eu lieu chez le docteur Yardley ne tarda pas à être connue du docteur Woolston. Il aimait assez Brigitte, autant du moins qu'il pouvait aimer une Yardley; mais l'outrage fait à son fils était sanglant; à son tour, il défendit toutes relations entre les jeunes filles. Brigitte aimait Anne à l'égal de Marc, et elle ne pouvait s'habituer à ne plus la voir. Sa santé même s'en alléra au point d'alarmer son père. Pour la distraire, il imagina de l'envoyer chez une de ses tantes à Philadelphie, oubliant que c'était justement là que le bâtiment de Marc était amarré.

Marc déploya tant d'éloquence qu'il obtint la main de Brigitte, mais sans sa dot, et le mariage fut célébré à bord du *Rancoc*, dans la cabine qui, en l'absence du capitaine qui était alors à terre, appartenait tout entière au jeune officier, lieu tout-à-fait convenable pour le mariage de deux jeunes gens qui devaient avoir les aventures que l'on verra plus tard.

Le *Rancoc* sortait des chantiers de Philadelphie, où se construisaient alors les meilleurs bâtiments. C'était un très-beau navire, quoique les dimensions n'en fussent pas très-grandes. Il pouvait porter près de quatre cents tonneaux, et la cabine du capitaine était spacieuse et commode. Sa femme, bonne et industrieuse ménagère, avait veillé elle-même à ce qu'il n'y manquât rien, et Brigitte trouva que la chambre dans laquelle elle fut unie à Marc était la plus jolie du monde. Certes on n'y voyait pas des colonnes de marbre, des boiseries d'érable, des meubles en bois de rose : ce sont des extravagances auxquelles on ne songeait pas il y a cinquante ans; mais il n'y manquait rien de ce qui pouvait contribuer à l'agrément et à la commodité des passagers. Elle était sur le pont, ce qui contribuait encore à lui donner meilleure apparence, celles qui sont placées en bas étant nécessairement plus sombres et plus étroites, puisque le bâtiment est d'autant meilleur voilier, qu'il se rétrécit davantage dans sa partie inférieure.

Les témoins du mariage furent, outre les parents, l'amie de Brigitte, le prêtre officiant, et un marin qui

C.   1.

avait été de tous les voyages de Marc, et qui avait été
établi par le capitaine gardien du bâtiment, tout prêt à
être encore du prochain voyage. Il se nommait Robert,
ou, comme on l'appelait généralement par abréviation,
Bob Betts. Il était de l'état de New-Jersey, dans les États-
Unis. A l'époque dont nous parlons, il pouvait avoir
trente-cinq ans et semblait voué à tout jamais au céli-
bat. Des fenêtres de la maison de son père, Bob, avait
sous les yeux l'océan Atlantique, de sorte que, dès le
berceau, il avait humé l'air de la mer. A huit ans, il
était entré comme mousse à bord d'un caboteur, et depuis lors il avait toujours été matelot. Pendant toute la
guerre de la Révolution, Bob avait servi dans la marine,
tantôt sur un bord, tantôt sur un autre, et il avait eu le
bonheur de n'être jamais fait prisonnier.

Le capitaine Crutchely avait engagé Bob après la paix
de 1783, et depuis lors il l'avait toujours gardé avec lui.
C'était à Bob qu'il avait confié l'instruction de Marc,
quand celui-ci était venu à bord, et c'était sous Bob
que le jeune matelot avait fait son apprentissage. Bob
était plein de ressources, et, comme presque tous les
matelots américains, il n'y avait presque rien qu'il ne
sût faire de ses dix doigts. C'était, entre autres, un mé-
canicien des plus habiles. D'une force athlétique, d'une
taille gigantesque, d'une carrure remarquable, Bob
était pour ses amis d'un dévouement à toute épreuve.
Il ne voyait jamais un défaut à ceux qu'il aimait, ni
une bonne qualité à ceux qui lui déplaisaient. Son attachement pour Marc était sans bornes, et l'avancement
de son jeune ami lui avait fait autant de plaisir que s'il
se fût agi du sien.

Dans la dernière traversée, il avait dit aux matelots
du gaillard d'avant :

— Vous voyez bien Marc Woolston? eh bien, ce sera
un fameux loup de mer dans son temps, retenez ça de
moi! Le plus beau jour de ma vie sera celui où je pour-
rai m'embarquer à bord d'un bâtiment commandé par
le *capitaine* Marc Woolston. C'est moi qui lui ai appris
à mordre dans un biscuit de mer, et c'est que, dès le
premier jour, il s'en acquittait joliment. Voyez-le donc
haler sur un câble! quel gaillard! Et dire qu'il n'y a
pas plus de deux ans, on eût cru qu'il allait s'évanouir
à l'odeur du goudron!

Ici, Bob brodait un peu; car jamais Marc n'avait eu
de ces délicatesses. Il répondait cordialement à l'attachement de Bob, et c'était une véritable paire d'amis.

Quoiqu'il n'y eût, avec le prêtre et les parents, que
deux témoins du mariage, Bob Betts et Marie Bromley,
on n'en dressa pas moins deux contrats en bonne
forme, dont l'un fut remis à Marc, et l'autre à Brigitte.
Cinq minutes après la cérémonie, on se sépara; les
deux jeunes filles rentrèrent chez elles, le prêtre et les
parents retournèrent à leurs affaires, et les deux marins restèrent sur le bâtiment.

D'après les conditions arrêtées avant le mariage,
Marc devait encore laisser deux ans sa femme auprès
du docteur Yardley, son père.

Marc ne savait pas que Brigitte avait trente mille
dollars qui lui étaient assurés, et qu'elle toucherait à sa
majorité. Il ne l'apprit que plusieurs jours après son
mariage.

Il fut décidé qu'il resterait à bord du *Rancoc,* qui allait entreprendre son quatrième voyage. Le bâtiment
devait se diriger vers quelques unes des îles de l'océan
Pacifique et y prendre un chargement de bois de sandal pour le marché de Chine. A son retour, Marc serait

majeur et pourrait prendre le commandement d'un navire, s'il ne voulait pas renoncer à son état. Jusqu'au moment du départ, Marc pourrait aller voir de temps en temps sa femme; quant aux lettres, il leur était permi_ de s'écrire aussi souvent que cela pourrait leur faire plaisir. Tels furent les principaux articles du traité conclu entre le père de Marc et celui de Brigitte.

Cependant le bâtiment faisait ses préparatifs de départ, et Marc ne pouvait quitter le bord que le dernier jour de chaque semaine. Il s'arrangeait du moins pour passer son dimanche à Bristol; il voyait sa femme à l'église, faisait avec elle une promenade dans la campagne sous la surveillance d'Anne, et repartait assez à temps pour être à son poste le lundi matin à l'ouverture des écoutilles.

Moins d'un mois après le mariage prématuré de Marc Woolston et de Brigitte Yardley, le *Rancoc* partit pour l'océan Pacifique et pour Canton. Marc trouva moyen d'aller passer un jour à Bristol, et le docteur Yardley consentit à conduire sa fille à Philadelphie avec son amie pour qu'elle pût lui faire ses derniers adieux. Le docteur daigna même visiter le bâtiment. Mistress Crutchely était là pour présider aux derniers arrangements et voir si tout était bien en ordre.

Cependant, l'heure de la séparation finale arriva. Malgré tout son courage, Marc sentit son cœur près de se briser, et Brigitte éclatait en sanglots. Une séparation de deux ans, c'est un siècle pour ceux qui n'ont pas encore vécu quatre lustres. Qu'eût-ce été, s'ils avaient pu prévoir par quels grands et mystérieux événements leur absence devait être prolongée!

On dit qu'à bord il n'y a point de dimanche; ce qui veut dire qu'il faut être constamment à l'œuvre, la la nuit comme le jour, par le calme comme par la tempête. Le *Rancoc* n'était pas exempt de la règle commune et il y avait toujours quelque manœuvre à exécuter pour les gens de l'équipage. Mais nous n'avons pas l'intention de décrire minutieusement cette longue traversée, pour deux raisons : d'abord parce que ce sont les mêmes incidents qui marquent presque toujours les voyages à l'extrémité méridionale du continent d'Amérique; ensuite parce que nous avons à raconter beaucoup d'autres événements qui demanderont toute notre attention, et qui auront sans doute plus d'intérêt pour le lecteur.

Le capitaine Crutchely toucha, suivant l'usage, à Rio-Janeiro, pour renouveler ses provisions, et, lorsqu'il eut passé une semaine dans le plus délicieux de tous les ports, il poursuivit sa route. Enfin, après avoir doublé le cap Horn, en moins de quinze jours il arrivait à Valparaiso.

C'était alors que commençait la partie vraiment sérieuse du voyage. Jusque-là on n'avait guère eu qu'à se laisser glisser à travers ces déserts sans bornes de l'Océan; mais le moment de la besogne était arrivé. On déchargea le fret qu'on avait apporté pour le compte du gouvernement d'Espagne, on prit de l'eau, un supplément de vivres en cas de scorbut, et au bout d'une nouvelle quinzaine le bâtiment reprit la mer.

En 1796, l'océan Pacifique n'était pas aussi connu des marins qu'il l'est aujourd'hui. Il n'y avait que vingt ans que Cook avait fait ses célèbres voyages, et les relations en avaient été publiées; mais Cook lui-même avait laissé beaucoup à faire, et il y avait encore bien des points à éclaircir. Le premier auteur d'une découverte acquiert un grand renom; mais ce sont généralement ceux qui viennent après lui qui savent utiliser ses travaux. Si nous ne connaissions de l'Amérique que ce que Christophe Colomb en a connu, nous serions bien loin encore de recueillir tous les fruits de sa grande découverte.

Comparativement à son étendue, et eu égard au temps qui y règne ordinairement, l'océan Pacifique peut à peine être regardé comme une mer dangereuse; cependant il suffit de jeter un coup d'œil sur la carte pour voir combien les groupes d'îles, les rochers, les récifs et les bas-fonds, y sont en plus grand nombre que dans l'Atlantique. Quoi qu'il en soit les marins sillonnent hardiment ces vastes plaines, et les Américains sont au nombre des plus audacieux et des plus intrépides.

Pendant près de deux mois après son départ de Valparaiso, le capitaine Crutchely sonda les profondeurs de cette belle mer, à la recherche des îles que ses instructions portaient de trouver. C'était du bois de sandal qu'il s'agissait de prendre, branche de commerce, soit dit en passant, dont tout chrétien devrait scrupuleusement s'abstenir si ce qu'on rapporte de l'usage qu'on en fait en Chine est vrai : ce bois serait brûlé comme encens au pied des idoles, et une créature humaine peut-elle commettre un plus grand crime que de contribuer, même indirectement, à faire rendre à un autre qu'à Dieu l'hommage qui n'est dû qu'à lui ! C'est une réflexion qui se présenta plus d'une fois à l'esprit de Marc Woolston, quand plus tard il en vint à réfléchir aux causes qui avaient pu amener les prodigieux événements dans lesquels il se trouva enveloppé. Mais nous voici arrivés à un endroit de notre récit où il devient nécessaire d'entrer dans des détails que nous remettrons au commencement d'un nouveau chapitre.

CHAPITRE III

La journée qui précéda la nuit dont nous avons à parler fut brumeuse, et le vent était est-sud-est, circonstance favorable pour le *Rancoc*, qui portait au sud-ouest. Le capitaine Crutchely avait un défaut capital pour un maître de bâtiment : il buvait trop de grog à son dîner. A tout autre moment de la journée, c'était un homme sobre ; mais au dîner il avalait d'un trait trois ou quatre verres de rhum avec très-peu d'eau. Et ce n'était pas de cette manière seulement qu'il savourait les douceurs de la table : il ne faisait pas moins d'honneur aux mets abondants qu'il avait soin de se faire servir, et la cuisine de son bord était renommée.

Le jour en question était précisément l'anniversaire de la naissance de mistress Crutchely, et le capitaine n'aurait pas voulu manquer de le célébrer par des libations plus copieuses encore que d'ordinaire. Or, quand la ration régulière est déjà plus qu'il ne faudrait pour la santé, pour peu qu'on y ajoute encore, il est impossible que la tête résiste. C'est ce qui était arrivé au capitaine au moment où il quittait la table. Marc qui, lui, ne faisait jamais d'excès, vit avec peine l'état de son capitaine, d'autant plus qu'un matelot qui redescendait de la hune prétendait que, dans un moment où le temps était clair, il avait vu à l'avant un point où la mer était « blanche. » Marc fit connaître cette circonstance au capitaine en disant qu'il pourrait être à propos de diminuer de voiles, de mettre en panne et de jeter la sonde. Mais le capitaine n'en tint aucun compte. Il dit que les matelots étaient toujours prêts à croire qu'ils allaient donner contre des bancs de corail, et qu'il n'y aurait pas de raison pour qu'on arrivât jamais s'il se prêtait à toutes les fantaisies de cette nature. Par malheur, le lieutenant en second était un vieux matelot qui ne devait son poste qu'au goût immodéré que, comme son patron, il avait pour les liqueurs fortes, et il venait justement de se griser avec lui. Cet homme encouragea le capitaine dans le mépris qu'il faisait de ces sottes terreurs, et Marc se vit réduit au silence.

Cependant notre jeune officier n'était pas tranquille. Le matelot qui avait fait le rapport était un homme sûr, incapable de dire ce qu'il n'aurait pas cru vrai. Il était alors six heures du soir, et Marc, qui venait d'être relevé du quart, monta dans les barres de perroquet, afin de profiter des derniers rayons du jour pour faire lui-même ses observations. D'abord il ne put rien distinguer à plus d'un mille de distance, à cause de la brume; mais au moment où le soleil entrait dans la mer, il se fit une clarté à l'ouest, et Marc vit alors distinctement ce qu'il reconnut ne pouvoir être que des brisants, qui se prolongeaient dans une étendue de plusieurs milles à travers la route du bâtiment.

Une pareille découverte ne permettait pas d'hésiter, et le jeune marin cria aussitôt :

— Des brisants à l'avant!

Ce cri, poussé par le premier lieutenant, tira de son assoupissement le capitaine lui-même, qui commençait à se remettre de ses libations ; mais il fut sans effet sur son compagnon, qui n'avait jamais pardonné à un tout jeune homme comme Marc d'avoir obtenu un poste qu'il lui semblait qu'un homme de son âge et de son expérience aurait rempli beaucoup mieux. Il fit des gorges chaudes de ce qu'on s'obstinait à parler de brisants sur un point de l'Océan où la carte indiquait une mer parfaitement libre; mais le capitaine n'ignorait pas que les cartes ne peuvent dire que ce qu'on sait à l'époque où elles sont faites, et il n'était pas disposé à pousser aussi loin l'incrédulité. Il cria donc : « En haut tout le monde ! » et l'on diminua de voiles. Marc descendit de son observatoire pour se mettre aussi à la besogne, pendant que le capitaine y montait à son tour pour chercher les brisants. En se croisant sur le mât, le capitaine dit à Marc de présenter le cap au sud, dès qu'il y aurait assez peu de voilure pour le faire sans danger.

A peine sur le pont, Marc se mit à exécuter les ordres qui lui avaient été donnés. Les voiles furent diminuées rapidement; la crainte aiguisait encore le zèle des matelots, car leur jeune officier inspirait de la confiance. Quoique le bâtiment fût sous ses bonnettes hautes quand le commandement de carguer les voiles fut donné, il ne resta bientôt que les trois huniers avec deux riz pris, et le bâtiment alla à la bouline (1) le cap au sud. Quand ces manœuvres furent achevées, le jeune marin éprouva un grand soulagement, car, par suite du changement de direction, les brisants qu'il avait vus à l'avant se trouvaient alors par le travers du navire. Il est vrai qu'ils étaient encore sous le vent, ce qui était une position très-dangereuse ; mais le vent n'était pas assez fort pour empêcher de les doubler, pourvu qu'on ne perdît pas un instant.

(1) Aller à la bouline, c'est lutter contre un vent contraire.

Il n'y avait pas cinq minutes que le capitaine Crutchely était dans les barres de perroquet qu'il cria qu'on lui envoyât Bob. Bob avait la réputation d'être le plus clairvoyant de l'équipage, et c'était lui qu'on employait toutes les fois qu'on croyait approcher de terre ou de quelque navire. Il grimpa le long des agrès comme un écureuil, et fut bientôt à côté du capitaine, tous deux regardant de tous leurs yeux du côté sous le vent. En redescendant, ils s'arrêtèrent à la hune pour jeter encore un coup-d'œil du même côté.

Le second lieutenant attendait le retour du capitaine, ayant sur sa rude figure une expression sardonique qui semblait annoncer d'avance qu'on allait voir que cette eau, que Marc disait blanche, avait perdu sa couleur, et qu'elle était redevenue bleue. Mais le capitaine Crutchely n'alla pas aussi loin quand il fut descendu sur le pont. Il convint qu'il n'avait rien vu qui lui parut être positivement des brisants, mais que cependant, une ou deux fois, quand le temps s'éclaircissait un peu, il avait vu briller à l'horizon quelque chose qui l'intriguait fort. Ce pouvait être une écume blanche, comme aussi l'effet des derniers rayons du soleil couchant. Bob Betts n'était pas moins en défaut que son capitaine, et une réflexion d'Hillson, le second lieutenant, acheva de mettre les brisants de Marc en discrédit.

— Mais regardez donc la carte, capitaine ! jamais on n'en a dressé de plus exacte. Vous verrez qu'il ne *peut* pas y avoir par ici la plus petite goutte d'eau blanche. S'il faut diminuer de voiles et nous haler dans le vent à chaque baleine morte qui se trouvera sur notre passage, ça ne fera pas le compte des armateurs.

— Et vous, Bob, n'avez-vous rien vu là-haut ? demanda Marc, en appuyant sur le mot *vous* de manière

à indiquer qu'il n'était pas trop surpris que le capitaine
eût eu un brouillard sur les yeux.

— Rien de rien, monsieur Woolston, répondit Bob,
et cependant j'ai regardé crânement à l'avant.

Ce témoignage était décisif contre Marc. Le capitaine
se fit apporter la carte. Il se mit à l'examiner avec Hillson, et ces deux fortes têtes en vinrent à la conclusion
que de toute nécessité la mer était libre autour d'eux
dans toutes les directions, à plus d'un millier de milles
à la ronde. Dans les cas embarrassants, c'est un grand
pas de fait quand on a décidé que telle ou telle chose
doit être. Le capitaine Crutchely n'aurait pas sans doute
porté le même jugement, s'il avait eu la tête plus libre;
il n'en était pourtant pas encore au point d'oublier tous
ses devoirs dans une circonstance si critique. Et comme
Marc protestait avec plus de force que jamais qu'ils
étaient en face de brisants, le capitaine consentit à faire
jeter la grande sonde.

Ce n'est pas une petite opération, surtout à bord d'un
bâtiment marchand, où elle prend ordinairement de
quinze à vingt minutes. Il faut d'abord que le bâtiment
mette en panne (1), et perde son aire, autant que possible; puis c'est la sonde qu'il faut disposer, les hommes
qu'il faut placer. Pendant ce temps, le jour tombait de
plus en plus; une petite pluie fine ajoutait à l'obscurité,
et Marc était plus que jamais convaincu de la position
dangereuse du navire.

La sonde apprit qu'on ne trouvait pas le fond à
quatre cents brasses. Ce n'était pas un indice con-
cluant, même pour l'incrédule Hillson, car on savait
très-bien que les bancs de corail s'élèvent souvent dans

(1) Mettre en panne, c'est suspendre ou ralentir la marche d'un navire.

l'Océan comme des murs perpendiculaires, sans qu'on puisse soupçonner leur présence même à une encâblure de distance. De son côté Marc ne croyait pas qu'on en fût encore très-près, car la vue porte loin du haut d'une élévation comme celle des barres de perroquet, et l'écume blanche ne s'était montrée à ses yeux que tout à l'extrémité de l'horizon occidental.

Après une nouvelle conférence avec ses officiers, pendant laquelle Hillson n'avait pas épargné les épigrammes à son supérieur moins expérimenté, le capitaine Crutchely se décida pour un parti qu'on pourrait appeler demi-prudent. Il n'y a rien qui répugne plus à un marin que de paraître s'effrayer trop aisément d'un danger qui n'est pas certain. Que ce danger soit constant, hors de toute contestation, il ne se fera point scrupule de mettre tout en œuvre pour l'éviter; mais qu'il y ait doute, ce misérable sentiment de vanité qui nous porte tous à faire violence à notre nature, nous fait affecter de l'indifférence même quand nous avons peur. Dans les circonstances où le capitaine Crutchely se trouvait placé, le parti le plus sage eût été de courir bord sur bord en faisant peu de voile, jusqu'au lendemain matin où il aurait pu remettre le cap en route avec plus de confiance. Mais ç'aurait été une sorte de concession faite à l'influence d'un danger inconnu, et le vieux marin se fût cru déshonoré en cédant à un sentiment de crainte. Il résolut donc de faire la même route, avec les ris pris dans les huniers, mais d'avoir toujours un homme en vigie, et les basses voiles sur les cargues, afin de pouvoir amurer tout bas et s'éloigner au vent, s'il était nécessaire.

Il est certain que, par suite de ces dispositions, le péril était beaucoup moindre, et lorsque Marc prit le

quart, ses inquiétudes avaient diminué. Ce qui le tourmentait, c'était l'obscurité intense qui l'entourait, et
qui ne lui permettait pas de distinguer la mer même à
une encâblure du bâtiment. Le capitaine et Hillson
étaient rentrés dans la cabine, où ils avaient encore
vidé chacun un grand verre de rhum. Le jeune marin,
debout entre les apôtres (1), redoubla de surveillance,
et puisque ses yeux ne pouvaient lui rendre aucun service, il prêtait avidement l'oreille pour saisir quelque
lointain murmure qui pût l'avertir de la présence des
brisants; car il était persuadé qu'il s'en rapprochait de
plus en plus. Il était près de minuit, et la pensée qu'à
cette heure Hillson allait prendre sa place, lorsque de
nouveaux excès l'avaient mis hors d'état de veiller à la
sûreté du bâtiment, lui causa une angoisse inexpri-
mable. Il ne se trompait pas cette fois : c'était bien le
bruit redouté qu'il entendait non pas à l'avant, mais à
tribord. Le danger était assez pressant pour qu'il pût
se départir de ses instructions, et il donna ordre aussitôt de mettre la barre tout à tribord, afin de courir debout au vent à bord opposé. Par malheur, ainsi que
l'événement le prouva, son devoir impérieux était d'aller rendre compte au capitaine de ce qu'il avait fait.
Un moment il eut la pensée de ne rien dire, de ne
point réveiller le second lieutenant et de rester sur le
pont jusqu'au jour; mais la réflexion le convainquit
que c'était une responsabilité qu'il ne lui était pas per-
mis de prendre, et, d'un pas lent, le cœur rempli de
tristes pressentiments, il entra dans la cabine.

Ce n'était pas chose facile de réveiller deux hommes

---

(1) Allonges placées de chaque côté de l'étrave. L'étrave est la base de la
proue (ou avant) d'un bâtiment.

dans la position où le capitaine et Hillson s'étaient couchés. Hillson surtout était dans un état voisin de la léthargie; mais la situation était trop grave pour garder des ménagements, et Marc les secoua violemment.

— Eh bien! eh bien! qu'y a-t-il de nouveau? demanda le capitaine en se frottant les yeux.

— Je crois avoir entendu un bruit qui révèle la présence de brisants par notre travers, capitaine, et j'ai mis le cap au sud.

Cet avis fut suivi d'une sorte de grognement que Marc ne sut comment interpréter. Etait-ce du mécontentement ou bien de la surprise? Cependant, comme le capitaine était complétement éveillé, et qu'il s'apprêtait à aller sur le pont, Marc pensa qu'il avait fait tout ce que son devoir lui commandait, et il retourna à son poste. L'arrière du bâtiment était alors le lieu d'observation le plus convenable; l'absence de basses voiles faisait qu'on voyait aussi bien que si l'on eût été à l'avant, et l'on entendait beaucoup mieux, parce que les vagues ne venaient pas s'y briser. Marc alla s'y établir, et il ne tarda pas à appeler Bob qui était de son quart, et avec lequel il continuait à entretenir des relations aussi intimes que le permettait la différence de leurs positions.

— Bob, vos oreilles ne sont pas moins bonnes que vos yeux; ne vous disent-elles rien des brisants?

— Pardon, monsieur Woolston, et, s'il faut tout vous avouer, m'est avis que quand j'étais là-haut, j'ai vu quelque chose qui ressemblait terriblement à de l'eau blanche. Mais le capitaine jurait si haut qu'il n'en était rien et qu'il était sûr que la mer était libre, que je n'ai pas osé soutenir le contraire.

— Quand on est en vigie, c'est un grand tort de

ne point dire ce qu'on a vu, reprit Marc d'un ton grave.

— J'en conviens, monsieur, j'ai eu tort, et je ne suis pas à m'en repentir. Mais c'est si grave de tenir tête à son capitaine !

— Brisons là. — A présent vous croyez avoir entendu le bruit des vagues contre les récifs. — De quel côté ?

— A l'arrière d'abord, puis à l'avant ; et tenez, au moment où vous m'avez appelé, c'était là par le bossoir du vent.

— Parlez-vous sérieusement, Bob ?

— Très-sérieusement, monsieur Marc. Mon aventure de l'après-midi m'a mis sur mes gardes, et j'ai l'œil et l'oreille au guet. Suivant moi, monsieur, le bâtiment, dans ce moment même, est au beau milieu des brisants, et nous pouvons y être jetés d'un instant à l'autre.

— Comment donc ! s'écria le capitaine Crutchely, qui en ce moment arrivait sur l'arrière, et qui avait entendu ces derniers mots. — Quant à moi, je n'entends rien d'extraordinaire, et je défie bien l'homme doué de la meilleure vue de rien apercevoir dans cette obscurité.

A peine ces mots étaient-ils sortis de la bouche du capitaine, et pendant que Hillson, qui n'était pas encore dégrisé, manifestait son sentiment par un rire hébété, le bruit des vagues contre les brisants se fit entendre de la manière la moins équivoque. Ils étaient par le travers, du côté du vent. Par la manœuvre qu'il avait commandée, Marc avait reculé le danger, sans pouvoir le conjurer ; il était trop tard. Le capitaine, sans s'amuser à échanger des paroles inutiles, appela tout l'équipage sur le pont, et cria d'une voix de tonnerre : Tout le monde à virer vent arrière ! Cet ordre était donné

d'un ton à ne pas admettre de remontrances, et Marc
se mit à l'œuvre comme les autres, avec toute son énergie. Il aurait préféré virer vent devant, et c'eût été une
manœuvre beaucoup plus sage ; mais il était évident
qu'il fallait mettre le bâtiment à l'autre bord, et il y
employa tous ses efforts. Malheureusement la place
manquait. Au moment où le bâtiment courait en dérivant, malgré son peu de voilure, l'atmosphère parut
s'éclairer tout à coup d'une lumière étrange, la mer
blanchit tout autour d'eux, et le bouillonnement des
vagues ressemblait au bruit d'une cataracte ; c'étaient
bien des brisants ; le bâtiment en était entouré, et,
l'instant d'après, il touchait le fond !

La profonde obscurité de la nuit ajoutait à l'horreur
de ce moment terrible. Le premier effet de cette catastrophe fut de rendre le capitaine complétement à lui-
même, et il se montra le marin intrépide et calme qu'il
était. Ses ordres furent donnés avec autant de sangfroid
que de précision et de clarté, et ils furent exécutés avec
l'ensemble qu'on pouvait attendre de matelots expérimentés dans un pareil moment. Toutes les voiles furent
carguées ; les plus lourdes furent serrées. Tandis que
Marc dirigeait cette manœuvre, Hillson était chargé de
parer une ancre. Pendant ce temps, le capitaine sur-
veillait les mouvements du bâtiment. En jetant la sonde
il s'assura qu'il allait encore de l'avant. Les secousses
n'étaient pas très-fortes, et les vagues blanches furent
bientôt laissées à l'arrière sans qu'aucune eût inondé
le pont. C'étaient autant de preuves que, dans l'endroit
même où le bâtiment avait touché, il y avait presque
assez d'eau pour le relever, fait que la sonde même
confirmait. Douze pieds d'eau, c'était tout ce qu'il fallait au *Rancoc* dans sa disposition actuelle, et la sonde

indiquait trois brasses par moments. C'était quand le navire entrait dans le creux des lames qu'il labourait le fond. Persuadé que son bâtiment pourrait sortir de ce mauvais pas, le capitaine épia l'instant où il serait dégagé, pour mouiller une de ses ancres de poste aussi près des brisants que possible, du côté sous le vent, décidé à attendre ensuite le jour pour aviser au meilleur moyen de se tirer des dangers dont il était entouré.

Sur le gaillard d'avant la besogne n'avançait pas, et le capitaine Crutchely s'y porta. Son second lieutenant savait à peine ce qu'il faisait, et le capitaine vit qu'il fallait qu'il le remplaçât. En même temps il donna ordre à Marc de préparer la chaloupe pour qu'il n'y eût plus qu'à la mettre à l'eau. Hillson avait mal entalingué le câble, et c'était une opération qui était à recommencer. La tête se monte aisément quand on voit faire de pareilles bévues dans des moments aussi critiques. Le capitaine, hors de lui, sauta sur le jas de l'ancre qui était une ancre de veille, et il cria à M. Hillson de se retirer. Pendant qu'il était ainsi occupé, au moment où l'entalingure était faite, et où les matelots remontaient à bord, une secousse subite ébranla le navire, les brisants reparurent de tous côtés, et des flots d'écume s'élevèrent jusqu'aux lisses du plat-bord. Quand les vagues retombèrent, le capitaine avait disparu. Que lui était-il arrivé? c'est ce qu'on ne put jamais savoir d'une manière précise. Il est probable que la lame avait balayé le jas de l'ancre, et que l'infortuné capitaine avait été emporté du côté sous le vent au milieu de l'obscurité.

Marc apprit bientôt cette catastrophe, et la grave responsabilité qu'elle lui imposait. Un sentiment d'horreur s'empara de lui, mais il le surmonta aussitôt. Il avait besoin de tout son sangfroid, et il n'y avait pas

une minute à perdre. Son premier devoir était de chercher à sauver le capitaine. Le petit canot fut mis à la
mer ; six hommes y montèrent dans cette intention
charitable. Marc, debout sur le beaupré, les vit passer
comme une flèche sous l'avant du navire, et se perdre
aussitôt dans les ténèbres de cette scène terrible. Ils ne
reparurent pas : une même et affreuse destinée avait
frappé en quelques minutes le capitaine Crutchely et
six de ses meilleurs matelots !

Malgré ces pertes successives et si déplorables, la besogne n'en allait pas moins. Hillson semblait comprendre enfin qu'il fallait payer de sa personne ; la
raison lui était revenue, et il parvint à mettre la chaloupe à la mer. A force de secousses, le bâtiment avait
presque dépassé le récif ; c'était à peine s'il touchait
encore, et Marc était tout près à mouiller ses ancres,
dès qu'il penserait qu'il y avait assez d'eau pour se tenir
à flot. La sonde indiquait une dérive considérable, à
tel point qu'il fallait la retirer à chaque minute pour la
jeter de nouveau. D'après ces indices, Marc s'attendait
à tout instant à se trouver sur quatre brasses d'eau, et
c'était le moment qu'il épiait pour jeter l'ancre. Cependant il dit au charpentier de sonder les pompes. Le résultat fut qu'il n'y avait que la quantité d'eau ordinaire
dans la sentine. La quille n'avait encore reçu aucune
atteinte sérieuse.

Tandis que Marc, la sonde à la main, observait avec
anxiété la dérive du bâtiment et la profondeur de l'eau,
Hillson était occupé à placer des provisions dans la
chaloupe. Il y avait dans la cabine un peu de numéraire qui y fut également transporté d'après l'ordre du
second lieutenant, et sans que Marc en fût même in-
formé. Il était sur le gaillard d'avant, trop occupé pour

faire attention à ce qui se passait à l'arrière, où Hillson restait maître absolu avec les quelques matelots qui l'entouraient.

Enfin Marc reconnut, à sa grande joie, qu'il y avait quatre bonnes brasses d'eau sous les bossoirs, quoique le bâtiment tombât encore à l'arrière. Bob était auprès de lui, une lanterne à la main. Peu à peu le *Rancoc* se redressait sur l'avant, la lame étant alors si faible, par la manière dont elle avait été brisée du côté du vent, qu'elle le soulevait à peine d'un pouce ou deux à la fois. Après avoir attendu impatiemment un quart d'heure, Marc pensa que le moment propice était arrivé, et il donna ordre de laisser tomber l'ancre. Le matelot placé à la bosse obéit. Par une heureuse coïncidence, l'ancre avait été jetée au moment où la quille se dégageait du fond. Le câble n'étant pas très-long, le bâtiment, après avoir été de l'avant assez pour le tendre, commença à éviter. Comme il venait à l'appel de son ancre, une lame, qui avait traversé le récif sans se briser, se déploya sur le pont. Dans ce moment Hillson était sur la chaloupe avec ses compagnons. Fut-elle entraînée à la dérive par la force de la lame, ou, dans la confusion qui régnait à bord, eut-on l'imprudence de détacher le câblot? Toujours est-il que lorsque Marc, qui s'était avancé lui-même jusqu'au cabestan quand la lame embarqua, put rouvrir les yeux que cette inondation soudaine l'avait obligé de fermer, il aperçut, comme à travers un brouillard, la chaloupe sur le sommet d'une vague. Héler eût été peine perdue, et il resta les yeux fixés sur la malheureuse embarcation jusqu'au moment où les épaisses ténèbres qui dérobaient tous les objets l'enveloppèrent également. Marc était loin de soupçonner l'étendue du malheur qui lui était arrivé. Ce fut seulement après avoir visité la cabine, le poste des matelots et le gaillard d'avant, qu'il acquit la conviction terrible que, de tout l'équipage, il ne restait à bord du *Rancoc* que Bob Betts et lui.

Il pouvait se trouver quelque terre sous vent, et Marc en était réduit à espérer que les deux embarcations parviendraient à l'atteindre; mais il n'avait pas de temps à donner à des réflexions semblables, et la conservation du bâtiment devait absorber toute son attention. Heureusement l'ancre tenait, et le vent, qui n'avait jamais soufflé avec beaucoup de violence, commençait à diminuer. Marc sonda par le travers du grand mât, et il reconnut que le bâtiment était lui-même sur neuf brasses. C'était une heureuse découverte, et en l'apprenant Bob s'écria que rien n'était désespéré, s'ils pouvaient seulement retrouver les six hommes qui étaient sur le canot. De son côté, la chaloupe avait emporté neuf hommes de l'équipage, qui se composait en tout de dix-huit avant les désastres de cette nuit. Marc accepta cette espérance, et il ne s'en remit qu'avec plus d'ardeur à veiller à la conservation du bâtiment.

La sentine fut encore sondée, et elle se trouva presque vide. Soit à cause de la nature du fond sur lequel ils avaient touché, soit par suite de la construction solide du *Rancoc*, il était évident qu'ils n'avaient pas encore reçu de grandes avaries. C'était un avantage qui inspira à Marc un vif sentiment de reconnaissance.

Le temps s'adoucissait de plus en plus, et avant le retour du jour les nuages s'étaient dissipés, la bruine avait cessé; tout annonçait une amélioration notable dans l'état de l'atmosphère. Marc trouva de nouveaux sujets d'appréhensions, même dans ces circonstances favorables. Si près de terre, le bâtiment ne pouvait manquer de sentir l'influence de la marée, et il pouvait être jeté de nouveau contre les brisants. Afin de prévenir ce péril, il se mit avec Bob à entalinguer un autre câble, et à poser une nouvelle ancre.

Comme tous les lecteurs ne sont pas familiers avec ce qui se passe à bord, il est bon de dire que quand les bâtiments partent pour une longue traversée, on roule les câbles et on les descend en bas, pour qu'ils ne gênent point les manœuvres, tandis qu'en même temps on rentre les ancres ; c'est-à-dire qu'au lieu de les laisser sous les bossoirs, où elles sont ordinairement suspendues, toutes prêtes à servir, on les place dans l'intérieur du bâtiment, pour qu'elles soient plus en sûreté et à l'abri des fortes lames. On voit d'après cela que le travail que Marc et Bob entreprenaient, avait de quoi les occuper pendant plusieurs heures.

CHAPITRE IV

Notre jeune marin et son seul aide, Bob Betts, s'étaient mis à l'œuvre pour disposer le câble et l'ancre de touée, le plus léger et le plus maniable de tous les apparaux du bâtiment. Tous deux étaient forts et agiles, et ils savaient manier les leviers, les poulies, les anspecs ; et cependant le jour allait paraître que le résultat de leurs efforts réunis n'avait pu être que d'élever l'ancre à la hauteur du plat-bord, toute prête à être bossée. Pendant ce temps, le *Rancoc* continuait à éviter dans la bonne

C.   2.

direction; il ne faisait plus qu'une simple brise, et la mer s'était calmée au point de laisser le bâtiment presque sans impulsion. Dès que Marc se fut assuré de cet état favorable des éléments, état qui semblait devoir durer, il dit à Bob d'interrompre son travail. Il était bien temps; car des fatigues si continues avaient complétement épuisé leurs forces.

On se figure aisément avec quelle impatience ils attendaient le jour. Chaque minute leur paraissait une heure, et il leur semblait que la nuit ne finirait jamais. Enfin la terre accomplit sa révolution ordinaire, et les premières lueurs qui éclairèrent l'horizon oriental leur permirent de commencer leurs observations. Pour les faire d'une manière plus complète, ils montèrent, Marc sur le mât de misaine, et Bob sur le grand mât de hune, examinant les différents points du récif, et dévorant du regard tout ce qu'il était possible de découvrir. La distance qui les séparait était si peu considérable qu'ils pouvaient facilement causer ensemble, ce qu'ils continuèrent de faire. Dans une pareille situation, on a tant de pensées à échanger!

Nos marins n'eurent rien de plus pressé que de regarder du côté sous le vent, et comme c'était à l'ouest, c'était naturellement le point le plus obscur encore de l'horizon. Ils espéraient y découvrir, sinon un groupe d'îles, au moins une île isolée; mais aucune terre ne paraissait. Il est certain que le jour était si faible encore qu'une erreur était possible. C'était à cet espoir qu'il fallait s'accrocher pour le moment. Marc demanda à Bob ce qu'il en pensait.

— Attendons quelques minutes, Monsieur, dit son compagnon; laissons se soulever encore un coin du rideau. Il y a, comme qui dirait à une lieue d'ici, à babord, un je ne sais quoi sur l'eau que je ne sais trop à quelle sauce mettre. Mais ce qui me crève les yeux, par exemple, ce sont les brisants. En voilà-t-il de tous les côtés! L'un finit à peine que l'autre recommence. Je ne conçois vraiment pas comment nous avons pu nous faufiler à travers tout cela.

C'était la vérité. Du côté du vent, l'Océan commençait à s'éclairer à une distance considérable. C'était cette heure solennelle du matin où les objets se montrent distincts les uns après les autres, avant même de recevoir les premiers rayons du soleil, et où l'on dirait que la nature sort rajeunie et plus belle encore des mains du Créateur. La mer était tombée, et si les brisants paraissaient moins redoutables en apparence, il était impossible de se tromper sur leur position. Dans l'état actuel de l'Océan, il était évident que, partout où l'eau bouillonnait, il devait se trouver en dessous des rocs ou des écueils. La plupart de ces rocs étaient si peu élevés, que les lames, qui venaient s'y abattre comme en se jouant, ne laissaient d'autre trace de leur passage qu'une ligne blanchâtre, faiblement indiquée. Il en était de même du récif contre lequel le bâtiment avait donné, et dont il eût été difficile de soupçonner l'existence à un demi-mille de distance. D'autres rochers étaient d'une nature toute différente : les vagues s'y précipitaient comme autant de cataractes, ce qui provenait de ce qu'ils étaient plus enfoncés dans la mer.

Quant au nombre des récifs et à la difficulté de passer à travers, Bob ne se trompait pas. Il arrive souvent que dans les îles de l'océan Pacifique, surtout dans celles de corail, il y a un récif intérieur et un récif extérieur, mais Marc commençait à douter qu'il y eût des bancs de corail à l'endroit où ils étaient, à cause de la position irrégulière de ces brisants. Ils se montraient dans toutes les directions, non pas en lignes continues, mais par blocs détachés qui se succédaient de si près que l'œil ne pouvait en atteindre l'extrême limite. Comment le bâtiment avait-il pu s'engager si complétement dans leur dangereuse enceinte sans se briser en mille pièces, c'est ce qui tenait du prodige. Il arrive parfois en mer que dans l'obscurité et le brouillard on surmonte ainsi des obstacles qui, en plein jour, paraîtraient infranchissables. Mais s'il était difficile de comprendre comment le *Rancoc* avait pu y pénétrer, il était bien plus difficile encore de concevoir comment il en pourrait sortir. Ce fut le sujet de la première remarque de Bob.

— Il faudrait un miracle, monsieur Marc, pour porter le vieux *Rancoc* à travers tous ces brisants en pleine mer, s'écria-t-il. Nos bancs de la Delaware ne sont que des pelures de noix en comparaison.

— C'est une position critique pour un bâtiment, Bob, répondit Marc en soupirant, et je ne vois pas trop comment nous pourrons en tirer le nôtre, en supposant même qu'il nous révienne assez d'hommes pour la manœuvre.

-- Je suis tout à fait de votre avis, Monsieur, dit Bob en tirant une chique de sa boîte à tabac ; et je ne serais pas surpris, pour peu qu'il y ait un bout de terre sous le vent, que nous soyons destinés, vous et moi, à en être les Robinson Crusoë pour le reste de nos jours. C'était la crainte qui poursuivait toujours ma pauvre mère lorsque je m'embarquai. Elle me voyait à chaque instant mangé par les sauvages.

— Voyons donc si nous n'apercevrons pas nos embarcations, reprit gravement Marc. — L'image de Brigitte se présentait dans ce moment à son esprit d'une manière si distincte qu'il en éprouvait une vive et pénible émotion.

Jusqu'alors un voile épais de vapeurs était resté étendu sur les eaux à moins d'une lieue de distance du bâtiment, du côté de l'ouest, et avait empêché d'examiner à fond cette partie de l'horizon. Mais l'action du soleil le dissipa tout à coup, et, pour la première fois, Bob crut apercevoir quelque chose comme de la terre. D'où il était, Marc ne distinguait rien. Il monta dans les barres de perroquet, où il découvrit à son tour ce qui ne pouvait être qu'une portion de récif s'élevant au-dessus de l'eau, ou quelque île basse, isolée, qui pouvait être à deux lieues du bâtiment.

C'était de ce côté que leurs compagnons avaient dû dériver. Bob alla chercher une lunette pour Marc, qui se convainquit alors que c'était un roc nu où il y avait beaucoup d'oiseaux, mais pas une seule trace d'homme. Il eut beau interroger tous les autres points de l'horizon; ce rocher, qui n'avait pas un mille d'étendue, était la seule chose qui ressemblât à de la terre, et il en vint à cette triste conviction que tous leurs compagnons avaient péri.

Marc et Bob redescendirent sur le pont après avoir passé plus d'une heure à faire leurs observations, tous deux convaincus que leur situation était à peu près désespérée, mais tous deux trop résolus, trop imbus du véritable esprit du marin, pour se laisser aller à un stérile abattement. Ils songèrent à réparer leurs forces, et s'assirent sur le cabestan pour prendre un peu de nourriture. Ce sont de ces moments où l'officier et le matelot ne font pas de difficulté de manger à la même table; mais Bob, qui s'était fait à bord la réputation d'un excellent mangeur, ce qui l'exposait même parfois à quelques quolibets, avoua que cette fois il n'avait point d'appétit. Aussi le repas ne dura-t-il pas longtemps, et fit-il place à une conversation approfondie sur leur position actuelle.

— Et croyez-vous possible, Bob, demanda tout à coup Marc après beaucoup d'autres paroles échangées entre eux, qu'à nous deux nous puissions gouverner le bâtiment, si nous parvenions jamais à le remettre en pleine mer!

— C'est ce qui demande réflexion, monsieur Woolston, répondit Bob. Nous sommes robustes tous les deux, et la santé ne nous manque pas plus que le courage. Mais il y a loin d'ici à la côte d'Amérique, et ce n'est qu'à la côte que nous pourrons nous dire sauvés. Le vieux *Rancoc* est ici à un ancrage dont il ne démordra pas sans peine. Mais ce n'est pas ce qui doit nous occuper pour le moment.

— Comment donc? Mais il me semble que c'est la question capitale. Une fois dehors nous aurions la chance de faire quelque rencontre sur mer.

— Oui, une fois dehors. C'est là le *hic*, monsieur Woolston. Ce que je crains, c'est que nous ne soyons jamais dehors!

— Vous pensez donc que nous sommes enfermés ici à tout jamais?

— Eh bien! oui, monsieur Woolston, et je ne vois pas pourquoi j'en ferais mystère. Voyez-vous, le pauvre capitaine Crutchely serait ici avec tout l'équipage, comme nous étions il y a vingt-quatre heures, qu'il y perdrait son latin. Malgré toute sa rhétorique, le pauvre *Rancoc* resterait où il est.

— Je suis fâché de vous entendre parler ainsi, répondit Marc d'un air sombre, d'autant plus fâché que c'est aussi mon opinion.

— Les hommes sont des hommes, Monsieur, et l'on n'en peut tirer que ce dont ils sont capables. Allez, j'ai bien considéré ces récifs quand j'étais là-haut, et c'est ce que j'appelle une affaire perdue. Encore s'ils étaient rangés avec quelque symétrie, mais comment s'y reconnaître? Ils sont fourrés partout. Courez donc des bordées là-dedans! Ce serait à toutes les minutes :

— Pare! loffe! — Loffe! pare! — sans qu'on ait le temps seulement de commencer une manœuvre. Et puis les bras pour préparer les manœuvres, orienter les voiles, enverguer et désenverguer, et tout le reste, où les trouverons-nous?

— Quelque peu d'espoir que nous ayons de remettre notre bâtiment à flot sur une mer libre, encore faut-il en faire l'essai; car l'alternative n'est rien moins que plaisante.

— Alternative ou non, c'est une entreprise qui surpasse les forces humaines.

— Mais alors que devenir?

— *Robinsonner* un peu, monsieur Marc, jusqu'à ce que notre heure soit venue, ou que Dieu dans sa merci juge convenable de nous sauver.

— Robinsonner! répéta Marc, ne pouvant s'empêcher de sourire de l'expression de Bob, malgré la gravité de la situation ; — mais, au moins, Robinson avait une île, et nous n'en avons pas.

— Il y a sous le vent un bout de récif où m'est avis qu'on trouverait à vivre de manière ou d'autre, répondit Bob avec un sang-froid qui eût paru comique dans toute autre circonstance; et puis n'avons-nous pas le bâtiment?

— Et combien de temps croyez-vous qu'un câble de chanvre retienne le *Rancoc* dans une pareille position, lorsqu'à chaque lame qui soulève le navire, il va frotter contre le roc? Non, non, Bob, nous ne pouvons rester en place ; c'est un point hors de doute. Si nous ne pouvons gagner le vent à travers tous les dangers, il faut alors que nous cherchions à passer sous le vent.

— Ecoutez, monsieur Marc ! j'ai ruminé la chose dans tous les sens, et voici mon idée. Il nous reste encore le petit canot sur l'arrière, et en aussi bon état qu'embarcation fut jamais. Il nous portera facilement tous les deux. Eh bien ! mon idée à moi, c'est de le mettre à l'eau, d'y porter quelques provisions, et d'aller visiter ce bout de récif. Je tiendrai les avirons et vous pourrez jeter la sonde par manière de voir s'il n'y a pas quelque chose comme un passage dans cette direction. Si jamais le bâtiment doit se mettre en branle, ce sera de ce côté. Ainsi donc, prenons le canot, allons reconnaître le récif et chercher nos compagnons ; après quoi, nous saurons mieux peut-être ce qu'il nous faudra faire. En attendant, partons au plus vite ; le temps est favorable ; il faut en profiter.

L'avis était trop bon pour n'être pas suivi. La petite embarcation fut examinée avec soin. Elle ne faisait eau d'aucun côté, le capitaine Crutchely l'ayant toujours tenue à moitié pleine depuis qu'il était entré dans l'océan Pacifique. Elle était même pourvue d'une petite voile qui se comportait très-bien devant le vent. La mettre à la mer ne fut pas chose difficile, et pendant que Bob s'occupait du transport des provisions, Marc faisait d'autres préparatifs qu'il regardait comme de la plus haute importance.

Le *Rancoc* avait une batterie de plusieurs canons, tous montés et en place, pour repousser au besoin les sauvages des îles où l'on devait s'approvisionner de bois de sandal. C'étaient deux vieilles pièces de six et huit caronades de douze. Les premières se comportaient bien quand elles étaient convenablement chargées. Le jeune marin prit les clés du magasin, l'ouvrit, et en tira trois cartouches dont il chargea trois des pièces. Puis il mit le feu en laissant un intervalle entre chaque coup, dans l'espoir que la détonation pourrait être entendue de quelques-uns de leurs compagnons, et les encourager à faire tous leurs efforts pour les rejoindre. Le bruit de l'artillerie produisit un effet étrange au milieu de cette vaste solitude, et Bob Betts, qui avait plus d'une fois vu le feu, ne laissa pas d'en ressentir une assez vive impression. Comme ces explosions ne pouvaient avoir de résultat immédiat, Marc n'eut pas plus tôt tiré qu'il retourna auprès de Bob, qui lui annonçait pour la troisième fois que tout était prêt, et il se prépara à quitter le bâtiment. Toutefois, avant de le faire, il examina encore avec une attention scrupuleuse tous les points de l'horizon, pour s'assurer qu'il n'y avait pas à craindre que le temps changeât pendant son absence. Tous les indices étaient favorables, et Marc descendit dans le canot, mais avec une répugnance qui n'était que trop manifeste. C'est une grande épreuve pour un marin, même dans une position semblable, d'abandonner son bâtiment pour une grande partie de la journée. La nécessité le commandait dans cette circonstance; mais, tout en se résignant, Marc ne pouvait repousser de sinistres pressentiments, en dépit des signes favorables de l'atmosphère.

Lorsque Marc eût pris place dans l'embarcation, Bob, qui s'était cramponné au bâtiment, lâcha prise; puis il établit la voile. La brise était légère et favorable, ce qui pouvait être moins rassurant pour le retour. Malgré

l'attention qu'il avait mise à reconnaître les brisants
sous le vent, notre marin commença son petit voyage
sans avoir de plan bien arrêté. Ces brisants n'étaient
pas moins nombreux que ceux du vent; seulement il y
en avait tant, que la mer était calme au milieu. Une
fois engagée dans ces lignes brisées de rochers, une
embarcation se trouvait comme 'un bâtiment qui est
dans une baie, les vagues de la mer épuisant leurs
forces sur les blocs extérieurs et venant expirer im-
puissantes dans l'enceinte naturelle qu'elles ont eu
peine à franchir. Mais l'Océan, même à l'état de repos,
n'est pas de composition facile, quand il vient à trouver
sur son passage des rocs et des bancs de sable; et c'é-
tait de ces rencontres que, même dans la baie, on pouvait faire à chaque pas, et il fallait la plus grande vigilance pour s'en garantir; autrement l'embarcation, la
seule qui restât au *Rancoc*, eût chaviré infailliblement,
et c'eût été une perte irréparable.

Le canot s'éloigna du bâtiment par un mouvement
facile. Il y avait juste autant de vent qu'il en fallait
pour une si petite embarcation, et Bob commença à
jeter la sonde, Marc préférant tenir le gouvernail. Mais
c'était une opération qui n'était pas aisée sur une embarcation si basse, avec la vitesse qui lui était donnée,
et Bob dut y renoncer. Comme au retour ils seraient
obligés de faire usage des avirons, Marc dit en riant
qu'il *sentirait* bien la route. Néanmoins, les quelques
coups de sonde qui avaient pu être donnés suffirent
pour convaincre nos marins qu'il y avait plus d'eau
qu'il n'en fallait pour le *Rancoc*, entre les récifs. Sur
les récifs, c'eût été tout autre chose.

Marc eut plus de peine qu'il ne l'avait pensé à éviter
les écueils. La baie artificielle dans laquelle il se trou-

vait était si calme, que ce n'était qu'à de longs intervalles que la mer brisait, lorsqu'une vague plus haute
était parvenue à franchir la barrière. Si le petit canot
eût été surpris sur un récif au moment précis où une
de ces lames y déferlait, il eût été perdu. C'est ce qui
faillit lui arriver plus d'une fois ; et s'il échappa, il le
dut plutôt à une intervention toute providentielle
qu'aux efforts et à l'habileté de son petit équipage.

On se figure aisément le profond intérêt avec lequel
les deux amis s'approchaient du récif qui sortait de
l'eau. Du haut des barres de perroquet, ils avaient reconnu que c'était la seule terre qu'il fût possible d'a-
percevoir, et par conséquent le seul endroit où ils pussent espérer de retrouver leurs compagnons.

Ce récif, ou cette île, avait une autre importance à
leurs yeux : il pouvait devenir leur habitation pour des
années, pour toute leur vie peut-être. L'aspect des brisants à travers lesquels Marc venait de passer, lui avait
laissé moins d'espoir que jamais d'en tirer le bâtiment,
et c'est à peine s'il croyait possible de l'amener à l'endroit vers lequel il se dirigeait à l'heure même. Ces
réflexions qui devenaient de plus en plus poignantes à
mesure qu'il avançait, redoublaient son attention à examiner l'île sous toutes ses faces.

Plus on approchait de l'île, plus l'exactitude des observations qui avaient été faites du haut des barres de
perroquet se trouvaient vérifiées en grande partie. Elle
pouvait avoir un mille de long, mais sa largeur variait
d'un demi-mille à moins d'un huitième de mille. Sur
le bord le roc ne se montrait que de quelques pieds au-
dessus de la surface de l'eau, mais à l'extrémité orien-
tale cette hauteur augmentait de plus du double. Il s'é-
tendait de l'est à l'ouest. Ce qu'il avait de remarquable,

c'est qu'au milieu de l'île il s'élevait de soixante à quatre-vingts pieds, et se terminait par une sorte de plateau circulaire qui occupait une grande partie de la portion la plus sauvage de l'île. Les oiseaux de mer n'y étaient pas en aussi grand nombre qu'ils se montrent d'ordinaire dans des parages inhabités; mais on les voyait voler par milliers sur des rochers arides, qui n'étaient pas à une grande distance du récif principal.

Enfin le canot touchait à l'île. D'abord Marc fut étonné de trouver si peu de ressac (1) même à la côte du vent; mais cela tenait à la grande quantité d'écueils qui couvraient la mer à plusieurs milles de distance, et surtout à ce qu'un mur de rochers venait tomber en ligne droite sur ce bord, en ne laissant qu'un intervalle de deux encâblures, ce qui formait une jolie petite nappe d'eau parfaitement calme entre les rochers et l'île.

Il serait difficile de décrire les sensations qui assaillirent Marc au moment où il débarqua. Bob et lui, du plus loin que la vue pouvait s'étendre, n'avaient cessé de chercher avidement quelques traces de leurs compagnons; mais rien n'indiquait ni sur l'île ni alentour qu'ils y eussent abordé. Le roc sur lequel ils marchaient était nu, et d'une formation particulière. En l'examinant de près, ils reconnurent que ce n'était pas un banc de corail, mais que son origine était purement volcanique. L'aridité, la nudité, en étaient les deux traits distinctifs, découverte qui était loin d'être agréable, et à laquelle ils étaient d'autant moins préparés que, de tous les côtés, les rochers qu'ils avaient vus sur la route

---

(1) Retour violent des vagues vers la plage quand elles ont frappé violemment un obstacle quelconque.

étaient remplis d'herbes marines. La solitude et la désolation de ces tristes bords n'étaient interrompues que
par les troupes d'oiseaux qui venaient voler sur leurs
têtes, et qui montraient par leurs cris et par leur audace
que la vue d'un homme était quelque chose de tout
nouveau pour eux.

Le monticule qui s'élevait au centre de l'île était un
objet trop remarquable pour ne pas attirer l'attention
de nos marins, et ce fut vers ce point qu'ils se dirigèrent aussitôt, espérant avoir du sommet une vue
beaucoup plus étendue; une volée monstrueuse d'oiseaux les suivit. Tout en marchant, Marc et Bob se re-
tournaient souvent pour observer le bâtiment qui était
alors éloigné, et qui semblait toujours mouillé sur son
ancre, exactement dans la position où ils l'avaient laissé
une demi-heure auparavant. De ce côté, il ne paraissait
pas y avoir d'inquiétude à concevoir, et Marc redoubla
de vitesse pour gagner le monticule.

En arrivant au pied de cette singulière hauteur, il vit
qu'elle ne serait pas aussi facile à gravir qu'il se l'était
imaginé. Elle ne ressemblait en rien aux autres parties
du récif qu'il avait vues. C'était une roche friable, si
lisse et si perpendiculaire, qu'elle semblait inabordable.
Cependant, à force de recherches, ils trouvèrent un
côté par où, en se donnant la main, ils parvinrent à
atteindre le sommet. Là les attendait une surprise qui
leur arracha une exclamation involontaire. Au lieu de
trouver un plateau suivant leurs prévisions, la roche
se creusait en caverne circulaire, et Marc reconnut à
l'instant que c'était le cratère éteint d'un volcan. Après
un premier mouvement de stupeur, il se mit à l'examiner à fond.

La barrière de lave ou de scories qui formait le mur

extérieur de ce cratère était strictement circulaire. En
dedans, le précipice était presque perpendiculaire. Il
n'y avait que quelques points saillants à l'aide desquels
un homme intrépide pouvait descendre sans danger. La
surface intérieure pouvait être de cent acres environ,
tandis que le mur présentait une hauteur uniforme d'une
soixantaine de pieds, si ce n'est du côté sous le vent où
il s'abaissait un peu, et où il laissait un creux ou passage
étroit, de niveau avec le fond du cratère, espèce de
porte qui donnait accès dans la caverne. Il était hors de
doute que ce passage avait été pratiqué par la lave qui,
de temps immémorial, s'y était frayé une issue, et avait
été former le monticule qui s'élevait derrière. La porte
avait vingt pieds de haut sur trente de large, et était
surmontée d'une arche naturelle. Quand Marc y descendit par le mur du cratère, non sans de grands risques, il trouva une sorte de plaine très-unie ; seulement
elle inclinait légèrement de l'est à l'ouest. Sans doute
les eaux de l'Océan, dans les fortes marées ou pendant
des tempêtes, avaient fait irruption à travers le passage,
et avaient balayé les cendres qui se trouvait amonce-
lées dans le cratère, en les refoulant à l'extrémité. Ces
cendres avaient été converties en tuf par l'action du
temps.

Ce qui rendait évidente l'invasion des eaux à certaines époques, c'était de vastes dépôts de sel qui en
marquaient la limite. Ce sel était probablement l'obstacle qui s'opposait à toute végétation. Marc observa
que les oiseaux évitaient le cratère ; leur instinct semblait les avertir qu'il y avait là des dangers à courir. Ils
volaient à l'entour, par centaines, sans jamais le traverser, ayant grand soin, pour employer le langage
des marins, de se tenir au large.

CHAPITRE V

Après avoir achevé ce premier examen du **Cratère**, Marc et Bob regrimpèrent au sommet de la muraille, et allèrent s'asseoir juste au-dessus de l'arche. C'était de là qu'ils pouvaient voir le mieux, non seulement la petite île dans toute son étendue, mais l'Océan qui l'entourait. Marc commença à comprendre le caractère de cette singulière formation géologique, au milieu de laquelle le *Rancoc* avait été dirigé comme par la main de la Providence. Il était assis en ce moment sur le point le plus élevé d'une montagne sous-marine d'origine volcanique, sous-marine à l'unique exception du Cratère qui lui servait d'asile, et des blocs de lave dont il était entouré. Ces blocs, qui ne s'élevaient guère au-dessus de l'Océan en cinquante endroits qu'il pouvait apercevoir à peu de distance, formaient les innombrables brisants dont nous avons parlé ; mais excepté le Récif de Marc, nom que Bob donna sur-le-champ à l'île principale, deux ou trois îlots détachés qui n'en étaient qu'à une encablure, et quelques autres plus éloignés, où les oiseaux semblaient se donner rendez-vous, aucune autre terre n'était visible à quelque distance que ce fût.

Marc chercha à calculer jusqu'où pouvaient s'étendre les écueils dont il était entouré. Comparant ses observations actuelles à celles qu'il avait pu faire du bord, il évalua à une douzaine de lieues marines la zone qu'embrassaient les ramifications de la montagne volcanique.

Depuis le premier moment de son arrivée au pied du récif qui dorénavant doit porter son nom à tout jamais, Marc avait toujours eu présente à l'esprit la pénible idée qu'il pouvait être forcé d'y passer le reste de ses jours. Combien de temps pourrait-il trouver des moyens d'existence dans cette aride solitude? Mais il concentrait sa peine en lui-même, et cherchait à imiter, du moins à l'extérieur, le calme de son compagnon. Celui-ci avait un grand fonds de philosophie naturelle, et une fois bien convaincu qu'il lui faudrait *robinsonner* pendant quelques années, il n'avait plus d'autre pensée que de se tirer de son rôle le moins mal possible. Dans une pareille situation d'esprit, on juge facilement le tour que devait prendre la conversation entre les deux solitaires.

— Nous sommes bien et dûment bloqués, monsieur Marc, dit Bob, et nous voilà comme Robinson, si ce n'est que nous sommes deux, et qu'il était tout seul pour se tirer d'affaire, jusqu'à ce qu'il eût rencontré Vendredi.

— Je voudrais qu'il n'y eût point d'autre différence dans notre position, Betts, mais il n'en est pas ainsi. D'abord il avait une île, et nous n'avons qu'un récif; il avait un terrain fertile, et nous n'avons qu'un roc aride; il avait de l'eau douce, et nous n'en avons pas; il avait des arbres, et nous n'avons pas même un brin d'herbe. Toutes ces circonstances sont loin d'être encourageantes.

— Vous parlez comme un livre, Monsieur, et cependant ne lâchons pas le gouvernail. Nous avons un bâtiment aussi solide, aussi fin voilier que le jour où il a quitté le port, tandis que Robinson avait vu son navire sombrer sous ses pieds. Tant qu'il y a une planche à flot, un vrai marin ne désespère pas.

— Oui, Bob, c'est ma conviction, comme c'est la vôtre; mais encore faudrait-il que ce bâtiment pût servir à quelque chose; et le moyen de le tirer de là?

— Il est certain qu'il n'a pas choisi le bassin le plus favorable, dit Bob en lançant le reste de sa chique dans le Cratère; mais, monsieur Marc, m'est avis qu'il pourra nous être utile de plus d'une façon, même où il est, si nous pouvons le maintenir à flot. La provision d'eau qui s'y trouve peut nous durer un an, pour peu que nous ne la prodiguions pas; et quand viendra la saison des pluies, ce qui ne peut manquer d'arriver dans cette latitude, il ne tiendra qu'à nous de la renouveler. Et puis ce sera une maison pour nous, et une fière maison encore, je vous en réponds! Vous habiterez l'arrière, et moi je suspendrai mon hamac sur le gaillard d'avant, comme si rien n'était arrivé.

— Laissons-là ces distinctions, Bob, et qu'il n'en soit plus question entre nous. Le malheur comme la tombe, nous rend tous égaux. Nous sommes partis du même point, nous avons mangé à la même gamelle, et il est probable que nous finirons comme nous avons commencé. Mais j'y songe; il est encore moyen d'utiliser le *Rancoc*, dont vous n'avez point parlé, et qui est peut-être notre meilleure chance de salut. Nous pouvons le démonter, et avec les pièces, construire une embarcation assez grande pour naviguer sur ces mers tranquilles, et qui puisse cependant passer à travers et même par-dessus les blocs de lave. De cette manière, avec l'aide de la divine Providence, nous pouvons encore espérer de revoir nos amis.

C.   a

— Courage, monsieur Marc, courage! j'aime à vous entendre parler ainsi. Robinson lui-même a bien fini par démarrer, quoiqu'il ait eu une traversée diablement rude. Eh bien! va pour la petite chaloupe, et je vous promets de vous donner un bon coup de main, et de tout mon cœur, quand vous vous mettrez à l'œuvre. Je ne suis pas un charpentier fameux, ça c'est vrai; et s'il faut vous parler franchement, je ne crois pas non plus que vous vous entendiez très-bien à manier la hache et le rabot; mais qu'importe! deux hommes solides et de bonne volonté, et qui ont leur vie à sauver par-dessus le marché, sauront bien faire quelque chose de leurs quatre mains. Eh bien, vrai, puisque j'étais destiné à faire naufrage, j'aime mieux que ce soit avec vous qu'avec tout autre.

Marc ne put s'empêcher de sourire de cette remarque naïve, qu'il ne pouvait que prendre en bonne part.

— A propos, Bob, dit-il après un moment de silence, j'ai réfléchi à la possibilité d'amener ici le navire. Savez-vous qu'une fois sous le vent de ce récif, à la hauteur de la pointe extrême de l'île, il n'y aurait pas de raison pour qu'il n'y restât pas plusieurs années, ou tant que les planches pourront tenir ensemble. Si nous devons essayer de construire une chaloupe pontée, quelque chose enfin qui soit en état de résister à un coup de vent, il nous faudra plus de place pour le chantier que nous n'en aurions sur le pont. Et puis le moyen ensuite de la mettre à la mer! Il faut, de toute nécessité, que de l'endroit où nous la construirons nous puissions la lancer aisément. Notre petit canot a bien son mérite; mais tout ce qu'il peut faire, c'est de nous contenir tous les deux, et ce serait bon tout au plus pour une courte traversée. Ainsi donc, tout bien considéré, je crois que nous n'avons rien de mieux à faire pour le moment que de chercher à amener le bâtiment ici, où nous aurons de la place, et où nous pourrons mettre nos plans à exécution.

Bob donna son assentiment à ce projet, et il fit à l'appui quelques réflexions qui n'étaient pas venues à Marc. Ainsi, il était certain que, si jamais le *Rancoc* pouvait sortir de ce labyrinthe inextricable, ce serait en partant sous le vent ; l'amener à l'île était donc autant de gagné sur la route à faire. Une fois qu'il serait à l'ancre dans la petite baie, qui sait si, à force d'observer les courants à l'ouest, et à l'aide de bouées, il ne serait pas possible de trouver un passage ? C'était toujours revenir sur la même idée ; mais cette idée ne devait-elle pas se présenter à chaque instant sous toutes ses faces, lors même que, l'instant d'auparavant, elle avait paru dénuée de toute vraisemblance ? Un autre avantage encore, c'était de mettre en sûreté la provision d'eau douce. Qu'il survînt une tempête, et que le *Rancoc* fut lancé sur les brisants, il serait mis en pièces en moins d'une heure, et tout ce qu'il renfermait périrait avec lui. Ce fut donc après être tombés complétement d'accord sur ce point, que Marc et Bob descendirent du sommet du cratère pour retourner à leur embarcation.

Comme le temps était toujours calme, Marc ne se pressa pas ; il passa une demi-heure à sonder la petite baie formée par la ligne de rochers submergés à la hauteur de l'extrémité est du cratère, et il reconnut que non-seulement il y avait la quantité d'eau suffisante, mais, ce qui le surprit, il trouva aussi un fond sablonneux, formé sans doute par les particules enlevées aux rochers voisins par l'action incessante des vagues. Le bassin présentait donc toutes les garanties

désirables pour que le *Rancoc* y fût en sûreté; il ne s'a
gissait plus que de l'y amener.

Enfin Bob gouverna vers le bâtiment, pendant que
Marc avait la sonde à la main. Mais celui-ci reconnut
qu'il y avait deux grands obstacles pour mettre en communication les deux points qui les intéressaient. Le
premier consistait dans une double rangée de brisants,
qui se prolongeait pendant un quart de mille sur une
ligne presque parallèle, et qui n'étaient qu'à une demi-
encâblure l'une de l'autre. Dans l'espace intermédiaire,
il y avait beaucoup d'eau, mais si peu de place pour
manier un grand bâtiment! Marc y passa à quatre reprises différentes, jetant la sonde presqu'à chaque pas,
et plongeant les yeux jusqu'au fond, car dans ces eaux
transparentes, surtout au milieu du jour, on pouvait
voir à deux ou trois brasses de profondeur. Il s'assura
du moins que, s'il était possible de maintenir le cap
parfaitement droit, il n'y avait point de danger à
craindre.

Le second obstacle était beaucoup plus sérieux. C'é-
tait un bloc détaché qui était recouvert d'une quantité
d'eau considérable, mais pas assez, cependant, pour
pouvoir porter un navire comme le *Rancoc*, si ce n'est
pourtant sur un point qui n'avait pas cent pieds de
large. Des deux côtés de cette passe il faudrait de toute
nécessité placer des bouées, car la moindre déviation à
droite ou à gauche entraînerait la perte infaillible du
bâtiment.

Nos deux navigateurs n'étaient de retour à bord du
Rancoc qu'à près de trois heures. Ils trouvèrent tout
dans l'état où ils l'avaient laissé. Les porcs, les poules
et la chèvre, parurent charmés de les revoir, car il
leur tardait de recevoir leur pitance accoutumée. Des

porcs et des poules se voient à bord de tous les bâtiments; mais des chèvres c'est chose plus rare. Le capi
taine Crutchely en avait emmené une pour qu'elle lui
fournît du lait pour son thé, boisson qu'il aimait
presque autant que le rhum, ce qui n'est pas peu dire.
Après s'être occupé de la basse-cour, Bob alla rejoindre
Marc auprès du cabestan, qui était leur table ordinaire,
et ils mangèrent quelques restes de viande froide, car
ils n'avaient pas eu le courage d'allumer du feu. Dès
qu'ils eurent terminé ce repas frugal, Marc plaça dans
le canot deux bouées avec les crampons de fer nécessaires pour les assujettir, et il partit aussitôt avec son
compagnon.

Il fallut une heure pour retrouver la passe et une
autre heure pour placer les bouées. Ce travail terminé,
on retourna à bord sans perdre un instant, car il y
avait toute apparence que le temps allait changer. C'était
un moment où il fallait montrer autant de sang froid
que de décision. Il ne restait pas plus d'une heure de
jour, et il fallait décider si l'on essaierait de mettre le
bâtiment en mouvement, pendant qu'on avait encore
la mémoire toute fraîche de la direction à suivre, et
avant que l'ouragan éclatât, ou bien si l'on se fierait au
câble qui était tendu, pour résister à toutes les atteintes
Marc, malgré sa jeunesse, montrait une grande sagacité
dans tout ce qui touchait à sa profession. Il savait que
des lames pesantes allaient déferler sur les brisants au
milieu desquels le bâtiment était amarré, et il tremblait
que le câble ne vint à chasser et à se rompre, s'il sur-
venait une forte bourrasque qui durât vingt-quatre
heures. Ces lames au contraire viendraient s'amortir
contre les rochers avant d'arriver à l'île, et il crut qu'il
y avait de plus grandes chances de salut à se mettre en

marcne sur-le-champ qu'à rester où l'on était. Bob se soumit à cette décision avec le même empressement que si Marc eût toujours été son officier, et à peine l'eût-il apprise qu'il sauta de voile en voile et de cordage en cordage, comme un écureuil saute de branche en branche.

Bob déferla le foc, le grand hunier et le foc d'artimon, et mit la brigantine en place. En même temps, Marc avait l'œil à la bosse de la grande ancre, qu'on venait d'apprêter pour servir au moment où le capitaine Crutchely avait disparu.

Il était bien temps en effet de se presser. Le vent commençait à se faire sentir par rafales, le soleil s'enfonçait derrière un épais rideau de nuages, et tout le long de l'horizon du côté du vent le ciel prenait un aspect lugubre et menaçant. Un moment Marc changea d'idée, il recula devant le risque qu'il allait courir, et il allait laisser tomber la grande ancre, quand Bob lui cria que tout était prêt, et Marc revenant à lui, leva la hache dont il était armé, et en frappa un grand coup sur le câble. Cela décida la question; un toron tout entier avait été coupé, et trois ou quatre coups de plus séparèrent le bâtiment de son ancre. Marc courut aussitôt aux drisses du foc, et aida Bob à hisser la voile. A peine cette manœuvre était-elle exécutée qu'il courut au gouvernail, où il arriva à temps pour veiller l'abatée. La brigantine fut alors appareillée avec toute la vitesse dont deux hommes sont capables, et ensuite Bob se précipita à l'avant pour voir si le lien de fer qui maintenait le bâton de foc était solidement attaché, et pour chercher de l'œil les bouées.

Dans une pareille navigation la moindre méprise eût été fatale, et Marc recommanda la plus grande vigilance

a son compagnon. Pl s de vingt fois il le héla pour
s'informer si les bouées se montraient, et enfin, à sa
grande satisfaction, il reçut une réponse affirmative.

— N'arrive pas! défie! Monsieur Marc, ne craignez
rien; nous sommes au vent du passage. — Bon! c'est
cela, monsieur Woolston! — A merveille, mon commandant! Est-ce que vous-même vous ne voyez pas encore les bouées?

— Pas encore, Bob, et c'est une raison de plus pour
que vous redoubliez d'attention.

— Tenez, prenez ma place, commandant. Il n'y a
que vous qui puissiez enfiler droit cette passe. C'est trop
fort pour moi.

Et Bob courut à l'arrière. Tout mécontent qu'il était
que ce changement eût lieu dans un instant si critique,
Marc ne fit qu'un bond jusqu'à l'avant, et chercha les
bouées. Une minute après, il en aperçut une, puis,
bientôt après, la seconde, qui lui parut terriblement
proche de l'autre. Cependant, mesurant l'espace de
l'œil, il reconnut qu'il était rigoureusement suffisant,
et cria a Bob de mettre la barre au vent :

— Arrive tout!

A peine l'ordre fut-il exécuté, que le *Rancoc* s'éleva à
la lame. Marc épiait ses moindres mouvements avec
une anxiété fébrile. Il tremblait qu'il ne s'écartât un
peu trop à droite ou à gauche. Il respira à peine quand
il le vit cingler résolument entre les deux sombres sentinelles; il lui semblait que le vent ou le courant
avaient changé de position. Mais il était trop tard pour
modifier la manœuvre. Marc vit le navire se dresser sur
les vagues de l'Océan, et chaque fois qu'il retombait, il
semblait au jeune marin qu'il allait entendre la quille
labourer le fond. Mais l'instant d'après, les bouées se

montrèrent par le travers du bâtiment. Ce premier danger était passé !

Restait à accomplir la seconde partie de la traversée. Il ne fut pas facile de reconnaître le passage qu'ils avaient découvert entre deux blocs de lave. Depuis quelques heures, le vent avait augmenté, à tel point que la mer brisait partout contre les roches. Mais quand il fut sûr de l'avoir retrouvé, Marc ne s'en inquiéta pas. Il voyait alors distinctement le cratère; seulement il devenait nécessaire d'augmenter la voilure pour que le navire pût gouverner facilement.

Marc cria à Bob d'amurer la barre en serrant le vent le plus près possible, et de courir aux drisses de la voile de grand étai, et de l'aider à l'établir. Il en fut de même successivement des autres voiles, puis chacun retourna à son poste.

Dès que le *Rancoc* sentit de nouveau la barré, il se dressa comme un coursier qui va s'élancer dans l'arène, et franchit la passe en droite ligne. Il ne restait plus qu'à doubler l'extrémité septentrionale du Récif, laquelle formait le bassin intérieur, et, une fois entrés, de choisir un point favorable. Pour faciliter la manœuvre, Marc commença par amener le foc. Le bâtiment atteignait alors l'extrémité des roches cachées sous l'eau. Bob mit aussitôt la barre à tribord pour la doubler. La voile d'étai fut amenée en un instant, et Marc sauta sur le gaillard d'avant, en criant à Bob, d'amarrer la barre sous le vent.

La minute d'après, Bob était à côté de son jeune commandant, et tous deux attendaient que le bâtiment vînt au lof en se rapprochant le plus possible du Récif. Le succès couronna leurs efforts, et Marc détacha la barre à vingt pieds du rempart que formaient les rochers,

juste au moment où le navire commençait à dériver.
Les voiles furent carguées, et le câble fut filé jusqu'à ce
que le *Rancoc* fut arrivé au milieu du bassin, où il était
enfin en sûreté. Alors ils remercièrent Dieu de les avoir
guidés dans cette difficile expédition.

Il est vrai que leur position, toute triste qu'elle était
encore, se trouvait singulièrement améliorée. Non-seulement le *Rancoc* était mouillé sur sa meilleure ancre
et avec son meilleur câble, dans un fond solide, au milieu d'un bassin où le flot se faisait peu sentir, et n'entrait qu'obliquement, ce qui lui ôtait encore de sa force,
mais il n'était qu'à cent cinquante pieds de l'île, dans
un endroit où pourrait toujours pénétrer le petit canot,
qu'il eût été impossible de risquer hors du bassin, dès
que le vent aurait fraîchi le moins du monde. En un
mot, il n'était guère possible de souhaiter à un bâtiment
un mouillage plus sûr et en même temps plus commode pour les futurs habitants de l'île.

Marc et Bob ne tardèrent pas à avoir tout sujet de se
féliciter du parti qu'ils avaient pris. Il y eut de telles
rafales pendant la nuit, qu'il était douteux que le navire
eût pu y résister, s'il fût resté à son ancien ancrage; et
s'il eût été jeté contre les brisants dans l'obscurité, leur
perte était à peu près certaine. Les vagues soulevées venaient s'amonceler avec fracas tout autour de l'île, et
couvraient la mer d'écume; mais, arrêtées par la muraille naturelle qui protégeait le *Rancoc*, elles venaient
s'y briser en rejaillissant en des nuages de vapeurs sur
le navire qu'elles inondaient, sans lui faire d'autre mal.

Marc resta sur le pont jusqu'à près de minuit. Voyant
alors que l'ouragan commençait à se calmer, il entra
dans la cabine et y dormit profondément jusqu'au matin. Quant à Bob, il avait été faire son quart en bas dès

le commencement de la soirée, et il faisait grand jour quand il reparut sur le pont.

Marc monta encore une fois dans les barres de perroquet pour jeter un nouveau regard sur la mer, sur les brisants et sur l'île. La position était changée, et il découvrait un plus grand espace du côté de l'ouest, mais rien ne s'offrit à sa vue qui pût ranimer l'espoir qu'il y aurait moyen de tirer le *Rancoc* de son étroite prison. Il redescendit donc sur le pont, avec cette conviction plus arrêtée que jamais, pour partager le déjeûner que Bob s'était mis à préparer dès qu'il avait quitté le poste où il avait été, comme autrefois, suspendre son hamac sur sur le gaillard d'avant, car Marc n'avait jamais pu le décider à prendre une des chambres de la cabine. Cette fois ce fut sur la table du capitaine que le déjeûner fut servi, déjeûner à peu près complet, dont le café fit même partie. Le ciel était sans nuages, et les rayons de soleil avaient une force qui rendait peu agréable de s'asseoir autre part qu'à l'ombre. Pendant le repas, un nouvel entretien s'établit dans la cabine.

— A la manière dont le vent soufflait la nuit dernière, dit Marc, je doute fort que nous eussions eu ce matin une salle à manger aussi agréable, et une table aussi bien servie, si nous étions restés là-bas.

— Il était temps d'en sortir, monsieur Marc, répondit Bob, et s'il faut vous parler à cœur ouvert, tout en étant d'avis d'en risquer l'aventure, j'avoue que je croyais que nous n'arriverions jamais jusqu'ici; car ces lames ne s'amusaient pas à s'arrêter devant les brisants. Pour ma part, je rends grâces à Dieu du fond du cœur de ce que nous sommes dans ce bassin.

— Vous avez raison, Bob, et malgré le malheur qui nous est arrivé, nous devons être reconnaissants en comparant notre sort à celui de nos compagnons, à celui de tant de marins qui ont perdu leur bâtiment.

— Ah ça! oui, c'est beaucoup d'avoir sauvé le nôtre. On ne peut pas appeler cela un naufrage, monsieur Marc; tout ce qu'on peut dire, c'est que nous avons fait un plongeon, voilà tout.

— J'avais déjà entendu parler de navires portés par dessus des récifs et des bancs de rivières dans des mouillages qu'ils ne pouvaient plus quitter, répondit Marc. Mais réfléchissez donc, mon ami, combien notre position est meilleure que si nous avions été jetés sur cette île sans avoir d'autre ressource que les débris du bâtiment que nous aurions pu recueillir.

— Je suis charmé de vous entendre parler d'une manière si rationnelle, monsieur Marc; c'est la preuve que vous ne perdez pas courage, et que vous ne prenez pas la chose trop à cœur.

— Je place ma confiance en Di... C'est par sa volonté que nous nous trouvons dans cette situation extraordinaire; j'ai bon espoir qu'il ne voudra pas nous y laisser.

— Sans doute qu'il ne le voudra pas. Voilà ce qu'il faut dire, et vous avez grandement raison. En attendant, nous avons de l'eau en abondance, du bœuf et du porc pour plus de six ans, du pain et de la farine plus que nous n'en mangerons jamais, sans parler de toutes sortes de petites douceurs.

— Oui, le bâtiment est bien approvisionné, et, comme vous dites, il renferme des vivres pour plus d'une année. Mais nous avons une chose à craindre contre laquelle il est urgent de nous prémunir. Voilà cinquante jours que nous nous nourrissons de viandes salées; si nous continuons encore pendant cinquante jours, nous n'échapperons pas au scorbut.

— Oh! monsieur, Dieu nous préserve de cette affreuse maladie! j'ai fait connaissance avec elle, une certaine fois que je doublais le cap Horn, et je n'ai pas envie de recevoir de nouveau sa visite. Mais il ne doit pas manquer de poissons dans ces rochers ; nous avons du pain; en laissant dormir le bœuf et le porc salé pendant quelques jours de temps en temps, n'éviterons-nous pas ce danger?

— Le poisson serait une bonne chose; la tortue nous serait encore d'une grande ressource si nous pouvions en rencontrer; mais c'est une nourriture variée, tantôt de la viande, tantôt des légumes, qui entretient la santé. Ce qui nous manque, c'est un peu de terre végétale pour en faire venir. Je n'ai pas aperçu la plus petite touffe d'herbe, ni la plante marine la plus commune quand nous étions dans l'île hier. Si nous avions un peu de bonne terre, il ne manque pas de graines à bord; et, sous ce climat, la végétation irait grand train.

— Oui, sans doute, et je ne suis pas non plus sans ressources à cet égard. Vous rappelez-vous les succulentes pastèques et les délicieux melons musqués que nous avons mangés dans notre dernier voyage en Orient? Eh bien, monsieur, j'en ai gardé les graines, pensant les donner à mon frère, qui est un fermier de Jersey; mais un marin, vous savez, ça n'a pas plus de tête que cela : une fois dans le port, j'ai tout oublié. Si nous avions quelques poignées de terre pour les y mettre, je gage que dans deux ou trois mois nous mangerions des fruits magnifiques, comme de vrais seigneurs.

— Voilà une bonne pensée, Betts, et il ne faut pas la perdre de vue. Ce serait une ressource précieuse. C'est justement le moment favorable pour faire des semences, et les melons pousseraient pendant que nous ferions nos autres dispositions. Il me semble qu'il doit nous rester aussi un peu de pommes de terre.

Pendant le reste du déjeûner, ils achevèrent de préparer en imagination un potager complet, et ils se voyaient déjà en possession d'une douzaine de belles couches couvertes de melons. Aussi, en quittant la table, Marc n'eut-il rien de plus pressé que de réunir les graines, pendant que Bob ôtait le couvert et remettait tout en place.

Il y avait à bord quatre porcs, qui avaient eu la chaloupe pour habitation jusqu'au moment où elle avait été mise à la mer, dans la nuit où le *Rancoc* avait touché les brisants. Depuis lors, on les avait laissés courir librement sur les ponts, ce dont l'ordre et la propreté du bâtiment avaient eu beaucoup à souffrir. Bob les prit l'un après l'autre et les laissa glisser dans l'eau, bien sûr que leur instinct les porterait à gagner à la nage la terre la plus proche; ce qui ne manqua pas d'arriver. Il ne tarda pas à les voir dans l'île, flairant de tous côtés au milieu des rocs et s'efforçant de creuser le sol. En même temps, Marc s'occupait à recueillir les ordures de ces animaux, qui étaient restées accumulées : depuis quelque temps on avait eu tout autre chose à faire que de nettoyer les ponts. Marc commençait à en remplir un petit tonneau pour le porter à terre et s'en servir comme d'engrais, lorsque Bob l'arrêta en lui disant qu'il savait où en trouver un qui valait deux fois mieux. Marc demanda une explication, qui lui fut donnée sur-le-champ. Bob, qui avait fait plusieurs voyages sur la côte occidentale d'Amérique, lui dit que les Péruviens et les Chiliens emploient pour engrais la fiente des oiseaux de mer, et qu'ils la recueillent sur les roches qui bordent la côte. Il y avait près du Récif deux ou trois rochers qui étaient toujours couverts d'oiseaux ; il y avait là évidemment une récolte à faire, et l proposa d'aller sur le petit canot, à la recherche de cet engrais fertile. Il en faudrait très-peu, ajouta-t-il; les Espagnols ne l'emploient qu'en petites quantités, et en mettent autour de la plante à mesure qu'elle grossit. — C'est l'engrais qui est devenu un article si important de commerce sous le nom de guano. Marc connaissait Betts pour un homme de sens, incapable d'avancer ce dont il n'aurait pas été sûr. Il accepta donc avec empressement sa proposition ; et pendant qu'il apprêtait l'embarcation, Bob prenait un panier et les outils nécessaires. Ils se rendirent ensuite sur l'un des rochers, où, au milieu des cris perçants de plus de mille oiseaux, Bob recueillit une aussi belle récolte de guano que s'il eût été sur les côtes du Pérou.

Pendant qu'il était ainsi occupé, Marc remarqua que les porcs avaient gagné l'extrémité occidentale de l'île, flairant tout ce qu'ils rencontraient en chemin, et cherchant en vain à fouiller la terre, partout où ils pouvaient enfoncer leurs groins. Comme ce sont des animaux d'une sagacité remarquable, Marc ne les perdit pas de vue, pendant que Bob faisait sa provision de guano. Il avait un faible espoir que leur instinct les dirigerait vers quelque source. Il les vit entrer ainsi dans le cratère par le passage que nous avons décrit et qui lui servait de porte.

En retournant dans l'île, Marc eut soin de débarquer le plus près possible de cette ouverture ; Bob prit les outils sur ses épaules, tandis que Marc portait le panier, et ils se dirigèrent à leur tour vers le Cratère. A la grande satisfaction de Marc, il vit les porcs occupés à gratter la terre avec quelque succès, en ce sens qu'ils la remuaient à la surface, mais sans rien trouver pour leurs peines. Il remarqua dans ce que nous avons appelé la plaine, quelques places où il était possible, en brisant une sorte de croûte, d'arriver à une couche de cendres grossières. En les exposant à l'air, en les mêlant à des herbes marines et aux balayures qu'il pourrait réunir, le jeune marin se flatta d'obtenir assez de substances productives pour faire venir quelques légumes. Lorsqu'il était sur le sommet du mur d'enceinte du Cratère, il avait remarqué deux ou trois places qui lui avaient paru favorables, et il résolut d'y monter et d'y faire son essai, d'autant plus que là son potager serait à l'abri des incursions de ses compagnons velus. S'il pouvait réussir à obtenir ainsi quelques melons, il sentait qu'il aurait un moyen de combattre les dispositions au scorbut qui pouvaient se manifester soit chez lui, soit chez Bob. C'est avec cette sagacité que, malgré son jeune âge, Marc savait penser à l'avenir.

CHAPITRE VI

Nos deux marins ne manquaient pas d'instruments de travail. Il est peu de bâtiments sur lesquels on eût trouvé une provision d'outils de toute espèce, pareille à celle qui avait été réunie à bord du *Rancoc*, ce qui provenait du long séjour qu'il devait faire au milieu des îles où il était envoyé. Ainsi, les haches et les pioches ne manquaient pas, le capitaine Crutchely ayant

prévu la nécessité où il pourrait être d'établir une enceinte fortifiée contre des peuplades sauvages. Marc
gravit alors la rampe du Cratère, la pioche sur l'épaule,
et un long bout de cordage d'enfléchure passé autour
du cou. Tout en montant, il se servait de la pioche pour
former des marches, ce qui, dans cette direction, rendit le chemin beaucoup plus facile. Une fois sur le
sommet, il trouva un quartier de roche qui faisait saillie, et il descendit un bout de son cordage dans le cratère. Bob y attacha le panier que Marc retira à lui et
vida. En recommençant plusieurs fois la même manœuvre, ils transportèrent sur la hauteur tout ce dont
ils avaient besoin. Bob retourna alors à l'embarcation
pour rouler jusqu'au Cratère la petite tonne remplie de
balayures, qui y avait été aussi déposée.

Pendant ce temps, Marc cherchait les endroits qui,
dans sa première visite, lui avaient paru les moins re-
belles à la culture. C'étaient généralement de petites
cavités détachées, sur lesquelles la croûte ordinaire ne
s'était pas encore formée, ou du moins avait disparu
sous l'action des éléments. Il commença par piocher
avec ardeur; puis, quand le sol fut bien émietté avec
la houe, il le saupoudra légèrement de guano, suivant
les instructions de Betts. Cela fait, il descendit le panier
que son compagnon, déjà de retour, remplit des balayures du pont. Bob n'avait pas perdu son temps, pendant l'heure que Marc avait travaillé au soleil, sur le
sommet du Cratère. Il avait trouvé un grand amas
d'herbes marines sur un rocher près de l'île, et il avait
fait deux ou trois voyages dans le canot pour en rapporter. Cette petite provision suivit le même chemin,
et fut hissée également à l'aide du panier. C'étaient des
ressources qui n'étaient point à dédaigner; Marc en fit

des bottes qu'il mêla aux autres ingrédients dont il devait former sa couche. Bob le rejoignit alors, et ensemble ils travaillèrent encore une heure de cette manière.

Ils crurent alors pouvoir risquer de mettre la graine en terre. Ils semèrent des melons de deux espèces, des fèves, des pois et du blé de Turquie. Ils avaient aussi quelques graines de concombres et d'oignons dont ils firent également l'essai. Le capitaine Crutchely avait emporté une quantité de semences diverses, qu'il comptait distribuer aux naturels des îles qu'il se proposait de visiter, dans leur intérêt comme dans celui des futurs navigateurs.

Marc n'était pas très-fort en jardinage, mais Bob n'était jamais embarrassé. Cependant il fit bien quelques méprises. Le Récif de Marc était situé juste entre les tropiques, par le 21e degré de latitude sud, mais la brise qui venait constamment de la mer y entretenait une assez grande fraîcheur ; et, s'il avait eu raison de semer les pois, et même les oignons, sur la hauteur, il aurait peut-être mieux fait de mettre les melons, les aubergines et deux ou trois autres graines, dans les endroits les plus chauds qu'il aurait pu trouver, au fond du Cratère, par exemple. Mais où ils montrèrent tous deux une grande intelligence, ce fut en plaçant toutes leurs semences dans des cavités où la pluie séjournerait, et ils eurent soin de faire avec la boue les travaux nécessaires pour qu'elle ne restât ni en trop grande, ni en trop petite quantité.

Il était l'heure de dîner quand Marc et Betts furent prêts à quitter le Sommet, nom qu'ils commencèrent à donner à la seule hauteur qui se trouvât dans leurs domaines. Bob avait prévu la nécessité de s'abriter, et il

C.   4

avait jeté dans le canot une vieille voile de perroquet.
A l'aide de cette voile et de quelques mâteraux, il réussit à établir au fond du Cratère une sorte de tente sous
laquelle Marc et lui dînèrent et firent ensuite leur sieste.
Assis sur une bonnette de rechange qui avait aussi été
apportée, nos amis devisèrent ensemble de ce qu'ils
avaient fait, et de ce qu'ils devraient commencer par
entreprendre maintenant.

Marc avait travaillé jusqu'alors sous l'influence d'une
agitation fébrile, qui se conçoit aisément dans sa situation, mais qui ne nous permet pas toujours de tirer le
meilleur parti de nos efforts. Devenu plus calme, il
commença à voir qu'il y avait des mesures à prendre
d'une urgence encore plus grande que celles qui
avaient attiré d'abord son attention. C'était, avant tout,
de pourvoir à la sûreté du bâtiment. Tant que le *Rancoe*
ne serait mouillé que sur une seule ancre, on ne pouvait être complétement tranquille; car si le vent venait
à sauter, il pouvait le pousser contre la « muraille de
lave, » comme ils appelaient le brise-lames naturel qui
bordait le bassin ; et là, quand même le navire ne se
briserait pas, il courait du moins grand risque de recevoir de fortes avaries. La prudence demandait donc
qu'indépendamment de l'ancre, on se servît d'amarres
pour le retenir. Les deux amis convinrent de ce qu'ils
auraient à faire dans ce but, puis à deux heures ils se
remirent à l'ouvrage.

Bob pensa qu'il était plus que temps de songer à donner à manger et à boire aux porcs; les pauvres bêtes
étaient à jeûn depuis longtemps ; il y aurait eu de l'in-
humanité à les oublier, et il faut se montrer humain,
même pour les animaux. Marc approuva qu'on leur
donnât à manger ; mais quant à boire, il fit observer

qu'il allait tomber une pluie d'orage. Il est certain que
le temps était menaçant, et Bob ne demanda pas mieux
que d'attendre, avant de se donner une peine inutile.
Quant aux porcs, ils étaient toujours à fouiller avidement, quoiqu'ils n'eussent encore rien trouvé qui ré-
compensât leurs peines. Peut-être avaient-ils du plaisir
à fourrer leur groin dans quelque chose qui ressemblât
à de la terre, après avoir été si longtemps confiné entre
les planches d'un navire. En les voyant ainsi à l'œuvre,
Marc eut l'idée de faire un autre essai, qui certes annonçait une grande prévoyance, en même temps que
peu d'espoir de sortir de l'île de plusieurs années : il
avait de la graine de limons, d'oranges, de citrons, de
figues, et de raisins, tous fruits qui viendraient très-
bien dans l'île, s'ils trouvaient seulement un sol pour
les nourrir. Un des porcs, en fouillant de son mieux,
précisément sous la rampe du cratère, du côté du nord,
avait fait une longue rangée de petits monticules de
cendres, à des distances inégales, il est vrai, mais assez
bien disposés pour recevoir des semences. Marc y enterra les siennes, charmé de faire une épreuve qui
pourrait profiter plus tard à quelques-uns de ses semblables, s'il n'en profitait pas lui-même.

Après avoir fait cette plantation, Marc éprouva naturellement le désir de la conserver. En sortant du Cratère, il avait chassé les porcs devant lui, et il eut l'idée
d'en fermer l'entrée avec la voile qu'il établit comme
une porte, en l'attachant des deux côtés du passage. Si
ces animaux avaient eu quelques succès dans leurs recherches, il est probable que ce léger obstacle ne les
aurait pas empêchés de retourner dans l'intérieur du
Cratère ; mais, dans l'état actuel des choses, il se trouva
suffisant, et la voile resta suspendue devant l'entrée,

Jusqu'à ce qu'on eût trouvé moyen d'y mettre une clô-
ture plus solide.

L'orage semblait alors si imminent, que les deux
marins se hâtèrent de retourner à bord, pour éviter
d'être mouillés jusqu'aux os. A peine étaient-ils rentrés
que le grain commença, mais ce ne furent pas ces torrents de pluie qui tombent quelquefois avec tant d'impétuosité entre les tropiques. Ils eurent néanmoins un
moment d'inquiétude qui leur fit voir de nouveau la
nécessité d'amarrer le bâtiment. Le vent quitta brusquement la direction ordinaire des vents alisés, et se
changea en un courant d'air qui la coupait presque à
angle droit. Cela fit éviter le bâtiment, qui fut entraîné
si près de la muraille de lave, qu'une ou deux fois il en
laboura les parois. Marc, en sondant précédemment,
s'était assuré que cette muraille surplombait, et qu'il y
avait peu de risques que le bâtiment touchât le fond;
néanmoins, ce frottement même n'était pas sans danger, et pouvait, pour peu qu'il augmentât, compromettre la sûreté du navire.

Mais les vents alisés revinrent avec le beau temps, et
le *Rancoc* reprit sa première position. Bob alors suggéra
l'idée de porter à terre la plus solide de leurs ancres à
jet, de l'établir au milieu des rocs, et d'y attacher de
forts cordages qui viendraient s'accrocher au bâtiment,
et à l'aide desquels on pourrait établir une voie de
communication, qui permettrait de ne pas avoir sans
cesse recours au petit canot. Marc approuva ce plan, et
comme il fallait un radeau pour porter à terre l'ancre
qui aurait pu faire chavirer la frêle embarcation, il fut
décidé qu'on remettrait cet ouvrage au lendemain.

Le reste de la journée ne fut plus consacré qu'à des
travaux peu fatigants Marc était curieux d'observer

l'effet de la pluie sur ses plantations, et la quantité
d'eau qui pourrait être restée sur le Récif. Il fut donc
décidé qu'on irait encore passer une heure ou deux
dans l'île avant la nuit.

Avant de partir, Bob appela l'attention de Marc sur
le poulailler. Il ne se composait plus que de six poules,
d'un coq et de cinq canards. Les pauvres volatiles semblaient aussi souffrantes au moral qu'au physique ; elles
étaient maigres et abattues, ce qui n'était pas étonnant
après un séjour de cinquante jours sur mer. Le brave
garçon proposa de les lâcher en liberté dans l'île, leur
laissant chercher leur nourriture comme elles le pourraient, bien qu'il se promît de ne pas les laisser tout-à-
fait au dépourvu. Marc n'avait pas d'objection à faire,
et les cages furent ouvertes. Chaque poule fut successivement portée à la lisse de couronnement et lancée en
l'air, d'où elle allait s'abattre sur le Récif, qui n'était
qu'à deux cents pieds de distance. C'était un grand
bonheur pour elles que cette délivrance. A la grande
surprise de Marc, elles ne furent pas plus tôt dans l'île
qu'elles se mirent à becqueter avidement, comme si
elles eussent été au milieu de la basse-cour la mieux
fournie. Marc n'y pouvait rien comprendre, mais son
étonnement redoubla encore quand, détournant les
yeux sur le pont, il y vit les canards livrés à la même
occupation. Il se baissa pour regarder quel genre de
nourriture ils avaient pu trouver ; le pont était couvert
d'un grand nombre de petites particules mucilagi-
neuses, qui étaient sans doute tombées avec la pluie,
et dont tous les oiseaux, et même les porcs, se montraient avides. C'était donc une sorte de manne tombée
du ciel qui allait faire le bonheur de ces pauvres bêtes,
du moins pour quelques heures.

C.   4.

Bob prit les canards et les jeta par dessus bord ; et en voyant leur joie à barboter dans l'eau, ceux qui les avaient mis en liberté ne purent s'empêcher de la partager jusqu'à un certain point.

Il ne restait plus à bord d'autre être vivant que la chèvre, et quoiqu'il ne fût pas probable qu'elle leur fût jamais d'une grande utilité, et qu'il ne leur fût pas facile de pourvoir à sa subsistance, il répugnait à Marc de s'en défaire. La Providence ne les avait-elle pas conduits ensemble jusque-là ? et puis, ne serait-ce pas un joli tableau de la voir courir de roche en roche ? elle animerait un peu le paysage, qui en avait grand besoin. D'un autre côté, ce serait un danger de plus pour les plantations, si les légumes venaient à pousser. Quoi qu'il en pût être, un répit lui fut accordé, et il fut décidé qu'elle serait conduite dans l'île, et qu'on attendrait encore quinze jours avant de prononcer définitivement sur son sort.

En débarquant, Marc trouva les moindres cavités pleines d'eau. Il y en avait assez pour remplir toutes les futailles du bord, et il ne s'en était presque pas perdu. C'était encourageant pour l'avenir, car la crainte du manque d'eau était une de ses plus grandes perplexités. Si les vivres venaient à être rares, la mer pourrait y suppléer au besoin ; mais de l'eau potable, c'était ce qu'elle ne pouvait fournir.

On ne saurait se figurer la joie des canards au milieu de ces étangs improvisés. En voyant leurs ébats, Marc ne pouvait s'empêcher de se demander quel droit avait l'homme de contrarier les instincts d'aucune des créatures de Dieu.

Il était évident que la pluie n'avait pas encore endommagé les semences. Tous les monticules étaient dans l'état où Marc les avait laissés, bien qu'ils eussent été saturés d'eau. Quelques-uns même semblaient en avoir reçu plus que leur contingent, mais le soleil des Tropiques ne tarderait pas à y porter remède. Sa grande crainte était d'avoir commencé ses plantations trop tard, et que bientôt elles n'eussent à souffrir de la sécheresse. En tout cas, elles venaient de recevoir un bon arrosoir, comme disait Bob, et, connaissant l'influence du soleil sous cette latitude, Marc était persuadé que le résultat de la grande épreuve qu'il avait faite serait bientôt connu.

S'il pouvait réussir à faire sortir quelque végétation des débris du Cratère, leur subsistance était assurée pour le reste de leur vie ; mais si cette ressource venait à leur manquer, ils n'avaient plus d'autre espoir que de chercher quelque issue sur une embarcation qu'ils auraient construite eux-mêmes.

Cette nuit-là, nos marins dormirent plus profondément qu'ils ne l'avaient encore fait depuis la perte de leurs compagnons. Les deux jours suivants furent employés à consolider le navire. Bob réussit à faire un radeau très-convenable avec les espars de rechange, en sciant en deux les mâts de hune et les basses vergues, et en les aiguilletant fortement ensemble. Mais Marc imagina un moyen de descendre à terre les deux ancres à jet, sans avoir recours au radeau. Ces ancres étaient sur la poupe, et deux hommes pouvaient sans peine les suspendre aux bossoirs. Il avait remarqué que sur le bord du Récif, de même que dans toutes les autres parties de cette montagne volcanique, le roc s'élevait perpendiculairement, comme une muraille, et que le bâtiment pouvait approcher jusqu'à sa base. D'ailleurs, dans tous les navires construits sur les chantiers de Philadelphie, à cette époque, l'étrave était très-élancée; rien n'était donc plus facile que de filer du câble, de laisser le navire dériver vers l'île jusqu'à ce que les ancres se trouvassent suspendues au-dessus des rochers, puis ensuite de les laisser tomber. Tout cela fut exécuté de point en point, et le radeau fut réservé pour une autre occasion.

Malgré la facilité avec laquelle les ancres avaient été transportées, il fallut aux deux travailleurs une grande demi-journée pour les établir dans le roc à l'endroit précisément nécessaire. Mais aussi, quand ils eurent réussi, ils avaient obtenu une tenue meilleure encore que celle de la grande ancre.

Le *Rancoc* se trouvait à cent pieds environ de l'île, amarré en même temps par l'avant et par l'arrière, ce qui le maintenait toujours dans la même position. Enfin des planches solidement assujéties établirent une communication facile entre le bâtiment et l'île, sans qu'il fût besoin d'avoir recours au petit canot.

Ces travaux ne furent terminés que dans l'après-midi du second jour, qui se trouvait être un samedi. Marc avait résolu d'observer à l'avenir le dimanche, et de le consacrer au service de Dieu; il fit part de sa détermination à son ami Bob et il fut entendu que, pour bien commencer, le lendemain serait un jour de repos, comme l'entendent les chrétiens, et qu'il en serait de même de tous les dimanches.

Tandis qu'il parcourait ses étroits domaines dans cette disposition d'esprit, Bob sautait dans l'embarcation, et il se dirigeait avec ses instruments de pêche vers quelque rochers qui montraient la tête au-dessus de la surface de l'eau, dans la direction nord-ouest du Cratère. Il pouvait y en avoir une vingtaine, tous à

moins d'un mille de distance; les plus grands n'avaient
pas plus de six à huit acres de surface, tandis que plusieurs n'avaient pas même cent pieds de diamètre.
Contenue par ces rochers, placés comme des digues à
des distances irrégulières, la mer était tranquille, et à
moins de rafales très-fortes, le petit canot pouvait y
voguer sans crainte, pourvu qu'il ne sortît pas des limites qui étaient tracées par la muraille de lave.

Betts était grand amateur de pêche, et il eût passé
des journées entières livré à ce paisible amusement,
pourvu qu'il eût eu une quantité suffisante de tabac.
Une de ses grandes consolations, dans son infortune,
c'était l'immense provision qu'il en avait trouvée à
bord. Tous les marins du *Rancoc*, à l'exception de Marc,
faisaient usage du tabac, et pour un si long voyage
chacun avait pris ses précautions. Dans cette occasion,
il put donc se livrer tout à son aise à ses deux occupations favorites.

Ce que Marc aimait, lui, c'était la chasse; mais son
fusil lui était peu utile dans cette occasion : de tous les
oiseaux qui fréquentaient ces parages, il n'en était pas
un seul qu'à moins de famine extrême il fut possible
de manger. Il se promena donc dans l'île, accompagné
de la chèvre qui y avait été conduite par le nouveau
passavant, et qui jouissait de sa liberté avec autant
d'entrain que les canards. En la voyant cabrioler autour de lui, et le suivre partout, Marc se rappela invo-
lontairement les chèvres de Robinson; puis, par une
association d'idées toutes naturelles, les différentes relations de naufrages qu'il avaient lues se présentèrent
à son esprit, et il fut amené à comparer son sort à
celui des malheureux qui avaient été obligés de séjour-
ner plus ou moins longtemps dans des îles inhabitées.

Sur beaucoup de points cette comparaison lui était défavorable : d'abord, l'île était dépourvue de toute espèce de végétation ; il n'y avait ni arbres ni plantes d'aucune sorte. C'était une grande privation ; restait à savoir s'il y avait moyen d'y remédier, et si l'essai qu'il avait tenté réussirait. Il lui semblait que cette aridité, qui le désolait, n'aurait pas été si complète, si les débris du Cratère eussent contenu quelques substances productives. Il n'était pas assez versé dans la nouvelle branche de la chimie appliquée à l'agriculture, pour comprendre que l'adjonction de certains éléments pouvait vivifier des principes jusqu'alors latents. Et puis le Récif n'avait pas d'eau ; et, bien que pour le moment il tombât chaque jour une pluie bienfaisante, il ne fallait pas oublier qu'on était au printemps, et que les grandes chaleurs amèneraient la sécheresse à leur suite.

Mais ces graves inconvénients étaient compensés par de grands avantages. Le *Rancoc* leur était resté avec tout ce qu'il contenait ; il leur fournissait une demeure, des vêtements, des vivres, de l'eau et du combustible pour bien longtemps ; ou même, pour peu qu'il fût possible de glaner quelque chose sur ces tristes rochers, pour toute leur vie. Sa cargaison, qui eût été de peu de valeur dans un pays civilisé, leur offrait de grandes ressources. Outre une collection d'outils et d'instruments de tout genre, ils avaient embarqué un assortiment d'étoffes grossières, de faïence commune, de ces mille petits riens, très-utiles à ceux qui savent s'en servir.

Quant à l'eau potable, il n'y avait pas autant de crainte à en avoir que Marc l'avait pensé dans le premier moment. La saison des pluies devait durer au moins plusieurs semaines, et les cavités nombreuses qui se trouvaient dans le Cratère formaient autant

citernes naturelles. Il suffisait donc de remplir à certaines époques les futailles du bâtiment. Sans doute
c'était une grande privation de ne pouvoir étancher sa
soif à une source limpide ; mais de l'eau de pluie, re-
cueillie sur un roc bien lisse, et conservée dans des
tonneaux, était une boisson très-tolérable pour un marin ; d'ailleurs, le capitaine Crutchely avait fait placer
une fontaine filtrante dans la cabine, et l'on y passait
l'eau avant de la servir.

Somme toute, en établissant la balance, Marc trouvait
qu'il avait au moins autant à se féliciter qu'à se lamenter.
Aussi résolut-il de s'armer de tout son courage, et il
reprit sa promenade avec un calme et une résignation
qu'il n'avait pas eue depuis la malheureuse entrée du
Rancoc au milieu des brisants.

En jetant les yeux autour de lui, Marc fut amené
assez naturellement à se demander ce qu'il fallait faire
des animaux domestiques, qui tous alors avaient été
débarqués dans l'île. Les porcs pourraient lui être plus
ou moins utiles suivant que son séjour se prolongerait.
Il y avait encore pour eux de la nourriture à bord pour
quelques mois, mais cette nourriture était celle qu'on
donnait aussi aux poules, et il importait plus encore
aux deux naufragés d'avoir des œufs que du porc frais.
Restait la chèvre ; il n'y avait plus grand service à attendre d'elle, et elle ne trouverait rien à brouter. Mais
la petite provision de foin n'était pas épuisée, et tant
qu'elle durerait, Marc décida que la jolie bête, si joyeuse
et si folâtre, serait épargnée. Bien lui prenait de se contenter d'une nourriture qui ne pouvait convenir à aucun autre animal.

Marc ne pouvait rien apercevoir sur les rochers dont
au volatile pût se nourrir, et cependant les poules

étaient toujours à becqueter quelque chose. Elles trouvaient sans doute des insectes qui échappaient à sa vue.
Quant aux canards, ils barbottaient à cœur joie dans
les mares que la pluie venait d'improviser.

Toutes ces créatures du bon Dieu continuèrent à recevoir leur pitance accoutumée, et leurs joyeux ébats
semblaient exprimer la joie qu'elles avaient de vivre.
En se promenant au milieu d'elles, Marc réfléchissait
de quels sentiments de gratitude il devait être animé,
puisqu'il était encore en position de goûter un genre
de bonheur complétement inconnu aux êtres inférieurs
de la création. N'avait-il pas toujours à sa disposition
son esprit avec toutes les ressources qu'il avait puisées
dans l'étude et dans l'expérience, et son intelligence
qui s'élevait jusqu'à Dieu, son créateur, et lui montrait
en perspective une éternité bienheureuse !

Le soleil se couchait lorsque Bob revint de sa pêche.
A la grande surprise de Marc, la petite embarcation
avait de l'eau jusqu'à son plat-bord, et il s'empressa
d'aller à la rencontre de son ami qui se dirigeait vers
l'entrée du Cratère. Bob avait pris une douzaine de
poissons dont plusieurs étaient d'une grosseur considérable, mais tous d'espèces qui leur étaient inconnues.
Mettant de côté ceux qui avaient la plus belle apparence,
Marc jeta les autres sur le rocher, à la merci des porcs
et des poules. Les porcs ne se firent pas prier, et se
mirent à la besogne sans s'inquiéter des écailles, ni des
arêtes. Les poules se montrèrent plus difficiles ; dans
le premier moment elles firent la petite bouche ; sans
doute le repas d'insectes qu'elles avaient fait en était
cause ; mais longtemps avant la fin du festin, elles s'é-
taient ravisées et elles y avaient fait largement honneur.
Les deux marins étaient donc rassurés sur ce point

essentiel : leur petit troupeau aurait toujours de quoi manger, sauf la pauvre Kitty. Il est vrai que la chair de ces animaux pourrait bien sentir un peu le poisson ; mais ce serait quelque chose de nouveau, et, si le goût en était par trop désagréable, en leur donnant quelques jours à l'avance leur nourriture ordinaire, on parviendrait à le corriger.

Mais ces poissons ne faisaient pas la principale cargaison du canot. Bob l'avait rempli presque bord à bord d'une sorte de limon végétal qu'il avait trouvé dans le creux d'un rocher et qui devait avoir été formé par des amas d'herbes marines.

— Voilà qui ressemble à s'y méprendre à une terre excellente ! s'écria Marc, après avoir eu successivement recours à tous ses organes pour en apprécier la qualité ; est-ce qu'il s'en trouve beaucoup sur votre rocher ?

— Beaucoup, monsieur Marc ! assez pour remplir le vieux *Rancoc*, et plus encore. Je ne connais pas la profondeur de mon trésor, mais il occupe un espace qui n'est guère moins grand que votre Cratère.

— Allons, nous nous y mettrons la semaine prochaine ; voilà une importation qui n'est pas à négliger. Mais je n'abandonne pas mon idée de chaloupe, Bob, songez-y bien. En tous cas la prudence exige que nous cherchions à nous créer ici des moyens d'existence, si la volonté de Dieu n'est pas que nous nous remettions un jour en mer.

— En mer, monsieur Marc ! y pensez-vous ? ni vous, ni moi, ni âme qui vive, ne naviguera jamais sur le vieux *Rancoc*, retenez bien cela de moi. Quant à ma pièce de terre, je ne crois pas qu'on puisse y rien planter, car l'eau de la mer doit venir la baigner dès qu'il y a quelque bourrasque. Il est vrai, quand j'y pense,

qu'il n'y aurait pas grand'chose à faire pour lui en interdire l'entrée. Les asperges, entre autres, y viendraient comme un charme. Il doit s'en trouver parmi
toutes les semences que notre armateur, l'Ami Abraham
White, avait réunies pour l'usage des sauvages : le tout
est de savoir où nous pourrons mettre la main dessus.

— Tout ce qui reste de semences est dans deux ou
trois caisses dans l'entrepont. Pendant que je monte au
Cratère chercher une pelle pour décharger le canot,
occupez-vous de faire cuire le poisson pour notre sou-
per. Voilà si longtemps que nous mangeons des salai-
sons, que quelques aliments frais nous feront du bien.

Chacun s'occupa de sa tâche. Marc, à l'aide d'une
brouette, — et à bord il s'en trouvait trois que l'Ami
Abraham destinait encore à des cadeaux, — transporta,
en plusieurs voyages, le limon dans l'intérieur du Cratère. Il en fit un grand tas.

Bob était retourné à bord pour s'occuper de sa cuisine. Il prit les deux poissons, les vida, coupa le plus
gros en plusieurs morceaux qu'il mit dans une casserole avec des oignons, du petit lard et du biscuit de mer
pour en faire une matelotte le lendemain matin. Quant
à l'autre, il en fit une friture que Marc et lui mangèrent
le soir même avec délices.

CHAPITRE VII

Le jour du dimanche ne se lève jamais, pour les personnes vraiment pieuses, sans ranimer les sentiments
de gratitude qu'elles doivent au Créateur pour tous ses

bienfaits. Cette influence se fait surtout sentir dans les saisons où la nature se rajeunit et se renouvelle, à la campagne plus que dans les grandes villes, où le bruit qui se fait autour de nous est un obstacle aux pensées sérieuses. Elle est plus vive encore dans la solitude absolue, lorsque nous nous sentons sous la dépendance directe de Dieu même pour trouver les moyens de prolonger notre existence.

Ce fut sous l'impression de ces pensées que Marc et Bob passèrent leur premier dimanche sur le Récif. Le jeune marin lut d'un bout à l'autre l'office du matin, tandis que Bob écoutait avec attention.

L'un et l'autre éprouvèrent l'efficacité du précepte divin qui recommande l'observation du dimanche. Marc se sentit beaucoup plus résigné à son sort qu'il ne l'aurait cru possible, et Betts déclara qu'il ne manquerait rien à son bonheur, s'il avait seulement une meilleure embarcation, non pas que le canot n'eût beaucoup de bonnes qualités; mais il était trop petit.

Après l'exercice religieux, pour lequel nos marins avaient fait leur barbe et s'étaient habillés, ils firent ensemble un tour sur le Récif, tout en causant de leurs affaires.

Bob dit alors à Marc, pour la première fois, qu'il devait y avoir quelque part dans la cale la charpente et tous les matériaux d'une pinasse, que le capitaine avait l'intention d'assembler quand il serait arrivé au lieu de sa destination, afin de pouvoir croiser plus commodément au milieu des îles pour trafiquer avec les sauvages et transporter le bois de sandal. Marc déclara qu'il n'en avait jamais entendu parler, mais qu'une partie de la cale avait été remplie pendant qu'il était à Bristol, et que la chose n'était pas impossible. Bob convint qu'il n'avait jamais vu la pinasse (1) en question, quoiqu'il eût été employé au chargement, mais il était sûr d'avoir entendu l'Ami Abraham White et le capitaine Crutchely parler ensemble de ses dimensions et l'usage qu'on en pouvait faire. Si sa mémoire ne le trompait pas ce devait être une embarcation plus grande même que la chaloupe, disposée pour recevoir des mâts et des voiles, et à demi-pontée.

Marc écouta patiemment ces détails, bien convaincu toutefois que l'honnête Bob était dans l'erreur. Sans doute il avait pu entendre le capitaine et l'armateur parler de quelque projet de ce genre ; mais s'il avait été mis à exécution, il était bien difficile que lui, son second, n'en eût eu aucune connaissance. Ce qui était certain, c'est qu'il y avait à bord une grande quantité de matériaux au moyen desquels on pourrait, avec le temps, — car il sentait mieux que personne que ce ne serait pas l'affaire d'un jour, — construire une embarcation quelconque, assez solide pour résister aux flots de cette mer ordinairement paisible, et les reconduire dans leur patrie.

Ce fut dans des entretiens de ce genre, dans l'accomplissement des devoirs religieux, dans un échange de conjectures sur le sort probable de leurs compagnons, que se passa ce saint jour du dimanche. Cette interruption dans leurs travaux ordinaires parut faire sur Bob une assez vive impression ; il suivit les différents exercices avec un zèle et une simplicité qui donnèrent beaucoup de satisfaction à Marc ; car, tout en sachant bien que son ami était le meilleur garçon du monde,

(1) Sorte de bâtiment de charge à proue carrée et qui va à voiles et à rames.

dans l'acception ordinaire de ce mot, il ne le croyait pas très-accessible aux idées religieuses. Mais le monde n'était plus là pour exercer sur Bob une influence délétère ; il en était séparé par une barrière presque aussi infranchissable que le tombeau ; et le cœur humain, dans sa détresse, ne manque jamais de se tourner vers Dieu, comme vers l'unique source de consolation.

Le lendemain, les deux amis reprirent leurs travaux ordinaires avec une nouvelle ardeur. Pendant que l'eau pour le thé bouillait, ils roulèrent à terre deux futailles vides, et les remplirent d'eau à l'un des réservoirs naturels les plus considérables, car il était tombé beaucoup d'eau pendant la nuit. Après le déjeûner, Marc alla examiner son monceau de limon dans le Cratère, tandis que Bob partait sur le canot pour pêcher quelques poissons, et prendre un nouveau chargement de limon. Marc se promit de l'accompagner la fois suivante sur le radeau, qui avait encore besoin, toutefois, de quelques dispositions pour servir à cet usage. La pluie avait tellement détrempé le limon, que Marc, qui en porta quelques parcelles à ses lèvres, reconnut qu'elle avait emporté une grande partie du sel qu'il contenait. Il y avait de quoi l'encourager dans ses projets de jardinage. Le printemps ne faisait que commencer, et il avait l'espoir de pouvoir préparer au moins une couche assez à temps pour y voir pousser des légumes.

Nous avons déjà vu que la cargaison du *Rancoc* n'était pas d'un grand prix, le commerce entre l'homme civilisé et le sauvage ayant lieu ordinairement d'après les grands principes du libre-échange, dont on a tant parlé depuis quelques années, tout en les comprenant si peu, et qui le plus souvent n'ont d'autre résultat que de donner la part du lion à ceux qui en ont le moins besoin ; mais du moins il s'y trouvait une grande quantité de planches de toute forme et de toute grandeur, et Marc en prit quelques-unes pour faire un plancher pour son radeau. Il venait de terminer, lorsque Bob rapporta une nouvelle provision de limon. Il fut décidé qu'on entreprendrait sur-le-champ un nouveau voyage avec le radeau et le canot tout à la fois.

L'amas de substances végétales que Betts avait découvert, était beaucoup plus considérable et d'un accès plus facile que Marc ne l'avait espéré. On pouvait y faire cent voyages sans craindre de l'épuiser ; et, suivant toute apparence, on y trouverait de quoi étendre une couche de terre sur une étendue de plusieurs acres, — qui sait? sur toute la plaine du Cratère. Le premier soin de notre jeune ami fut de choisir un emplacement convenable, de bien le bêcher, de mêler au limon une quantité suffisante de guano, et alors d'y semer des asperges, opération après laquelle il donna sur sa couche un coup de râteau. Pendant ce temps, Bob avait complété le chargement du canot et du radeau, qu'ils ramenèrent au Cratère, l'un remorquant l'autre.

Les quinze jours qui suivirent se passèrent dans des occupations analogues. Aucun ne s'écoulait sans qu'on eût rendu une ou plusieurs visites au « Rocher du Limon, » comme ils appelèrent leur nouveau grenier d'abondance, et jamais les embarcations ne revenaient à vide.

Cependant la journée entière n'était pas exclusivement consacrée à ces voyages. Au contraire, mille petits travaux s'achevaient en même temps, tantôt par nécessité, tantôt par prévoyance. Par exemple, toutes les futailles furent successivement remplies d'eau douce ; car les pluies pouvaient cesser bientôt, et il était bon de prendre ses précautions, quoique la provision d'eau du *Rancoc* fût loin encore d'être épuisée. On était parti avec d'excellente eau de Delaware, et les futailles avaient été remplies à Valparaiso. Marc les compta, et, à raison de dix gallons par jour pour Bob et pour lui, ce qui était une ration beaucoup plus que suffisante, il calcula qu'ils en avaient pour deux ans. Sans doute ce n'était pas cette boisson rafraîchissante après laquelle on aspire dans les grandes chaleurs : Marc eût préféré se désaltérer à quelque source jaillissante ; Bob n'avait pas oublié non plus certain puits qui servait à l'usage de sa famille depuis des générations ; mais en dépit de ces retours vers le passé, nos marins n'avaient pas sujet de se plaindre. L'eau qu'ils avaient en abondance était potable, et elle s'était conservée assez fraîche dans l'entrepont. Lorsque les futailles qui avaient été portées au Cratère eurent été remplies, elles furent réunies ensemble, calées avec soin, et couvertes d'une vieille toile. Aucune distribution d'eau n'avait encore été faite au petit troupeau ; il en trouvait en abondance dans les cavités.

Betts ne négligeait pas la pêche, et il fournissait non-seulement la table, mais encore à la consommation des porcs et des poules. Plusieurs des poissons se trouvèrent délicieux ; d'autres allèrent grossir incontinent le tas des substances en décomposition. Il fit aussi une importation considérable de guano.

Un jour l'idée lui vint d'aller jeter ses filets dans une autre direction. Il passa au vent de « la muraille de lave », et il se dirigea un peu plus loin, vers un petit rocher nu, où il espérait trouver une espèce particulière de petits poissons qui feraient une friture délicieuse.

Il y avait une couple d'heures que Bob était parti, lorsque Marc, qui était à travailler dans l'intérieur du Cratère, l'entendit tout-à-coup pousser de grands cris comme s'il appelait à son secours. Jetant aussitôt la pioche qu'il tenait à la main, Marc courut à sa rencontre, et ne fut pas médiocrement surpris de voir la nature de la cargaison avec laquelle son ami rentrait dans le port.

Il paraîtrait qu'un grand amas d'herbes marines s'était formé au vent du rocher près duquel Bob était allé pêcher, et que là elles s'accumulaient en monceau; puis, qu'à un moment donné, cette masse compacte, qui ne trouvait plus d'espace suffisant pour la contenir, se détachait tout à coup, et passait au sud du Récif en dérivant sous le vent, jusqu'à ce qu'elle atteignît quelque autre roche dans cette direction. Bob était parvenu à lui faire doubler une pointe du Récif, et à l'aide du vent et du courant, il cherchait à lui faire prendre la route du Cratère. Il appelait Marc pour qu'il vînt à l'aider dans cette manœuvre difficile; car il eût été cruel, après toute la peine qu'il s'était donnée, de voir cette riche proie lui échapper, et passer devant l'île sans s'y arrêter.

Le jeune marin comprit aussitôt le service qu'on attendait de lui; il prit une corde, réussit à la jeter à Bob, et, en la tirant à lui, il parvint à conduire la masse flottante sur le point de débarquement le plus favorable.

Ce surcroît de richesses leur venait très à point. Il y avait bien le volume de deux grosses charretées de foin. Il s'y trouvait beaucoup de petits coquillages, qui firent les délices de la basse-cour. Les poules y découvrirent aussi des graines à becqueter, et elles les cherchèrent avec la même avidité que si c'eût été du blé. Les porcs, de leur côté, firent grand honneur aux herbes.

La pauvre Kitty était la seule qui n'eût pas toujours sa table servie comme elle l'eût désiré; elle donna quelques coups de dent çà et là, mais d'un air à demi-satisfait, et comme si elle doutait de la salubrité de ce mets de nouvelle espêce.

Quoiqu'il commençât à se faire tard, Marc et Bob prirent deux des fourches de l'ami Abraham White, et se mirent à rentrer toute la provision dans l'intérieur du Cratère, en laissant en dehors ce qui était nécessaire pour la consommation de la basse-cour.

A la fin de la seconde semaine, nos défricheurs tinrent conseil, et il fut arrêté qu'avant tout autre chose il fallait achever d'apprêter une plate-bande qui pouvait avoir une demi-acre d'étendue, la défoncer, y jeter leur engrais, donner un coup de bêche, l'ensemencer, et recouvrir le tout d'une couche d'herbes marines.

Malgré toutes les ressources inespérées qu'il avait trouvées, Marc ne se flattait pas encore d'un grand succès. Le limon lui paraissait froid et encore empreint de matières salines, malgré l'effet des eaux du ciel, et il ne connaisssit les propriétés du guano que par les explications confuses et incomplètes de Bob. Comment expliquer l'absence de toute végétation sur le Récif, si les substances dont il est composé renfermaient les principes de toute espèce de plantes?

Il fut décidé qu'un mois serait consacré à ces travaux, et qu'ensuite on les confierait à l'action tutélaire des saisons et de la Providence. Marc se proposait alors de procéder à une visite complète et approfondie du bâtiment, pour reconnaître une bonne fois ce qu'il pouvait contenir.

C.

Si, par exemple, les matériaux de la pinasse dont
Betts avait parlé se trouvaient véritablement dans la
cale, il faudrait les assembler sans perdre de temps.
Dans le cas contraire, et c'était, suivant Marc, la supposition la plus probable, ils devraient se mettre eux-
mêmes à l'œuvre, et chercher à construire une embarcation de ce genre à force d'adresse et de patience. Ils
pourraient alors, à travers cet Océan tranquille, gagner
la côte de l'Amérique du Sud, ou une des îles qu'on
savait accueillir favorablement les hommes blancs; car
on se rappellera qu'il y a cinquante ans, ces parages
n'étaient pas connus comme ils le sont aujourd'hui, et
les marins ne s'aventuraient pas sans crainte au milieu
des habitants de ces îles.

Le lendemain, il plut toute la matinée, ce qui obligea
nos solitaires à rester à bord; ils en profitèrent pour
visiter à fond l'entrepont, et notamment les caisses où
étaient renfermées les semences. C'était là qu'on avait
placé la plupart des outils, ainsi qu'une grande quantité de planches; mais ils cherchèrent inutilement la
carcasse de la pinasse. Ils n'en persistèrent pas moins
tous deux dans leur opinion : Bob, que le capitaine en
avait parlé devant lui avec l'armateur, et Marc, que
Bob avait mal entendu.

La provision d'outils était hors de toute proportion
avec les besoins de l'équipage; mais il ne faut pas
perdre de vue que l'Ami Abraham voulait répandre la
civilisation parmi les sauvages.

Il avait consacré à l'achat d'outils, d'instruments, de
semences, d'approvisionnements de toute espèce, destinés très-sincèrement à améliorer la condition des naturels de Vanua-Levu et de Viti-Levu, une somme qui
ne montait pas à moins de mille dollars.

Dans ses recherches, Marc trouva des graines de trèfle et d'autres plantes herbacées en assez grande quantité pour couvrir presque toutes les hauteurs du Cratère. Le temps s'étant éclairci pour le moment, il partit avec Bob qui portait un panier plein de guano, tandis que lui-même s'était muni de semences.

C'était la première fois qu'ils montaient au Cratère depuis qu'ils avaient terminé leurs plantations, et Marc approcha de ses petits monticules sans grand espoir, car il n'avait pas alors de limon à mêler aux cendres. Qu'on juge de son ravissement, comme de sa surprise, quand il vit une couche de melons sur laquelle on distinguait déjà de petites tiges verdoyantes! Le grand problème était donc heureusement résolu : la végétation se trouvait importée sur ce sol jusqu'alors stérile.

La joie de Marc Woolston tenait du délire; il n'avait plus à craindre la famine dans l'avenir; mais ce n'était point cette considération qui causait ses transports, c'était de voir une création nouvelle sortir en quelque sorte de ses mains. Il courait de monticule en monticule, et partout il trouvait des plantes, les unes commençant à sortir du milieu des cendres, d'autres déjà en feuilles; toutes, vertes et bien portantes. Heureusement Kitty n'avait pas été sur le Sommet depuis quinze jours; les premières visites qu'elle y avait faites, toujours sans résultat, ne lui avaient sans doute pas donné l'envie d'y retourner; mais si elle venait à apercevoir d'en bas la verdure, elle ne résisterait pas à la tentation, et alors Dieu sait les ravages qu'elle ferait.

Marc résolut donc de la confiner à bord, jusqu'à ce qu'il eût pris les précautions nécessaires pour l'empêcher de gravir la hauteur, ce qui n'était pas très-difficile. A l'extérieur du rocher, il n'y avait que trois endroits par où il fût possible même à une chèvre de grimper.

Dès que Marc fut un peu revenu de sa première surprise, il envoya Bob chercher en bas quelques seaux remplis de la terre qui avait été apportée du Rocher du Limon. Il eut soin de mettre de cet engrais autour de chaque plante, et l'expérience lui prouva combien il avait eu raison d'agir ainsi. Il est certain que, sans cette précaution salutaire, toutes ses plantes favorites auraient péri, faute d'une nourriture suffisante. Aussi ne se borna-t-il pas à un simple essai, et il voulut que toutes ses plantations sur le Sommet reçussent cette addition importante; mais c'était un travail long et fatigant que de monter sur l'épaule les seaux l'un après l'autre. Bob établit en haut une poulie à l'aide de laquelle les seaux montaient et redescendaient sans fatigue, et la besogne s'en trouva singulièrement abrégée.

Après avoir pourvu à la conservation de son nouveau trésor, Marc se mit à semer les graines destinées à couvrir le sommet et les parois extérieures du Cratère; car en dedans, où la rampe était à pic, c'eût été peine perdue. Sans doute tout ne viendrait pas, c'était un espoir qu'il ne pouvait concevoir; mais ne poussât-il par-ci par-là que quelques brins de verdure sur lesquels l'œil pût au moins se reposer, il se croirait encore grandement récompensé de ses peines. Bob le suivait pas à pas, mettant du guano partout où Marc déposait de la semence. Une pluie bienfaisante qui tomba bientôt après, humecta cette semence, la fit pénétrer dans ce qu'il pouvait y avoir de sol à la surface, et la mit, par conséquent, dans les conditions les plus favorables.

Ayant fait ce qui dépendait d'eux pour que la zone supérieure fût couverte de verdure, les intrépides hor-

liculteurs descendirent dans la plaine du Cratère sur
laquelle ils voulaient dessiner un jardin. Marc y fit
preuve de beaucoup d'adresse et d'un talent véritable.
La surface du plateau était recouverte d'une croûte composée de scories et de cendres durcies, croûte qui, sans
être très-épaisse, aurait pu porter le poids d'une charrette. Cette croûte une fois brisée, ce qui n'était pas difficile avec des pinces et des pioches, les substances
qu'elle recouvrait étaient assez molles pour l'usage
qu'on voulait en faire, même sans qu'il fût besoin du
secours de la bêche. L'espace ne manquait pas. Marc
traça des allées qui serpentaient en zigzag au gré de sa
fantaisie, laissant la croûte partout où il devait y avoir
un chemin, et ne la brisant que là où il voulait établir
une plate-bande. Ce travail était pour lui un véritable
délassement; il s'en amusait en même temps qu'il ne
perdait pas de vue l'utilité qu'il en retirerait par la suite.
Partout où l'on jetait de la semence, la couche, préparée
avec soin, recevait toujours son contingent de limon et
d'herbes marines, et rien n'était négligé de ce qui pouvait contribuer au succès de la plantation.

Sans doute on ne pouvait espérer que tous ces essais
de culture réussissent au même degré. De toutes les semences réunies par l'Ami Abraham, il y en avait qui
pouvaient manquer complétement, ou dégénérer; mais
pourquoi d'autres, au contraire, ne s'amélioreraient-
elles pas? Il n'attendait pas beaucoup de la pomme de
terre d'Irlande, du chou, ni de la plupart des légumes
du nord; mais il avait voulu essayer un peu de tout; et
son jardin potager offrait un assortiment à peu près
complet des légumes alors connus en Amérique.

Il fallut bien quinze jours à nos amis pour préparer,
fumer et ensemencer leur jardin et ses compartiments

de dessins si variés. Il occupait, au centre même du Cratère, un emplacement d'au moins une demi-acre. Ce
n'était pour Marc qu'un commencement, une sorte de
pépinière, destinée à alimenter beaucoup de créations
du même genre, jusqu'à ce que les cent acres ne for-
massent qu'un parc immense. Au moment où ils termi-
naient cette partie de leurs travaux, les pluies étaient
moins fréquentes; c'étaient plutôt des averses, qui
étaient encore plus favorables au développement de la
végétation. Pendant ces quinze jours, les semis faits sur
les hauteurs avaient fait des progrès rapides sous l'influence du soleil des tropiques. Mais pour féconder le
sol, il ne faut pas seulement de la chaleur; et il n'arrive
que trop souvent, sous ces latitudes, qu'il ne soit pas
assez humecté. Ces longues sécheresses, qui reviennent
périodiquement, tiennent souvent moins à la chaleur
qu'à d'autres causes locales. A mesure que le printemps
avançait, Marc commençait à espérer que son petit territoire serait à l'abri de ce fléau si terrible. Les vents
alizés, et quelques autres causes qui lui étaient inconnues, amenaient continuellement des nuages qui non-
seulement versaient une pluie bienfaisante sur ses plantations, mais qui servaient encore à modérer une chaleur
qui eût été insupportable si rien n'avait jamais inter-
cepté les rayons du soleil.

Comme l'été approchait, et qu'il ne fallait pas se
laisser prendre au dépourvu, Marc s'occupa de dresser
une tente dans l'enceinte du Cratère. Avec quelques
vieilles voiles et quelques petits mâts, la chose ne fut pas
difficile, et il eut bientôt construit une habitation de ce
genre aussi vaste que commode. Mais Marc ne pensa
pas seulement à lui, et il établit en dehors un autre abri
pour son petit troupeau, qui montra, par l'ardeur avec

laquelle il s'y réfugia, combien il appréciait cette attention. Cet abri fut beaucoup plus difficile à construire,
car il fallait qu'il pût résister au vent qui soufflait de ce
côté avec violence, tandis qu'il se faisait à peine sentir
dans l'intérieur. Sous ce rapport, il y avait en trop d'un
côté ce qui manquait de l'autre. Cette absence d'air était
même un grave inconvénient pour fixer sa résidence
dans ce que nous avons appelé la plaine du Cratère.
Aussi Marc se mit-il aussitôt à l'œuvre pour chercher
à se bâtir une sorte de petit pavillon sur le Sommet
même, où il régnerait toujours une douce température,
pourvu qu'on pût se garantir contre l'ardeur du soleil.

Marc mit beaucoup de soin à choisir un emplacement
convenable. L'emplacement une fois trouvé, les matériaux ne manquaient pas. Des mâtereaux, qu'il fut facile d'enfoncer dans la roche tendre, servirent de poteaux; des morceaux de toile à voile, taillés en bas pour
plus de commodité et montés à l'aide de la poulie, formèrent les quatre murs, et nos habiles architectes eurent
ainsi des habitations pour toutes les saisons.

Ces divers arrangements prirent encore une quinzaine, et ce fut ainsi que se terminèrent les premiers
trois mois qu'ils passèrent sur le Récif. Ils s'étaient alors
habitués à leur situation, et avaient mis de l'ordre et de
la régularité dans leurs travaux, bien que la chaleur
toujours croissante commençât à les avertir de ne pas
se fatiguer trop, surtout à l'heure où, du haut du zénith,
le soleil dardait tous ses feux.

CHAPITRE VIII

Dès que le petit pavillon fut établi sur le Sommet, Marc y passa la plupart de ses heures de loisir. Il y transporta une partie de ses livres, — et il en avait une collection assez nombreuse, — sa flûte et tout ce qu'il faut pour écrire. De là, tout en s'occupant, il pouvait surveiller le développement de son potager aérien. Quand à Bob, il pêchait une grande partie du temps : il y trouvait tout à la fois plaisir et profit, car les porcs et les poules faisaient bonne chère. Tout prospérait en un mot, à l'exception de la pauvre Kitty, qui traînait un peu la patte. Elle aimait à suivre Marc, et jetait plus d'un regard d'envie sur le Sommet, lorsque, d'en bas, où elle était consignée, elle le voyait se promener au milieu de ses plantations.

Les légumes mis les premiers en terre venaient à merveille. Ils avaient été entourés de limon à plusieurs reprises, et rien de ce qui pouvait hâter la végétation ne leur manquait. Les melons ne tardèrent pas à promener leurs jeunes pousses sur la couche, ainsi que les concombres, les courges et les citrouilles ; et, à la fin du mois suivant, presque toutes les parties planes des hauteurs se paraient çà et là d'un commencement de verdure.

Mais une nouvelle surprise était ménagée à Marc. Un jour qu'il était assis sous son pavillon, tous les rideaux ouverts, afin de donner un libre accès à la brise, il aperçut quelques points sombres qui se détachaient sur le roc ardent. Il s'approche de l'endroit, et il voit que quelques brins du gazon qu'il a semé presque au hasard commencent à paraître.

Ainsi donc ces rochers sur lesquels l'œil ne pouvait se fixer sans fatigue allaient être convertis en belles collines verdoyantes qui deviendraient, au contraire, un repos pour la vue. Il connaissait assez les lois de la végétation pour savoir qu'une fois que les racines des herbes se seraient infiltrées dans les crevasses presque invisibles de la roche, elles pourvoiraient d'elles-mêmes à leurs besoins par leurs émanations successives qui, en aidant à leur reproduction, ajouteraient à la fertilité, Toutefois, il ne manqua pas de faciliter ce travail de la nature en mettant encore partout du guano, puisque cet engrais avait produit de si merveilleux effets.

Bob montrait pour la pêche le même goût que Marc pour le jardinage, et il rapportait de telles quantités de poissons que celui-ci songea à en faire aussi de l'engrais. Profitant des quelques heures de fraîcheur du matin et du soir, il se mit à préparer dans la plaine du Cratère, un emplacement convenable; il y enfouit tous les poissons qui ne leur étaient pas nécessaires, pour les y laisser entrer en décomposition. Bob ne négligeait pas non plus l'approvisionnement d'herbes marines, qui s'élevaient en monceau, mêlées au guano et au limon. Mais ces divers travaux durent se ralentir à mesure que la saison avançait.

Malgré la brise, le soleil avait une ardeur qui, en plein midi, n'était pas supportable, et qui pompait l'eau amassée dans les cavités des rochers; aussi fallut-il pendant plusieurs semaines faire des distributions régulières au troupeau sur la provision d'eau qu'on avait eu le bon esprit d'amasser dans les temps d'abondance.

Marc consacra ses heures de loisir au bâtiment. Saisissant les moments favorables, il déferla successivement toutes les voiles, les sécha complétement, les désenvergua, et les rangea dans l'entrepont. La tente fut mise en place ; les ponts furent lavés matin et soir, ce qui avait le double avantage d'entretenir la propreté et d'empêcher le bois de jouer.

Ce fut alors que, pour la première fois depuis leur solitude, la cale fut l'objet d'une visite et d'une inspection minutieuse. On y trouva beaucoup d'articles utiles, et, entre autres, deux barils de vinaigre que l'Ami Abraham White avait fait mettre à bord pour mariner tout ce qui en serait susceptible, comme préservatif contre le scorbut. Marc fut charmé de cette découverte, et, puisque ses couches d'oignons et de concombres lui promettaient une si belle récolte, il se promit bien d'en mettre une partie au vinaigre.

Un jour que Bob était à fureter dans la cale, et que Marc le ga lait, car c'était alors l'endroit où il y avait le plus de raîcheur, il mit la main sur une pièce de bois, et s'efforça de la tirer du milieu d'un tas qui était par terre dans un coin obscur. Après plusieurs tentatives la pièce de bois vint à lui, et Marc, frappé de sa forme particulière, lui dit de l'approcher de l'écoutille pour qu'il pût la voir au jour.

A entendre Bob, impatienté sans doute de toute la peine qu'elle lui avait donnée, c'était « un mauvais bâton fourchu, un propre à rien, qui tenait là une place inutile ; » mais Marc reconnut au premier coup d'œil que ce n'était ni plus ni moins qu'une des pièces de la membrure d'une embarca ion d'une dimension peu commune.

— Voilà, pour le coup, qui est providentiel ! s'écria

Marc ébahi. Votre bâton fourchu, Bob, fait bel et bien partie de la pinasse dont vous parliez, et que nous désespérions de trouver à bord.

— Vous avez raison, monsieur Marc, vous avez bien raison; et je suis un grand sot de ne pas m'en être aperçu quand j'avais tant de peine à la tirer! Mais si nous avons mis la main sur un des os de la pinasse, les autres ne doivent pas être bien loin; ils ont sans doute été arrimés tous dans la même latitude.

C'était la vérité. Chaque partie de la membrure fut trouvée successivement et portée à la timonerie. Ni Bob ni Marc n'étaient de bien habiles constructeurs; mais ils n'étaient pas non plus sans quelques notions premières, et ils savaient du moins parfaitement où chaque pièce devait être placée.

Quelle révolution cette découverte n'opéra-t-elle pas dans les sentiments du jeune marin!

Maintenant que l'existence de la pinasse n'était pas un rêve, maintenant qu'elle était là, sous ses yeux, il eut peine à soutenir l'excès de sa joie; tout son sang reflua vers son cœur, et il fut obligé de s'appuyer contre une caisse. Mais ce moment d'absence de lui-même fut loin d'être sans charme. A travers ses paupières entr'ouvertes, l'avenir lui apparaissait sous des couleurs toutes nouvelles. Il n'avait pas le moindre doute qu'avec Bob il ne réussît à assembler ces bienheureuses pièces, et qu'il ne parvînt ensuite à franchir l'Océan à bord d'une embarcation convenable.

L'agitation fébrile à laquelle Marc était en proie se prolongea pendant plusieurs jours, et le rendit incapable de toute occupation. Il était devenu presque méconnaissable, même à ses propres yeux.

Le gazon commençait à s'étendre de tous côtés sur

les lèvres du Cratère ; des collines verdoyantes succédaient aux rochers arides ; toutes ses plantations réussissaient au gré de ses plus chères espérances ; c'est à
peine s'il y paraissait encore sensible. Il ne pouvait
plus penser qu'à une chose : au moyen inespéré qui se
présentait de quitter le Récif !

Bob prenait les choses plus philosophiquement. Il
s'était mis dans la tête de robinsonner pendant quelques années, et son parti en était pris. Sans doute il
eût préféré que le canot fut plus grand, mais il n'aurait
pas eu la moindre objection à ce que la pinasse fut réduite au quart de ses dimensions actuelles. Cependant
Marc avait prononcé, il se soumit avec son humilité et
son empressement ordinaires. Marc ne voulait pas
attendre un temps plus frais pour se mettre à l'œuvre,
et Bob lui prêta son aide, sans se permettre de remontrances.

Mais le soleil, qui n'avait pas été consulté, vint déranger un peu ces beaux projets. La chaleur était si
intense, pendant la plus grande partie du jour, que
tout travail devenait impossible si les travailleurs ne se
construisaient un abri. La carcasse de la pinasse ne
pouvait être montée que près de l'eau pour qu'il fût
possible ensuite de la mettre à flot. Or, sur la côte, il
n'y avait d'ombre nulle part ; il fallait donc aviser aux
moyens de s'en procurer. Marc, dont l'impatience ne
connaissait plus aucun retard, s'en occupa sur-le-champ.

Il fallait d'abord choisir l'emplacement du nouveau
chantier, et, après mûre délibération, il fut décidé que
ce serait la pointe occidentale du Récif. Sans doute c'é-
tait ajouter beaucoup à la peine, puisqu'il faudrait y
transporter tous les matériaux et que la distance était
de plus d'un mille. Mais la configuration particulière

du rocher sur ce point offrait plus de facilité que partout ailleurs pour la mise à l'eau. C'était déjà une considération importante; il en était une autre plus décisive encore; à la forme de la base extérieure de la montagne volcanique, à la surface généralement lisse du Récif qui, malgré ses nombreuses inégalités, semblait avoir reçu une sorte de poli par suite d'invasions périodiques de la mer, à d'autres signes assez manifestes qui se rencontraient dans la partie inférieure du Cratère, il semblait évident que la masse tout entière du Récif, e Cratère excepté, avait été souvent envahie par les eaux de l'Océan, et cela à une époque qui ne devait pas être très-éloignée.

Si aucune saison n'était à l'abri des ouragans, c'était surtout pendant les mois d'hiver que les tempêtes devaient éclater avec le plus de violence sous cette latitude. Or, nos deux marins n'avaient pas encore été à même d'apprécier par eux-mêmes l'influence de l'hiver, mais ils avaient vu souvent, à peu de distance à la suite de simples bourrasques, les vagues s'élever de plusieurs pieds en moins d'une heure.

Si la mer venait jamais à s'élancer sur le Récif, si les flots amoncelés en balayaient la surface, il était fort à craindre que la pauvre pinasse ne fût emportée, avant même d'être entièrement terminée, ce qui demandait au moins six à huit mois, à moins qu'on ne pût la placer dans un endroit à l'abri de ces inondations.

C'était précisément l'avantage que présentait la pointe occidentale, où l'embarcation serait sous le vent de l'île. En même temps le roc avait en cet endroit trois ou quatre pieds d'élévation de plus que partout ailleurs, et l'emplacement projeté était assez près de la mer pour que la mise à l'eau pût s'effectuer sans peine. Aussitôt le radeau fut mis en réquisition, et la carcasse entière, avec quelques unes des planches nécessaires pour commencer l'ouvrage, fut portée à la pointe.

Avant de placer la quille de la pinasse, Marc la nomma la *Neshamony*, du nom d'une crique située presque en face du Rancoc, autre baie de la Delaware, qui avait donné son nom au bâtiment, d'après cette circonstance que l'Ami (1) Abraham White était né sur ces bords. Il y avait une grande mesure préliminaire à prendre; c'était de trouver les moyens de travailler malgré l'ardeur du soleil. Ce fut encore à l'aide du radeau qu'on put commencer les dispositions nécessaires pour mener à bonne fin cette grande entreprise. Une grande voile de rechange fut tirée de la soute, et mise sur le radeau avec une provision de cordages; des mâts furent coupés à la longueur convenable, puis jetés à l'eau pour être remorqués à la suite, et Bob conduisit assez aisément le tout à bon port.

Deux heures le matin, deux heures après le coucher du soleil, c'était tout le temps que les deux constructeurs, malgré tout leur courage, pouvaient consacrer au travail, même lorsqu'il ne s'agissait que d'établir une sorte d'appentis.

Il fallut d'abord percer huit trous dans la lave, á une profondeur de deux pieds. C'est un ouvrage qui aurait pris plus d'un an, si Marc n'avait eu l'idée de faire usage de la poudre à canon. Il jeta une petite quantité de poudre dans la trouée que la pince avait faite; la lave éclata, et les pierres furent alors détachées facilement à l'aide de pioches et de leviers. On peut se faire une idée des peines que durent se donner les deux tra-

_____

(1) Les Quakers, secte religieuse, s'appellent *les Amis.*

vailleurs infatigables par cette circonstance qu'un grand mois fut nécessaire pour dresser les huit poteaux. Mais du moins l'ouvrage avait été exécuté avec cette conscience et ce soin minutieux que les marins mettent à tout ce qu'ils font; et quand ils furent en place, ils remplissaient parfaitement leur destination. A l'extrémité de chaque poteau fut amarré un palan à l'aide duquel la voile fut hissée en place. Pour empêcher qu'elle ne fasiât, ce qui n'eut pas manqué d'arriver dans une tente de cette dimension, plusieurs bois droits furent placés au centre pour lui servir de supports, mais sans qu'il fut nécessaire de les enfoncer dans le roc.

Bob était dans le ravissement de son nouveau chantier de construction; il avait toute la dimension de la grande voile d'un navire de quatre cents tonneaux, assurait un ombrage complet, et avait en outre l'avantage de laisser circuler la brise. Marc n'était pas moins content du résultat, et dès le lendemain il s'occupa de poser la quille sur le chantier.

Ce jour-là fut mémorable à un autre point de vue, Bob était monté au Sommet, pour chercher un outil qu'il y avait laissé en dressant le pavillon; et en donnant un coup d'œil sur les plantations, il s'aperçut que les melons commençaient à mûrir. Il en rapporta trois ou quatre, et Marc put se convaincre, en savourant ces fruits délicieux, que le ciel avait béni ses efforts et sa persévérance.

Ce n'était pas les melons seuls qui arrivaient à maturité. Marc ayant été faire à son tour la visite de ses couches, trouva des patates, des concombres, des oignons, des tomates et plusieurs autres légumes également bons à manger. Aussi n'y eut-il plus de jour où l'on n'en pût mettre plusieurs dans la casserole, ce qui

ne contribua pas peu à calmer certaines appréhensions
qui étaient venues de nouveau à Marc au sujet du second
but. Quant au jardin d'en bas, dessiné avec tant de co-
quetterie, et d'une étendue tout à fait respectable,
n'était pas aussi avancé, ce qui n'avait rien d'étonnant
puisqu'il avait été ensemencé le dernier; mais les ap-
parences n'en étaient pas moins belles, et Marc s'assura qu'une seule acre, bien cultivée, suffirait et au delà
à leur consommation. Mais revenons au chantier.

En examinant les matériaux, nos ouvriers reconnurent que chaque partie de la membrure, chaque
planche, en un mot tout ce qui appartenait à la pinasse
était marqué et numéroté. Des trous avaient été percés
d'avance, et il était évident que les armateurs avaient
voulu faciliter, autant qu'il dépendait d'eux, le travail
de ceux qui auraient sans doute à ajuster les pièces dans
quelque contrée éloignée. Dès que la quille fut en place,
Marc monta les couples et chevilla les bordages. Comme
toutes les pièces avaient déjà été ajustées, il n'y avait
pas à faire usage du rabot; seulement il fallait s'armer
de patience, changer les matériaux plusieurs fois de
place, jusqu'à ce qu'on eût trouvé celle à laquelle ils
s'adaptaient. Marc eut un plein succès, et toute la coque
fut posée sans qu'il eût fallu enlever la plus petite par-
celle de bois. Ce fut l'affaire de huit jours.

Marc mesura alors la pinasse. La quille avait vingt-
quatre pieds de long; la distance de l'étrave à l'étambot
était de six pieds de plus. La cale pouvait avoir cinq
pieds de profondeur; ce qui donnait à peu près une
mesure de onze tonneaux. Comme un bâtiment de onze
tonneaux pouvait faire très-bonne contenance sur mer,
ce résultat fut accueilli avec de grandes acclamations
de joie.

L'assemblage des bordages de la *Neshamony* n'offrit
pas beaucoup de difficultés, mais il n'en fut pas de même
du calfatage. Quoique Bob ne fût pas tout-à-fait novice
dans cette partie, il lui fallut quinze grands jours pour
en venir à bout. Pendant qu'il y travaillait, il fit encore,
en rôdant dans la cale du *Rancoc* pour y chercher quelques chevilles, une véritable trouvaille. C'était une
quantité de vieux cuivre, entassé dans un coin, et sur
lequel était écrit « cuivre pour la pinasse; » nouvelle
attention de l'Ami Abraham, qui, songeant aux vers
qui abondaient dans ces basses latitudes, avait acheté le
cuivre d'un vieux bâtiment qu'on venait de démolir,
pour en doubler son embarcation. Dès que les coutures
furent brayées comme il faut, les plaques de cuivre furent appliquées, ce qui ne prit pas beaucoup de temps;
alors il n'y eut plus que le pinceau à faire agir. Les
peintres ne furent pas moins habiles que les calfats, et
la toilette de la pinasse se trouva complétement faite. Il
n'avait pas fallu moins de huit semaines d'un travail
sans relâche pour achever cette besogne, et l'été avançait rapidement. La pose du pont fut ce qui donna le
plus de peine, parce qu'il ne couvrait pas toute la surface de l'embarcation, mais qu'on avait ménagé à l'arrière de petites chambres pour la commodité des passagers.

Cette grande opération heureusement terminée, il en
restait une autre qui n'était ni moins importante ni
moins difficile; car jusqu'alors la besogne avait été en
quelque sorte taillée d'avance, il ne s'était agi que
d'ajuster des pièces toutes préparées; mais il fallait
maintenant lancer la pinasse.

Nos deux marins avaient souvent vu des bâtiments
sur le berceau, et ils avaient quelque idée de la manière

C.

dont il fallait s'y prendre. Marc avait placé la quille
aussi près de l'eau qu'il avait été possible, et cette précaution leur épargnait beaucoup de peines. Il ne manquait pas de vieilles planches pour former les coittes du
berceau ; mais la difficulté était de les établir de manière à ce qu'elles ne se rapprochassent pas trop. Les
poteaux qui soutenaient la tente leur furent d'un grand
d'un grand secours. Des planches furent mises de
champ, en travers de ces poteaux, et sur ces planches
venaient s'appuyer les accores. Ils ne parvinrent pas du
premier coup à établir le berceau ; il fallut recommencer plus d'une fois. Enfin Marc déclara que, suivant lui,
ils avaient pris toutes les précautions nécessaires, et il
proposa d'essayer le lendemain de lancer la pinasse.
Mais Bob fit une proposition qui modifia ce plan, et
entraîna un délai qui faillit avoir les plus graves conséquences.

Depuis quelques jours le ciel se couvrait de nuages et
prenait un aspect menaçant, et Bob ouvrit l'avis d'amener la grand'voile qui formait la tente, d'établir les bi-
gues sur le roc, et de placer le pied du mât de la pinasse
dans sa carlingue, avant de la lancer, ce qui leur épargnerait quelque peine. Marc y consentit. La grand'voile
fut donc amenée ; et pour la mettre à l'abri de tout accident, surtout hors de la portée des porcs, qui auraient
bien pu la déchirer, elle fut placée sur deux brouettes
et roulée jusque dans l'intérieur du Cratère, où ces animaux n'avaient pas encore trouvé moyen de pénétrer.
Le mât fut mis en place et gréé. Rien n'empêchait
donc de lancer la pinasse, et l'opération allait être fixée
au lendemain, lorsque Bob eut encore une nouvelle
idée.

Pourquoi ne pas profiter du moment où tous les mou-

vements étaient faciles autour de la pinasse, pour arri-
mer toutes les provisions qu'elle devait recevoir? En
conséquence, les futailles furent remplies d'eau douce
et mises sur le radeau avec un baril de bœuf, un autre
de porc, et une provision de biscuits. Le radeau déposa
sa cargaison sur le roc, d'où elle fut transportée auprès
de la quille sur des brouettes, et enfin hissée à bord à
l'aide de drisses. Un grappin et une ancre à jet, trouvés
parmi les matériaux destinés à la pinasse, furent également mis en place. En un mot, toutes les dispositions
furent prises pour que, quand on le voudrait, il n'y eût
plus qu'à mettre à la voile.

Il était trop tard ce jour-là pour procéder à la mise à
l'eau, opération qui fut remise définitivement au lendemain matin. Marc profita de la dernière heure du jour
pour monter au Sommet, choisir quelques melons, et
jeter un coup-d'œil sur ses plantations. Avant de monter,
il parcourut le jardin qu'il avait placé dans la plaine du
Cratère, et il constata de nouveaux progrès dans la végétation. Partout les légumes poussaient avec une abondance merveilleuse, et la plupart étaient déjà bons à
manger.

En parcourant les allées de son jardin, il remarqua
sur la lisière même du Cratère des traces toutes nouvelles de végétation. Il y courut et trouva une longue
rangée d'arbustes, qui s'élevaient déjà de quelques
pouces, et commençaient à se couvrir de feuilles. Il avait
jeté là presque au hasard et sans espoir de succès, de la
graine d'orangers, de citronniers, de figuiers, et autres
fruits des tropiques. Pendant qu'il était occupé d'autres
choses, ces semences avaient prospéré, et les divers arbustes poussaient avec cette promptitude et cette richesse de végétation qui est particulière à ces climats.

Sur le Sommet, même spectacle l'attendait.

Cette nuit-là Marc et Bob dormirent à bord du *Rancoc*. Ils se disaient que ce serait peut-être la dernière fois, et leur attachement pour leur vieux navire les portait à retourner coucher à bord ; car, depuis assez longtemps, ils avaient suspendu leurs hamacs dans le chantier, afin d'être plus à proximité de leur travail.

Marc fut éveillé de grand matin par le bruit que faisait le vent dans les agrès, bruit auquel il n'était plus accoutumé, et qui, dans le premier moment, ne lui fut pas désagréable. S'habillant à la hâte, il alla sur le pont, et il vit qu'une véritable tempête était au-dessus de leurs têtes. Il n'avait jamais rien vu de pareil sur l'océan Pacifique. La mer était violemment agitée, les lames venaient déferler sur le Récif avec une force et une impétuosité qui semblaient ne tenir aucun compte des obstacles. Le jour commençait à poindre, et Marc alarmé appela Bob.

L'aspect des éléments n'était rien moins que rassurant, et dans le premier moment, les deux marins eurent des craintes sérieuses pour la sûreté du bâtiment. Les blocs de lave qui protégeaient le bassin résistèrent bien au choc des vagues qui les atteignaient ; mais quoique brisées par cet obstacle, elles n'en arrivaient pas moins jusqu'au navire avec une violence qui donnait au câble une tension extraordinaire. Heureusement l'ancre mordait fortement le fond, qui était excellent. D'ailleurs la conservation du bâtiment n'avait plus pour eux qu'un intérêt secondaire. Certes, il leur eût été pénible de voir le *Rancoc* se briser contre les rochers ; mais le sort de la pinasse avait une bien plus grande importance à leurs yeux, et ils ne pouvaient être indifférents aux dangers qui la menaçaient. Les lames avaient à peine replié leurs sommets sur elles-mêmes, qu'elles se relevaient plus courroucées, et déjà elles commençaier' à envahir les parties basses du Récif, qui semblait menacé d'une inondation générale.

Une quantité d'objets de différentes natures avaient été laissés sur la côte, et il était urgent de les mettre en sûreté. Malgré ses projets de départ, Marc se hâta de transporter tout ce qu'il pouvait dans l'intérieur du Cratère. A l'extérieur, la mer faisait des progrès de plus en plus rapides; et les porcs, par la manière dont ils couraient çà et là dans une agitation extrême, et par leurs grouillements, témoignaient qu'ils avaient aussi l'instinct de quelque danger. Marc détacha la voile qui fermait l'entrée, et laissa les animaux entrer dans le Cratère. La pauvre Kitty fut charmée de la permission; et en un instant, sautant sur les marches que ses maîtres avaient pratiquées, elle fut sur le Sommet. Heureusement pour les légumes, l'herbe y croissait en abondance, et comme c'était son mets de prédilection, elle elle ne fit pas même attention aux autres. Quant aux porcs, ils n'eurent pas plutôt trouvé un tas d'herbes marines, que, sans s'inquiéter des plates-bandes et des richesses qu'elles déployaient, ils se mirent à s'y vautrer et à le retourner de toutes les manières.

Cependant la tempête redoublait, les eaux s'accumulaient de plus en plus, les alentours du Cratère étaient inondés. En voyant avec quelle violence les vagues venaient battre la base du Cratère, Marc se rendit compte alors de la manière dont elle avait été minée sourdement. Un courant impétueux parcourait alors d'une extrémité à l'autre la plaine extérieure; on eût dit que l'eau, en se précipitant sous le vent sur l'île, cherchait à franchir cet obstacle pour fuir devant la tempête.

C.   G.

Marc passa une grande demi-heure à mettre à l'abr
ses livres et tout ce qui se trouvait dans le pavillon
Après s'être assuré que les poteaux étaient solidement
établis et ne couraient aucun danger, il dirigea ses re
gards vers le *Rancoc*, qui était aussi de ce côté de l'île
Le vieux navire s'élevait et s'abaissait avec les vagues
qui troublaient le bassin ordinairement si tranquille où
il était amarré ; mais il tenait toujours sur son ancre
et ne semblait pas en péril. Heureusement nos marins
lorsqu'ils avaient désenvergué les voiles, avaient amené
tout bas les vergues, ce qui avait diminué de beaucoup
la tension du câble. Les mâts de perroquet avaient été
amenés également, de sorte qu'il ne restait aucune sur
face qui pût donner prise au vent. C'eût été une vraie
douleur pour Marc de voir son pauvre navire sombrer,
bien qu'il n'espérât plus en tirer grand service, mais
c'était un de ces vieux amis dont il coûte toujours de se
séparer.

Rassuré sur le compte du *Rancoc*, Marc fit le tour du
Sommet, non sans manquer deux ou trois fois d'être
renversé par la bourrasque, et il arriva à la pointe qui
s'avançait sur la porte d'entrée. C'était la position la
plus rapprochée du chantier, et il n'était pas fâché
d'examiner un peu ce que devenait la pinasse, car il
pouvait bien alors y avoir deux ou trois pieds d'eau sur
le Récif. A sa grande surprise, Bob, qu'il croyait tou
jours à l'entrée du Cratère occupé à mettre le reste de
leurs effets en sûreté, était descendu au chantier en
ayant de l'eau jusqu'à mi-jambes, et il était grimpé à
bord de la *Neshamony* pour veiller à sa sûreté. La dis
tance entre la pointe sur laquelle Marc était debout et la
pinasse, était de plus d'un demi-mille, et le vent n'eût
pas soufflé, qu'à cette distance il eût été difficile de se

faire entendre. On juge s'il y avait moyen même de le tenter au milieu du mugissement de la mer et des sifflements aigus de la tempête. Mais du moins Marc pouvait voir son ami, et il remarqua qu'il gesticulait avec force comme pour lui dire de venir le joindre. Ce fut alors que pour la première fois il s'aperçut que la pinasse semblait abandonner son lit. L'instant d'après, les coins qui la soutenaient furent emportés par les vagues toujours grossissantes, et la pinasse cula d'une demi-longueur. Marc s'élança en bas du rocher pour se jeter dans les flots irrités, et courir à la nage au secours de Bob ; mais au moment où il allait se précipiter dans l'eau, il vit la pinasse, soulevée par une lame, glisser rapidement à la mer.

CHAPITRE IX

Il y aurait eu folie à Marc à persister dans son projet. Jamais personne, sans excepter ces insulaires qui sont connus pour passer la moitié de leur vie dans l'eau, n'aurait pu rejoindre une embarcation, quelle qu'elle fût, courant à la dérive par une pareille tempête ; et le jeune marin tomba désolé sur le roc. Son angoisse était extrême, et c'était pour Bob qu'il était inquiet bien plus que pour lui-même, car il ne voyait pour l'infortuné presque aucune chance de salut. Cependant le vieux loup de mer ne perdait pas la tête. Au milieu de la fu-

reur des éléments, il conservait un sangfroid admirable, et ce fut avec autant d'anxiété que d'intérêt que
Marc suivit tous ses mouvements.

Betts n'essaya même pas de jeter son ancre de touée;
il savait trop bien que ce serait peine perdue. Il n'eût
pas été prudent de chercher à maintenir la pinasse
dans le creux des lames; le plus sage était de courir
vent arrière jusqu'à ce qu'il fût sorti des brisants, et
alors de tâcher de rester en panne. La *Neshamony* s'était
élancée l'arrière le premier, ce qui était assez naturel,
puisque généralement les bâtiments en construction
ont leurs bossoirs tournés du côté de la terre. Dès que
Bob s'aperçut qu'il était bel et bien en dérive, il s'é-
lança sur les écoutes de l'arrière, et mit la barre
dessous. Forcée de culer, la pinasse obéissante fit son
abattée, et présenta le côté au vent, et quoiqu'elle n'eût
aucune voile d'établie, presque aucun cordage en
place, elle n'eut pas plus tôt saisi le courant d'air que,
s'inclinant devant sa puissance, elle sembla prendre
son élan, et bondit dans l'espace. Marc respirait à
peine en la voyant se précipiter sur les brisants,
comme un cheval emporté qui ne sait où l'entraîne sa
course impétueuse. Du point culminant où il était, il
découvrait de l'Océan tout ce que les vapeurs qui remplissaient l'atmosphère permettaient d'en apercevoir. Il
n'était plus possible de distinguer la place des brisants
à l'écume blanche qui les couvrait ordinairement : la
mer furieuse offrait partout le même aspect.

Vingt fois Marc s'attendit à voir disparaître la pinasse
dans ces lames courroucées qui s'ouvraient pour l'en-
gloutir, mais lorsqu'il la croyait brisée en mille pièces,
elle s'élançait de nouveau en avant, comme l'oiseau de
mer qui, les ailes presque trempées dans l'eau, n'en

ursuit pas moins son vol. Il commença à espérer que
n ami franchirait heureusement les récifs qui pour-
ient se trouver sur son passage, et qu'il parviendrait
gagner le large du côté sous le vent. La crue subite
: la mer motivait cette espérance, et autrement, en
'et, il ne serait pas resté une seule planche de la
eshamony cinq minutes après qu'entraînée par les
ux elle avait roulé à la mer. Une fois sous le vent
:s nombreux écueils qui entouraient le Cratère, il
ait probable que Bob trouverait une mer plus tran-
iille, et qu'il pourrait faire tête à la lame. A voir
iffreux bouillonnement à travers lequel la pinasse
ait emportée, on eût plutôt dit une immense chau-
ère en ébullition sous l'action de feux souterrains,
ie le mouvement régulier des vagues, même lors-
i'elles sont soulevées par la tempête.

Pendant un quart d'heure à peu près, Marc put
iivre l'embarcation au milieu de la tourmente, quoi-
ie déjà il l'eût perdue plus d'une fois de vue, à cause
: la distance, de son peu de hauteur, de l'absence de
ute voile, et du tumulte des éléments. Mais alors un
iup de vent terrible le força à baisser la tête, et, quand
la releva, la *Neshamony* avait disparu !

Quel changement soudain et inattendu dans la posi-
n de Marc Woolston ! Avec son ami, il perdait tout
iyen de sortir de l'île. Sans doute Bob était un simple
atelot, sans usage du monde et sans instruction, mais
mais cœur plus honnête n'avait battu dans une poi-
ne d'homme ; et un dévouement à toute épreuve,
e force peu commune, une rare habileté dans son
it ! Il était homme à savoir se maintenir sous le vent
s écueils jusqu'à ce que l'ouragan fût passé, et à les
averser alors de nouveau pour venir le rejoindre.

Une seule chose inquiétait Marc : Bob n'entendait ri[en]
à la navigation. Jamais il n'avait pu en apprendr[e le]
premier mot. Jamais, par exemple, il n'avait pu di[s]
tinguer la latitude de la longitude. Vingt fois Ma[rc]
avait cherché à lui donner quelques leçons ; c'ét[ait]
peine perdue : son élève confondait toujours les deg[rés]
avec les minutes, et les minutes avec les degrés. Ma[rc]
s'était tué à lui répéter que tout nombre qui excéd[ait]
quatre-vingt-dix se rapportait nécessairement à la lo[n]
gitude ; Bob n'avait jamais pu se graver cette explic[a]
tion si simple dans la mémoire. Que le Cratère fût p[ar]
le cent vingtième degré de latitude, ou par le vingtièm[e]
c'était tout un pour lui. Comment espérer qu'avec u[ne]
pareille tête, il pût donner à personne les indicati[ons]
nécessaires pour trouver le Cratère, si, contre tout[e at]
tente, il était jamais en position de le faire ?

Et cependant, malgré son ignorance, peu de mar[ins]
savaient mieux que Bob Betts reconnaître leur ro[ute]
par la seule inspection de l'Océan. Il était très au f[ait]
de l'usage de la boussole, sauf les variations auxquel[les]
il n'entendait rien, et l'on n'eût point trouvé d'art[iste]
qui eût le coup d'œil plus juste, quand il s'agissai[t de]
juger de la couleur de l'eau. En plus d'une occasion[, il]
avait annoncé que le bâtiment était dans un cour[ant]
au vent ou sous le vent, lorsque le fait avait échap[pé]
non-seulement aux officiers du bord, mais même [aux]
hydrographes qui avaient dressé les cartes. Le clap[otis]
des eaux, l'aspect des herbes marines, tous les sig[nes]
ordinaires de l'Océan, étaient pour lui autant d'ind[ices]
qui ne le trompaient presque jamais. Aussi, au[tant]
avait-il peu de probabilité qu'une fois éloigné du [ré]
cifs, il pût en retrouver la route au moyen des obs[e]
rations et des cartes, autant y avait-il de chances p[our]

u'il pût y revenir dans un court délai à l'aide des
autres ressources qui s'offrent au navigateur.

Depuis le moment de la disparition du capitaine
Crutchely, Marc n'avait pas éprouvé d'angoisse pareille à celle qui le déchira quand il perdit de vue Bob
et la *Neshamony*. Ce fut pour le coup qu'il se sentit
seul, sans personne entre Dieu et lui avec qui il pût
changer ses pensées. Aussi, sous l'impression des sentiments religieux qui l'avaient toujours animé, tomba-
-il à genoux sur le roc pour soulager son âme par une
ardente prière. Puis, fortifié par cet acte de dévotion,
le jeune marin se releva et s'efforça de tourner son attention sur l'état des choses autour de lui.

La fureur de la tempête ne s'était pas ralentie. De
minute en minute les eaux s'élevaient davantage sur le
Récif, et elles avaient fini par pénétrer dans l'intérieur
du Cratère, par des gouttières creusées dans la lave ;
les parties basses en étaient déjà couvertes dans une
étendue de deux à trois acres. Quant au *Rancoc*, malgré
les féquents mouvements de tangage, plus durs et
plus irréguliers que Marc ne l'aurait cru possible dans
le bassin qui l'abritait, il tenait toujours sur son ancre,
et ne paraissait pas avoir souffert d'avaries.

Réduit à l'impossibilité d'agir, Marc descendit dans
le Cratère dont le vent qui sifflait avec tant de rage à
l'entour n'avait pas franchi l'enceinte, et il se jeta dans
un hamac, qu'il avait suspendu sous l'espèce de tente
qu'avec le pauvre Bob il avait dressée près du jardin.
Il y passa le reste du jour et toute la nuit suivante.
Sans le mugissement des vagues en dehors, la lutte des
vents entre eux sur le Sommet, et ce qu'il avait vu
précédemment, il aurait à peine soupçonné la violence
de la tempête qui sévissait si près de lui. De temps en

temps une bouffée d'air passait sur sa tête ; mais, à ce
près, i' fut tranquille jusqu'au lendemain matin où
pluie 'tomba par torrents. Heureusement il av°it eu
précauti.n de donner une forte inclinaison a toutes s
tentes, de sorte que l'eau ne fit que glisser sur la toi
et Marc, harassé de corps et d'esprit, finit par tombe
dans un profond sommeil qui dura plusieurs heures.

Quand le sentiment lui revint, il resta une minu
sur son séant, cherchant à se rappeler ce qui était a
rivé ; puis il écouta s'il entendait encore la tempê
Tout était calme au dehors, et lorsqu'il se leva, il
briller le soleil. Les porcs étaient à boire et les cana
à se baigner dans des flaques d'eau qui s'étaient fo
mées sur la surface du Cratère.

Debout sur le point le plus élevé du Sommet, Ki
broutait l'herbe tendre que la pluie venait d'humecte
et qu'elle n'en trouvait sans doute pas plus mauva
pour être imbibée de quelques particules de sel.

Le jardin présentait l'aspect le plus riant, et les lé
nouveaux qu'il avait fallu y introduire n'avaient enco
touché à rien.

Notre jeune ami fit sa toilette du matin à l'un d
étangs, ensuite il traversa la plaine chassant devant l
son petit troupeau, afin de préserver ses plantatio
qu'un plus long séjour aurait pu compromettre. En s
prochant de l'entrée du Cratère, il vit que la mer s'é
retirée ; et certain que ces pauvres bêtes sauraient bi
se tirer d'affaire, il les mit dehors et rétablit la vo
qui fermait l'entrée. Alors il chercha l'un des escali
qu'il avait pratiqués, et il fut bientôt sur le Sommet.

Les vents alizés étaient revenus, bien que leur do
haleine se fit à peine sentir ; les pointes des récifs re
raissaient sur la surface de la mer ; le *Rancoc* était u

obile sur son ancre; rien de plus reposé ni de plus
ais que le spectacle que la nature offrait à son réveil,
artout l'Océan était rentré dans son lit; seulement les
avités où il ne se trouvait ordinairement que de l'eau
e pluie en renfermait une alors qui n'était pas aussi
ouce. Encore les torrents qui étaient tombés pendant
nuit avaient-ils déjà fait disparaître en partie cet in-
onvénient. Une quantité prodigieuse de poissons couraient la surface de l'île, et Marc sentit qu'il était ur-
ent de s'en débarrasser.

Les porcs et les poules semblaient avoir compris sa
ensée, car déjà ils s'étaient mis à l'œuvre et faisaient
plus grand honneur à leur repas improvisé; mais ja-
ais les pauvres bêtes, malgré leur bonne volonté évi-
ente, n'en seraient venues à bout. Aussi Marc, après
oir été prendre quelque nourriture à bord du *Rancoc*,
vint-il au Cratère, et prenant une brouette, il se mi-
ramasser activement les poissons, car les laisser expo-
s pendant plusieurs heures au soleil des tropiques eût
ffi pour infecter l'île de miasmes insupportables.
mais de sa vie le jeune marin n'avait travaillé avec
ne pareille ardeur. Les poissons étaient jetés à mesure
ns une tranchée qui avait déjà été pratiquée à cet
et, et ils étaient recouverts aussitôt d'une couche de
ndres.

Sentant la nécessité de s'occuper, tant pour s'étour-
r que pour se préserver de la peste que tous ces ca-
vres en putréfaction auraient pu amener, Marc, pen-
nt deux jours entiers, ne prit pas un seul instant de
pos, et il ne quitta ses outils que lorsque les exhalai-
ns fétides qui s'élevaient de toutes parts le forcèrent
s'éloigner. Heureusement les oiseaux du ciel vinrent,
r milliers, à son secours. et on ne saurait croire

C   7

quelle consommation ils firent de tous ces habit
des eaux.

Cependant notre jeune ermite était retourné à b
où il passa toute une semaine, les vents réglés emp
tant avec eux les miasmes infects. Il se hasarda seu
ment alors à retourner dans l'île, et il jugea qu'il p
vait y rester à la rigueur; mais ce ne fut qu'au b
d'un grand mois que le Récif fut complétement assa
Il lui fallut encore aller chercher au Rocher du Lim
de son précieux engrais pour en couvrir ce qui restai
poissons; car, malgré les efforts combinés de tous
mangeurs ailés ou velus, la table servie par la m
avec une si funeste abondauce était loin d'être épuis

C'est une des grandes bizarreries de la nature h
maine que nous supportions avec beaucoup plus
courage les grandes infortunes que les petites cont
riétés.

Malgré son affection pour Bob, malgré les gra
conséquences que la perte de son ami avait pour l
même, il est certain que les ravages causés par l'in
dation occupaient plus ses pensées et lui étaient p
sensibles pour le moment que la disparition de la *
shamony. Il n'avait pas manqué néamoins, pendant q
était à bord, de la chercher sur tous les points de l'h
rizon, et il passait alors une partie de la journée d
les barres de perroquet, prêt à saluer son retour
des transports de joie. Combien de fois il avait cr
voir! et toujours c'était ou l'aile de quelque goëland
la pointe de quelque récif éloigné. Mais enfin son
tour dans l'île avait donné un autre cours à ses idé
et le travail, ce grand consolateur, était venu à
secours.

Rien n'était plus pénible ni plus fatigant pour no

solitaire que la réverbération d'un soleil ardent sur les rochers et sur les cendres rougeâtres du Cratère, et souvent il eût été obligé de fermer les yeux s'il n'avait pu les détourner sur les petits compartiments de verdure qui, de distance en distance, reposaient la vue sur le Sommet, en même temps qu'ils faisaient les délices de la pauvre Kitty, qui avait grand soin de ne jamais laisser l'herbe longue, ce que Marc voyait sans peine, car il savait qu'elle n'en serait que plus belle et plus épaisse. Le succès de cette épreuve, le désir si naturel de ménager sa vue, ce besoin fébrile d'action qui le dévorait plus que jamais depuis qu'il était seul, lui firent concevoir la pensée d'ensemencer toute la partie de la plaine qu'il ne comptait pas mettre en potager. L'Ami Abraham White avait embarqué deux barils de graine de gazon; Marc se mit à l'ouvrage. De fortes averses vinrent à tomber; il n'en travailla qu'avec plus d'ardeur. La terre humectée n'en était que plus propre à recevoir la semence; un des barils y passa presque tout entier, mais le soir le pauvre Marc était tout ruisselant de pluie et de sueur.

Il se coucha dans son hamac, sous la petite tente du Cratère; mais quand il se réveilla le matin, il sentit que sa tête était lourde comme du plomb, et son palais desséché : une fièvre ardente le dévorait. Ce fut alors que le pauvre ermite comprit son imprudence, et qu'il sentit toute l'amertume de sa situation. Il ne pouvait se le dissimuler : il allait être sérieusement malade, et il fallait mettre à profit le peu d'instants qui lui restaient. C'était seulement à bord qu'il pouvait trouver les choses qui à l'aide d'un bâton, Marc entreprit une marche de près d'un mille, sous un soleil presque perpendiculaire, dans la saison la plus chaude de l'année. Vingt fois le jeune malade crut qu'il allait tomber sur le roc nu d'où il ne se serait certainement pas relevé sous la double influence du soleil des tropiques et de la fièvre dévorante. Après des pauses fréquentes pour reprendre haleine, il parvint à entrer dans la cabine, à la fin de l'heure la plus pénible qu'il eût passée de sa vie.

Jamais nous ne parviendrons à décrire la délicieuse sensation de fraîcheur que Marc éprouva, malgré le sang qui bouillait dans ses veines, quand il se sentit à l'ombre dans la cabine. Il sentait en lui tous les symptômes d'une grave maladie. Sa vie pouvait dépendre de l'usage qu'il allait faire d'une heure, d'une demi-heure peut-être. Il se jeta sur un canapé pour prendre un peu de repos, tout en cherchant à rassembler ses idées et à calculer ce qu'il devait faire. La boîte aux médicaments restait toujours dans la cabine, et plus d'une fois lui-même il y avait eu recours pour venir en aide à quelque matelot souffrant. Il savait qu'il s'y trouvait toujours des potions toutes prêtes. Il s'approcha de la table en chancelant, ouvrit la boîte, prit la préparation qu'il crut la mieux appropriée à son état, l'étendit d'eau filtrée, et l'avala.

Notre jeune ami pensa toujours, par la suite, que ce fut cette potion qui lui sauva la vie. Le premier effet fut de le rendre complétement malade et d'agir sur tous ses organes. Pendant une heure il resta sous cette influence, et seulement après cet intervalle il eut la force de gagner son lit, sur lequel il tomba anéanti. Combien de temps resta-t-il dans cet état? c'est ce qu'il ne sut jamais. Ce fut plusieurs jours, peut-être plusieurs semaines. La fièvre avait apporté le trouble dans ses idées, quoique par moments il lui revînt comme un éclair de raison, et alors c'était pour comprendre l'horreur de sa situation. Il avait de l'eau et des aliments plus qu'il ne lui en fallait; la fontaine filtrante était à portée de sa main, et il y avait souvent recours; enfin, le sac aux biscuits était tout à côté, mais c'était à peine s'il pouvait en avaler une seule bouchée, même après l'avoir trempée dans l'eau. Enfin tout mouvement lui devint impossible, et il resta plus de deux jours dans la même position, sans pouvoir presque fermer l'œil, mais dans un état d'anéantissement complet.

A la longue la fièvre perdit de sa violence; mais elle prit un caractère peut-être plus dangereux encore pour un homme dans la position de Marc Woolston, en se réglant et en le minant insensiblement. Marc comprit que s'il se laissait aller à cet état de faiblesse qui allait s'augmentant de jour en jour, il était perdu. Il y avait à bord quelques bouteilles d'excellente bière de Philadelphie, et une de ces bouteilles était sur une planche au-dessus de son lit. Il l'aperçut, et il lui prit l'envie d'en goûter. En se soulevant sur son séant, il pouvait l'atteindre, mais comment la déboucher? Il n'en aurait pas eu la force, quand même il aurait eu un tire-bouchon à sa portée, ce qui n'était pas. Mais il y avait un marteau sur la même planche; il s'en servit pour faire sauter le goulot, et se versa un grand verre, qu'il vida d'un seul trait.

Cela lui parut délicieux, et il recommença. L'effet de ce breuvage ne se fit pas attendre. A peine s'était-il enfoncé sous sa couverture, qu'il fut saisi comme d'une espèce de vertige; tous les objets semblaient tourner autour de lui, puis il eut une demi-heure de sommeil agité ; enfin la transpiration s'établit, et notre malade s'endormit profondément.

Quand il se réveilla, — et bien des heures s'étaient écoulées dans l'intervalle, peut-être deux jours et deux nuits tout entières, — Marc sentit qu'il n'était plus malade; mais il ne se rendit pas sur-le-champ bien compte de son extrême faiblesse. Dans le premier moment, il lui sembla qu'il n'avait qu'à se lever, à prendre un peu de nourriture et à retourner à ses occupations ordinaires. Mais la vue de ses jambes amaigries et le premier effort qu'il fit pour se lever, le convainquirent qu'il avait encore à passer par de longs jours de convalescence avant de se retrouver tel qu'il était une ou deux semaines auparavant. Un grand bonheur pour lui c'était à ce premier retour de la vie, d'avoir du moins la tête aussi libre et les idées aussi nettes que lorsqu'il se portait le mieux.

Marc regarda comme un bon symptôme l'envie qu'il avait de manger. Quoiqu'il fût très-brouillé dans les dates, et qu'il n'eût aucun moyen de calculer le temps qu'avait duré sa maladie, il était certain que bien des jours s'étaient passés sans qu'il eût pris d'autre nourriture qu'une ou deux bouchées de biscuit. Ces circonstances se retracèrent à sa mémoire en même temps qu'il réfléchit qu'il fallait qu'il fût tout à la fois son médecin et sa garde-malade. Pendant quelques minutes, il resta tranquille, occupé à remercier Dieu de lui avoir au moins conservé la vie jusqu'au retour de sa raison. Alors il se mit à songer, autant que sa faiblesse le lui permettait, a ce qu'il avait à faire. Sur une table de la cabine, qu'il pouvait voir de son lit, à travers la porte, était une cave à liqueurs qui contenait plusieurs espèces de vins, de l'eau-de-vie et du genièvre. Notre jeune ami

vait qu'il s'y trouvait d'excellent vin de Porto, qui
lait spécialement destiné aux malades. Il pensa qu'il se-
rit tiré d'affaire s'il pouvait en boire quelques cuille-
ées. Mais comment y parvenir? Il fallait trouver la
lef, ouvrir la cave, verser le vin, trois opérations dont
a plus facile semblait être encore tout à fait au-dessus
le ses forces.

La clef de la cave était dans le tiroir d'un secrétaire
uvert, qui, par bonheur, était placé entre la table et
lui. Il fit un nouvel effort pour se lever, et cette fois du
moins il réussit à se mettre sur son séant. La brise qui
e faisait sentir dans la cabine le ranima un peu, et il
put étendre la main et tourner le robinet de la fontaine
filtrante que, dans un accès de fièvre, il avait approchée
de son lit. Une seule gorgée d'eau lui fit plus de bien
qu'il ne l'aurait cru possible. Près du verre dont il s'é-
tait servi, il y avait un reste de biscuit de mer, qu'il y
trempa. Il voulut alors essayer de se tenir sur ses jambes,
mais il fut pris d'une sorte de vertige qui le fit retom-
ber sur son lit. Revenu à lui, il fit, au bout de deux
minutes, une seconde tentative, qui fut plus heureuse,
et, en s'appuyant contre les murs et en se traînant de
chaise en chaise, il parvint au secrétaire. Il prit la clef,
arriva jusqu'à la table; mais alors ses forces étaient
épuisées, et il tomba sur un fauteuil sans connaissance.

Il n'avait qu'un léger vêtement, et la brise rafraîchissante de la mer produisit sur lui le même effet que s'il
avait pris un bain. Il reprit peu à peu ses sens, ouvrit
la cave, eut besoin de faire usage de ses deux mains
pour en tirer le flacon, quoiqu'il fût presque vide, et
en versa quelques gouttes. C'était à peine s'il lui restait
assez de force pour porter le verre à ses lèvres; il y
parvint néanmoins, et sans doute cela le sauva.

Son verre à la main, le malade essaya de traver[s]
la cabine et d'arriver au lit qui était dans le cabinet
face. C'était pour lui un voyage qui lui prit plusie[urs]
minutes, et qu'il fit en s'appuyant sur une chaise qu[i]
passait devant lui, et dans laquelle il fut obligé de s'a[s]
seoir à trois reprises différentes. Ranimé par une [ou]
deux gorgées de son breuvage souverain, il arriva e[n]
fin au pied du lit qui avait été préparé pour Bob, ma[is]
dont le vieux matelot avait toujours refusé obstinéme[nt]
de se servir, par respect pour son officier. Ce fut do[nc]
dans des draps tout blancs qu'il put enfin s'étendr[e]
après être resté si longtemps couché dans le même l[it]
qu'il avait si souvent trempé de sa sueur.

Ce changement seul amena les plus heureux effe[ts]
Après quelques instants de repos, Marc se traça [un]
nouveau régime. Sans doute il ne fallait pas se fatigu[er]
trop, mais il fallait en même temps ne négliger aucu[ne]
précaution. Il avait mis tremper un biscuit dans u[n]
verre d'eau et de vin. Il en prit une bouchée, un[e]
seule, qu'il mâcha bien avant de l'avaler. C'était, [à]
bien dire, le premier aliment que prenait le pauv[re]
malade; puis il prit encore une bouchée de biscui[t]
quelques gorgées de sa boisson bienfaisante, et metta[nt]
la tête sur son traversin, il tomba bientôt dans un pr[o]
fond sommeil.

Le soleil allait se coucher au moment où il était e[n]
tré dans sa petite chambre, et il faisait grand jou[r]
quand Marc ouvrit les yeux pour la première fois. [Il]
avait donc dormi plus de douze heures sous l'actio[n]
bienfaisante du peu de nourriture qu'il avait prise. L[e]
premier son qu'il entendit, ce fut le bêlement de Kit[ty]
qui passait sa tête à la porte. La pauvre Kitty avait v[i]
sité tous les jours la cabine, et elle se trouvait aupr[ès]

du malade au moment où Marc était dans le délire de
la fièvre ; on eût dit que dans cet instant elle venait
savoir de ses nouvelles. Marc lui tendit la main, et
parla à sa compagne, qui, pour lui répondre à sa manière, et comme si elle comprenait son langage, accourut lui lécher la main. Délaissé comme il l'était, Marc
trouva un grand charme dans cette preuve d'affection,
même de la part d'une pauvre bête.

Marc se leva alors, très-content de sa personne. Pendant toute la journée, il ne se départit pas de son régime de prudence et de modération. Un biscuit et deux
ou trois verres d'eau et de vin sucrés, voilà la stricte
ration à laquelle il se mit pendant vingt-quatre heures.
Dans l'après-midi, il voulut se faire la barbe, mais c'é-
tait aller trop vite en besogne ; il fallut y renoncer.

Le lendemain il eut assez de force pour aller jusqu'à
la cuisine et allumer du feu. Il se régala d'une bonne
tasse de thé, puis il varia ses repas par de l'arrow-root
et du cacao. Le cinquième jour, il réussit à se raser, ce
qui lui fut un grand soulagement, et à la fin de la semaine il parvint à monter sur la dunette d'où il put
contempler ses domaines.

Le Sommet se couvrait partout de verdure. Kitty
paissait tranquillement sur le penchant du roc ; la
douce créature avait appris à franchir l'entrée malgré
la voile qui la recouvrait, et elle montait et descendait
le sentier frayé, suivant son bon plaisir. Marc osait à
peine regarder après les porcs : ils étaient à fouiller et
à fourrager partout, et semblaient gras et contents.
C'était d'un triste augure pour son jardin, car ils seraient morts de faim pendant sa maladie, s'ils n'y
avaient cherché leur vie. Mais il ne pouvait songer encore à aller dans l'île, et il lui fallut se contenter de ce

C.   7.

coup-d'œil rapide jeté sur sa propriété. La gent volatile paraissait en parfaite disposition, et il crut même voir une petite troupe de poulets qui sautillaient autour de leur mère.

Il fallut encore huit grands jours avant que Marc se décidât à aller jusqu'au Cratère. En y entrant, il reconnut que ses conjectures étaient fondées. Les porcs, avec leurs groins, avaient retourné les deux tiers du potager aussi efficacement qu'il l'aurait pu faire avec sa houe lorsqu'il avait toute sa force. C'était partout un chaos de tiges brisées, de racines enlevées, de fruits à demi-rongés : Kitty fut prise en flagrant délit, occupée à brouter des fèves. Les poules ne se faisaient faute ni de pois, ni de maïs ; en un mot, tous les animaux avaient vécu dans l'abondance pendant que leur pauvre maître, dénué de tout secours, était entre la vie et la mort.

Marc trouva sa tente toujours en place, et il fut bien aise de se reposer une heure ou deux dans son hamac, après avoir fait le tour de son jardin. Pendant qu'il y était, les porcs entrèrent dans le Cratère et firent un repas complet sous ses yeux. A sa grande surprise, la truie était suivie de dix petites bêtes qui commençaient à être d'une grosseur raisonnable. Un appétit d'enfer était alors le plus grand tourment de notre convalescent, et les aliments qu'il pouvait trouver à bord étaient un peu trop lourds pour lui. Il avait mis la fleur de farine à toute sauce, et était à bout de combinaisons ; il aurait bien voulu sortir un peu des viandes salées. Il y avait dans un coin de la tente un fusil de chasse tout chargé ; il attendit un moment favorable et abattit un des jeunes pourceaux. Quoiqu'il ne fût pas bien expert en cuisine, il parvint à le saigner et à l'é-

corcher. Le plus difficile fut de porter à bord la victime, quoiqu'elle n'eût pas six semaines ; il y parvint
cependant, et il sut en faire plusieurs plats savoureux
et nourrissants, qui contribuèrent puissamment au ré-
tablissement de ses forces. Dans le cours du mois sui
vant, trois autres pourceaux partagèrent le même sort,
ainsi que plusieurs des petits poulets, bien qu'ils fussent à peine éclos, mais il lui semblait alors qu'il eût
pu manger le Cratère lui-même, bien qu'il ne fût pas
en état de grimper jusqu'au Sommet.

CHAPITRE X

Notre jeune ermite fut deux grands mois à recouvrer
ses forces ; alors seulement il put s'occuper un peu et
commencer les travaux les plus indispensables. Son
premier soin fut de chercher les moyens d'établir une
porte qui pût empêcher les animaux de pénétrer dans
l'enceinte du Cratère. Les porcs ne s'étaient pas con-
tentés de retourner ses plates-bandes ; ils commençaient à s'attaquer aux endroits où il avait semé du gazon, et notre jardinier n'était nullement d'humeur à
laisser ses prairies à leur disposition. Jusque-là le mal
n'était pas grand. En remuant le sol, ils avaient mêlé
encore mieux les différentes sortes d'engrais qui y
avaient été successivement déposées, et c'étaient bien

de : coups de hache qu'ils lui avaient peut-être épargnés
ainsi; mais leurs ravages au milieu d'une herbe si tendre ne pouvaient avoir que des conséquences funestes
et il était urgent d'y mettre un terme.

Marc prit sa porte dans la lisse de garde-corps, au
pied du grand mât. Il lui fallut scier les montants;
mais ensuite il eut très-peu de chose à faire pour l'ajuster à un poteau qu'il fit entrer dans l'arche. Comme
c'était le premier coup de hache ou de scie qui eût été
donné sur la membrure du *Rancoc*, Marc en eût le cœur
n peu serré, et il eût de la peine à s'y résoudre. C'était
à ses yeux comme le commencement de la destruction
de son beau navire; mais il fallait bien sauver le reste
de la récolte.

Il était grand temps; Kitty ne respectait rien, et ses
compagnons n'avaient guère plus d'égards. Cependant
leurs dévastations mêmes ne furent pas sans profit pour
lui. Les couches ainsi remuées étaient toutes prêtes à
recevoir une nouvelle semence; au lieu de les laisser
en friche, Marc se décida à les cultiver de nouveau, ce
qui lui donnait l'espoir de deux récoltes dans une seule
année.

Ce fut de cette manière que le jeune convalescent
s'occupa jusqu'à l'entier rétablissemement de ses forces;
mais pendant que son corps travaillait, son esprit était
loin de rester inactif. Le danger qu'il venait de courir
appelait tristement ses pensées sur le jour où il pourrait être forcé d'abandonner la vie.

Privé de tous rapports avec ses semblables, jeté sur
un rocher au milieu de l'Océan, il était en communication plus intime et plus directe avec son Créateur que
s'il eût été au milieu du monde. Sur le Récif, rien ne
pouvait détourner ses yeux du but final qui pour lui

avait manqué d'être si rapproché, et les maux mêmes qui étaient venus fondre sur lui avaient donné un nouvel élan à sa reconnaissance en faisant ressortir, par le contraste, les innombrables bienfaits que lui prodiguait encore la main qui l'avait châtié.

Les heures de la nuit sont les plus agréables sous cette latitude pendant la saison où l'on était arrivé ; c'étaient celles que notre solitaire choisissait pour faire un peu d'exercice lorsque ses forces commencèrent à revenir, et l'aspect du beau ciel étoilé qui scintillait sur sa tête était éminemment favorable au développement des réflexions qui l'occupaient.

Notre jeune ermite n'en était pas réduit à ses yeux pour étudier les astres. Il y avait à bord deux excellentes lunettes, et lui-même avait acheté sur ses économies un télescope qui, dans la traversée, avait été souvent pour lui une source d'amusement et d'instruction. Ce télescope était monté sur un pivot de cuivre, et il l'établit sur le Sommet. A l'aide de cet instrument, Marc pouvait distinguer les satellites de Jupiter et de Saturne, et la plupart des phénomènes de la lune.

Pendant plus d'un mois, Marc passa une grande partie des nuits dans cette muette contemplation. Ce n'était pas qu'il s'attendît à faire des découvertes, ou même à ajouter à son fonds de connaissances ; mais il lui semblait que ses pensées s'élevaient ainsi plus près de son divin Créateur, et là où un zélé mathématicien aurait été ravi de trouver la confirmation de quelque théorie favorite, il voyait la main de Dieu au lieu de la solution d'un problème.

Quand Marc eut recouvré ses forces, il avait perdu tout espoir de revoir Betts. Il était possible que le pauvre matelot fît la rencontre de quelque bâtiment ou arrivât

à une île. La pinasse était bien approvisionnée, très en
état, sauf le cas de tempête, de tenir la mer, et si Bob
continuait à gouverner à l'est, il pourrait atteindre
quelque point de l'Amérique du Sud. Mais qu'en résul-
terait-il pour lui, solitaire abandonné? Qui ajouterait
assez de foi au récit d'un simple matelot, pour envoyer
un bâtiment à la recherche de Marc Woolston?

On avançait dans l'automne, qui sous cette latitude
n'est guère qu'une continuation de l'été. Toutes les
plantes potagères étaient arrivées à pleine maturité, et
il avait fallu en abandonner la plus grande partie à la
basse-cour. Marc vit qu'il était temps de recommencer
ses couches, en choisissant les semences qui support-
raient le mieux l'hiver, si hiver il y avait. Il passa en
revue tous ses domaines, examinant avec soin l'état
tant de chaque plante que du sol lui-même.

Les orangers, les figuiers, les citronniers, etc., placés
en ligne sous les rochers, avaient prospéré au-delà de
toute attente. L'eau qui était tombée du haut des rocs
les avait maintenus dans une humidité constante. Les
arbustes étaient d'une belle venue et s'élevaient déjà au
moins d'un pied. Marc eut soin de remuer la terre avec
la houe autour de chaque pied, et d'y mettre une quantité suffisante de guano. Il en transplanta une grande
partie, choisissant pour chaque espèce les endroits les
plus favorables.

Les légumes avaient produit une récolte abondante.
Marc prit note de ceux qui avaient réussi le mieux, afin
de les cultiver de préférence. Les melons, les tomates,
les aubergines, les oignons, les fèves, la pomme de terre
commune, étaient de ce nombre, tandis que la pomme
de terre d'Irlande avait à peine produit un tubercule.

Quant au sol, à force de guano, d'herbes marines

d'engrais de toute sorte, et arrosé comme il l'avait été, il était devenu excellent. Il était bon de le labourer, à l'entrée de l'hiver. Marc avait des ouvriers dont il avait déjà éprouvé l'habileté sous ce rapport; il les chargea de la besogne, et, en moins de trois jours, avec leurs groins ils s'en étaient acquittés avec un succès complet. Cependant ils commençaient à se multiplier d'une manière inquiétante, et il se vit obligé de mettre un terme à cette exubérance de population. Un des porcs les plus gras fut mis en salaison, il en abattit cinq autres qu'il enterra dans son jardin à une grande profondeur, se rappelant avoir entendu dire que les substances animales faisaient avec le temps un engrais excellent. Grâce à ces exécutions, son troupeau de porcs se trouva réduit à des proportions raisonnables.

Marc entreprit alors un voyage au Rocher du Limon, pour en rapporter une nouvelle provision. Ce fut à cette occasion que le jeune solitaire sentit tout ce qu'il avait perdu en n'ayant plus l'assistance de Bob. Il réussit néanmoins à opérer son chargement, et, avant de partir, il eut l'idée de regarder où en était le carré d'asperges qu'il avait disposé dans un coin écarté. Ce carré était en plein rapport, et des tiges nombreuses sortaient à travers le limon, ne demandant qu'à être cueillies. C'était un légume que Marc aimait beaucoup, et il était sûr maintenant d'en avoir toute l'année. Encore un préservatif certain contre le scorbut, à ajouter aux melons et aux autres légumes, sans parler des œufs, des poulets, et du poisson frais surtout, dont il ne savait que faire.

Quand Marc fut rentré en possession complète de sa santé, il voulut mettre de l'ordre dans la distribution de son temps, et il en fit trois parts : l'une pour le travail, la seconde pour la méditation, la dernière pour le plaisir. Le plaisir! c'est un mot qui paraîtra peut-être bien ambitieux pour le genre d'amusement que pouvait se procurer notre pauvre ermite. Cependant il n'en était pas entièrement dépourvu. Il étudiait les mœurs des oiseaux de mer qui se rassemblaient par milliers sur les rochers voisins, bien qu'il y en eût si peu qui s'aventurassent sur le Cratère. Il allait leur rendre de fréquentes visites, unissant autant que possible l'utile à l'agréable, et ajoutant chaque fois à sa provision d'herbes marines. Il mit deux mois à en composer une espèce de meule, qu'il voulait laisser reposer pendant l'hiver pour s'en servir seulement au printemps. Nous parlons d'hiver et de printemps, ne sachant quels autres termes employer pour marquer la division de l'année; mais, à bien dire, il n'y avait pas d'hiver. Seulement, à cette époque, l'herbe poussait plus verte encore et plus vigoureuse, par suite de l'abaissement de la chaleur.

Ce fut à peu près vers le milieu de l'hiver, d'après les calculs de Marc, que le jeune ermite commença un nouveau travail qui fut pour lui une grande distraction, en même temps qu'il pouvait avoir des conséquences très-importantes pour l'avenir.

Il y avait longtemps qu'il avait formé le projet de construire une embarcation assez grande pour explorer toute la montagne de lave, sinon pour cingler en pleine mer. Le petit canot, malgré les services inappréciables qu'il avait rendus, était insuffisant; le radeau, le plus souvent à la merci des vagues et des courants, n'y suppléai' qu'imparfaitement. Ce projet de construction était d'ailleurs une occupation pour l'esprit en même temps que pour le corps, et c'était ce qu'il fallait surtout à Marc dans sa position.

Marc avait acquis beaucoup d'expérience en ajustant les différentes parties de la pinasse, et il se crut en état de mener à bonne fin cette nouvelle entreprise. Il y avait à bord du *Rancoc* assez de bois de toutes dimensions pour construire une demi-douzaine de chaloupes. La cale d'un bâtiment est une espèce d'arche de Noé où tous les objets sont tellement entassés les uns sur les autres que pour celui qui n'a pas assisté à l'arrimage, il n'est pas facile de s'y reconnaître, ou de savoir ce qui s'y trouve ou ce qui ne s'y trouve pas. C'était justement la position de Marc, qui avait fort négligé cette partie de son service. Aussi faisait-il à chaque instant des découvertes nouvelles, et au lieu des planches qu'il cherchait, il trouva successivement une étrave, une arcasse et une quille pour une embarcation de dix-huit pieds. Notre ami enchanté se hâta de porter au chantier, à l'aide du radeau, ces matériaux précieux.

Pendant les deux mois qui suivirent, Marc travailla constamment à sa nouvelle construction. C'était pour lui une rude besogne, surtout parce qu'il était seul. Ainsi il eût toutes les peines du monde à hisser de nouveau la grande voile qui formait le toit du chantier. Les palans ordinaires ne suffirent pas; il lui fallut établir un cabestan volant à l'aide duquel il en vint à bout, et qu'il réserva pour d'autres usages.

Ce qui lui prit beaucoup de temps, ce fut le plan de l'embarcation. Marc savait bien reconnaître si un bâtiment avait de beaux fonds; mais les faire, c'était une toute autre chose. Il n'avait aucune connaissance du dessin, et la justesse de son coup d'œil était son seul guide. Il adopta une méthode assez ingénieuse, mais qu'il serait difficile d'appliquer à la construction d'un grand navire,

Comme il avait beaucoup de bois de sapin, il sci deux fois autant de planches qu'il lui en fallait pour un seul côté de son embarcation, et il les mit en place. Il commença alors à les tailler et à les réduire jusqu'à ce qu'elles eussent à peu près la dimension convenable. Il ne se borna pas à ce premier travail, il passa encore toute une semaine à les polir et à les aplanir à l'aide de l'herminette, ramenant ses lignes à de justes propor- tions. Satisfait enfin du fond qu'il avait ainsi façonné, Marc détacha la moitié de ses pièces, en laissant les autres en place. Ce fut d'après ces patrons qu'il scia et coupa les couples de son embarcation, toujours en nombre double de ce qui lui était nécessaire. Quand les couples et les varangues furent prêts, il les intercala dans les vides et les assujettit en ayant soin de les adap- ter aux pièces laissées en place. En abattant ensuite ce qui restait de planches de sapin, Marc se trouva avoir la carcasse de son embarcation complète. Ce fut la par- tie la plus difficile de l'opération, et elle n'était pas en- core finie quand la marche des saisons le força de quit- ter le chantier pour le jardin.

Ce que Marc redoutait le plus, c'était de tomber ma- lade ; aussi s'était-il tracé un régime dont il ne s'écartait pas. Des légumes formaient plus de la moitié de sa nourriture, et il n'en manquait pas, même en hiver. Les asperges, entre autres, se succédaient sur sa table, avec une régularité qui aurait fait la fortune d'un jardinier de Londres, et elles étaient d'une telle grosseur que douze lui suffisaient pour un repas.

Les poules avaient pondu tout l'hiver. Les provisions de thé, de sucre et de café du *Rancoc* étaient loin d'être épuisées. Le poisson ne lui faisait jamais défaut, et de temps en temps il se régalait d'un potage aux pois et

ux haricots. Il apprit bientôt par expérience combien
il fallait peu de chose pour la nourriture d'un homme,
et il se convainquit qu'un quart d'acre d'une terre aussi
bonne que celle qui composait alors son potager, four-
nirait aisément les légumes nécessaires à sa consommation.

Marc ne pouvait se lasser de contempler ce luxe de
végétation qui s'étendait de plus en plus sur toutes les
parties du Cratère. Et ce n'était pas une herbe malingre
et chétive qu'on pouvait craindre de voir se flétrir aussi
rapidement qu'elle avait poussé; c'était un gazon fort
et épais, qui avait jeté dans le sol de profondes racines,
et tout faisait présager à Marc que sa petite montagne
serait verte toute l'année. Nous disons petite; mais par
rapport à l'étendue générale de l'île, les hauteurs qui
entouraient le Cratère auraient mérité une toute autre
épithète. Leur point culminant s'élevait de soixante-dix
pieds au-dessus de la base du roc. L'élévation moyenne
pouvait être d'un peu moins de cinquante pieds; mais
l'espace qu'elles couvraient était presque aussi étendu
que la plaine elle-même du Cratère, quoiqu'à la vue
l'inégalité du terrain fît croire tout le contraire.

Kitty ne quittait plus le Sommet, où elle trouvait
amplement de quoi se satisfaire. Elle eût bientôt des
compagnons assidus, car Marc se décida à y conduire
ses porcs, ce qui ne fut pas chose facile, mais il y parvint cependant à l'aide des marches grossières qui
avaient été pratiquées dans l'intérieur. Ils l'aideraient
à tondre l'herbe, pour laquelle il n'y avait plus rien à
craindre. Les racines étaient à une trop grande profondeur pour pouvoir être atteintes, et plus la croûte première serait brisée, plus la végétation serait rapide et
abondante.

Il va sans dire que Marc renonça en même temps
cultiver sur le Sommet des melons et d'autres légumes. Cependant, pour conserver et pour utiliser e
même temps les couches de bonne terre qu'il était pa
venu à obtenir à force de sueurs, il en entoura un
partie d'une sorte de palissade formée de pieux enfon
cés en terre de distance en distance, et autour desque
il attacha de vieux cordages, dont il y avait tant et plu
à bord du bâtiment. Puis il y transplanta quelques-un
des figuiers, des orangers et autres arbustes qui, dan
la plaine, n'avaient pas tout-à-fait assez d'air, ce qu
nuisait à la pleine maturité des fruits. Cet arrangeme
lui suggéra l'idée d'établir aussi des barrières dans so
potager d'en bas, ce qui le mettrait à l'abri d'inquié
tude, et le dispenserait de toute surveillance, quan
l'herbe aurait besoin d'y recevoir à son tour la visi
de ses faucheurs de nouvelle espèce.

Cependant le temps était venu d'ensemencer de nou
veau. Marc résolut cette fois de suivre une marche dif
férente, et de ne pas mettre ses graines partout à la
fois. Il commença par préparer une seule couche, y jet
sa semence ou y planta des boutures, puis il attendi
quelques jours avant d'en commencer une seconde
L'expérience lui avait appris que, dans ce climat privi
légié, la terre ne se repose jamais, et qu'à toutes le
époques de l'année, elle prodigue également les trésor
de son sein. Il fallait seulement avoir soin de choisi
les légumes qui venaient mieux à telle ou telle époque
Avec cette précaution, on était sûr de faire une récol
dans chaque saison, et presque chaque jour de l'année

Cette distribution de son temps donnait quelque
loisir au jeune horticulteur, et alors il reprenait se
travaux de charpentier. De cette manière, l'embarca

n et le jardin marchaient de conserve, et le dernier
rdage fut placé en même temps que le dernier coup
bêche était donné. D'un autre côté, pendant que
rc disposait la dernière couche, la première com-
ençait déjà à être en plein rapport; de sorte que
rc eut à volonté de délicieuses salades, des radis, des
tits pois, et toujours des primeurs.

On voit qu'avec toutes les autres ressources qu'il avait
sa disposition, la table du jeune ermite ne pouvait
anquer d'être abondamment servie. Seulement, ce
i le tourmentait, c'était la nécessité de faire lui-
ême sa cuisine, et de n'avoir pas une source d'eau
ve. Mais il étouffait bien vite ces murmures de la
air, en songeant à toutes les grâces dont il était
mblé, et en comparant sa position à celle de tant de
alheureux naufragés qui, dans des circonstances sem-
ables. avaient été en proie à tous les genres de souf-
ances.

Le printemps se passa d'une manière agréable. Ses
uches et ses plantations réussissaient au-delà de ses
spérances. Ce n'était plus seulement la verdure de ses
és qui récompensaient le jeune horticulteur de tant
e travaux et de fatigues : ils commençaient à s'é-
ailler de fleurs, et il eut le bonheur d'apercevoir
uelques fraises sauvages, dont la graine se trouvait
ns doute mêlée par mégarde à celle du gazon. Il re-
iqua les pieds avec soin dans une des couches de son
rdin, et ce fruit si savoureux était encore une con-
uête qu'il allait faire.

CHAPITRE XI

L'été était revenu avant que l'embarcation fût près de prendre la mer. Marc avait voulu terminer jusqu'aux moindres détails, avant de la mettre à l'eau. Dans la crainte des vers, il profita de ce qu'il lui restait encore un peu de vieux cuivre pour en doubler les bordages; il la peignit en dedans comme en dehors avec goût, avec amour. Quoiqu'il n'y eût que Kitty à qui il pût parler, il n'oublia pas d'écrire en belles lettres le nom qu'il lui donnait, dans un endroit où il pût toujours voir le voir. C'était *Brigitte Yardley*. Quand enfin tous les arrangements furent terminés, et que les mâts et les voiles furent en place, le jeune marin ne pensa plus qu'à lancer son petit bâtiment.

Sentant bien que, réduit à ses propres forces, il ne pouvait mouvoir une masse semblable, il avait eu soin de poser la quille sur le même plan incliné qui avait reçu la *Neshamony*. La construction du berceau n'était pas une grande affaire; ce fut l'ouvrage de quelques jours, et il ne restait plus qu'à dégager la *Brigitte* des pièces de bois qui la maintenaient, et à l'abandonner à elle-même.

A ce moment suprême, Marc fut assailli d'une foule de sensations qu'il ne pouvait maîtriser. Ses genoux fléchirent, et il fut obligé de s'asseoir un instant.

Quelles seraient les conséquences de l'événement qui
se préparait? Qui savait si la *Brigitte* n'était pas destinée
à le transporter dans sa patrie? A cet instant, il lui
semblait que son existence tout entière dépendait de la
mise à flot de son embarcation, et il tremblait que
quelque accident imprévu n'y mît obstacle. Il lui fallut
attendre quelques minutes avant qu'il eût pu reprendre
son sangfroid.

A la fin, Marc réussit à se maîtriser, et il se remit à
l'œuvre. Les derniers appuis tombèrent, et, comme le
bâtiment restait immobile, il donna un coup de maillet.
Cette fois l'embarcation docile se mit en mouvement,
et glissa sans s'arrêter jusqu'au bord de l'eau, dans laquelle elle entra en fendant les ondes, comme un ca-
nard qui agite ses ailes. Marc était dans le ravissement :
la *Brigitte* se comportait à merveille, et sa démarche
était pleine de grâce et d'élégance. Il va sans dire qu'il
avait eu soin d'y attacher une corde, à l'aide de laquelle
il la hala à terre, et il l'amarra dans un petit bassin
naturel, qui était juste de la grandeur nécessaire. Telle
était sa crainte de perdre une embarcation qui lui était
devenue si précieuse, qu'il avait retiré quelques chevilles du *Rancoc* pour les enfoncer dans le roc, où il
trouva moyen de les fixer au moyen de plomb fondu.

La *Brigitte* n'avait guère que le quart des dimensions
de la *Neshamony*, quoiqu'elle fût plus de moitié aussi
longue. Néanmoins c'était une bonne embarcation ; et
Marc, sachant qu'il ne pouvait guère compter que sur
les voiles pour la mouvoir, avait construit sur l'avant
un petit pont pour empêcher les vagues d'embarquer,
et aussi pour se ménager un emplacement où il pût déposer quelques provisions à l'abri de la pluie. Quelques
petites tonnes d'eau fraîche formaient de lest. Elles

avaient été portées d'avance à bord, ainsi que les mâts
les voiles, les avirons, etc., avant la mise à l'eau
Comme il était encore de bonne heure, Marc ne pu
résister à son impatience. Il résolut de faire une croi
sière autour de la montagne de lave, et de pousser sa
reconnaissance plus loin qu'il ne l'avait jamais fait sur
le canot. Il porta donc quelques provisions à bord, détacha les amarres et mit à la voile.

Dès l'instant que la *Brigitte* se mit en marche, et
commença à obéir au gouvernail, Marc éprouva la
même impression que s'il avait trouvé un nouveau
compagnon. Jusqu'alors il n'avait eu que Kitty pour lui
en tenir lieu ; mais cette embarcation lui rappelait tous
ses plaisirs d'enfance. N'avait-il pas sa barque sur la
Delaware, et que de parties délicieuses il avait faites
sur la rivière ! Il n'avait pas couru deux ou trois bordées
qu'il se surprit à parler avec sa *Brigitte* et à lui donner
ses ordres, comme si elle pouvait l'entendre. Comme
la brise soufflait toujours dans la même direction, il
passa entre le Récif et le Rocher du Limon, doubla la
pointe de l'île, et arriva au bassin dans lequel le *Rancoc*
était amarré. Il fit le tour du bâtiment, comme pour
lui faire admirer son embarcation ; et, serrant le vent,
il entra dans la passe par laquelle Bob et lui avaient
pénétré jusqu'à l'île.

Il était assez facile d'éviter ceux des brisants qui pouvaient offrir des dangers pour le petit bateau : l'écume
blanche de la mer les indiquait suffisamment ; mais
d'ailleurs il y avait assez d'eau sur presque tous les
récifs pour la *Brigitte* pût les franchir impunément.
Marc avança donc par courtes bordées jusqu'à ce qu'il
trouvât les deux bouées entre lesquelles le *Rancoc* avait
passé si heureusement. La *Brigitte* n'eut pas moins de

nheur, et Marc gouverna dans la direction où il s'at-
ndait à trouver l'écueil sur lequel le *Rancoc* avait
unné. Il ne tarda pas à le découvrir. La bouée de
oste flottait toujours là, sentinelle attentive. Marc saisit
corde et se hala sur elle, après avoir amené ses
oiles.

La *Brigitte* était alors amarrée par l'orin de l'ancre
u *Rancoc*, et l'idée vint au jeune marin de tirer parti
e cette circonstance. Il était tout près du récif, pour
e pas dire sur le récif lui-même. Ce sont des endroits
ù le poisson abonde. Il avait à bord ses instruments
e pêche : il jeta la ligne, et retira un magnifique
oisson. Chaque épreuve fut suivie d'un résultat pareil,
t c'était à peine s'il avait le temps de mettre l'amorce
l'hameçon ; et tous les poissons étaient plus beaux que
eux qu'il trouvait près de son île. Il lui suffit d'une
emi-heure pour se convaincre qu'en une journée il en
rendrait plus que son embarcation n'en pourrait
orter. Il se contenta, pour cette fois, de quelques dou-
aines, détacha l'amarre, hissa ses voiles, et continua à
anœuvrer pour gagner dans le vent.

Le désir de Marc était de s'assurer de la nature et de
étendue des bas-fonds dans cette direction. Bientôt il
ut à dix milles au vent de l'île. Les mâts du bâtiment
ui servaient de fanal, car le Cratère avait disparu der-
ière l'horizon, ou, s'il se montrait, ce n'était qu'à de
ares intervalles, lorsque la *Brigitte* s'élevait sur une
ame, et alors c'était une simple colline qui paraissait
resque à fleur d'eau. Marc avait même de la peine à
istinguer les mâts dégarnis, et, sans la boussole qui
ui indiquait la direction, il n'y serait jamais parvenu.

Quant aux bas-fonds, aucun bloc de rocher ne sor-
ait de la mer devant lui, mais des signes certains an-

C.

nonçaient la présence d'écueils. Ces écueils devaie
embrasser une zone d'au moins vingt milles, car il
avait déjà fait plus de quinze sans pouvoir en sortir,
cette distance de sa demeure solitaire, sans aucun
terre en vue, Marc Woolston mit en panne et procé
à son frugal repas. La fraîcheur de la brise l'avait d
cidé à prendre des ris, et, sous ce peu de voilures,
trouva la *Brigitte* telle qu'il pouvait la souhaiter. I
journée avançait, et il jugea prudent de virer de bor
et de retourner au Cratère. Au bout d'une demi-heur
il apercevait de nouveau les mâts du *Rancoc*, et, d
minutes après, le Sommet se montrait à l'horizon.

Notre jeune marin avait eu l'intention de rester à
mer toute la nuit, si le temps eût été favorable. Il au
rait voulu éprouver comment le bateau se serait com
porté pendant son sommeil, et reconnaître en mê
temps l'extrême limite des bas-fonds. Délivré de
crainte de manquer jamais d'aliments par l'étonnant
fertilité du Cratère, et pouvant disposer de son tem
sans s'épuiser à travailler, il avait formé le projet
croiser pendant plusieurs jours de suite en dehors d
écueil, dans l'espoir de rencontrer quelque bâtime
de passage qui aurait pu le recueillir. Jamais aucu
navire ne s'aventurerait près du Cratère ; les brisants
mettaient bon ordre ; mais l'exemple même du *Ran*
prouvait qu'il pouvait y en avoir qui suivissent ce
direction. Marc ne se faisait pas illusion : il savait qu
pouvait faire le guet trois cents jours de suite, et ne ri
voir ; mais qu'importait, si, le trois cent et unième, s
espérances se réalisaient?

Mais dans cette première épreuve, le temps était lo
de l'encourager à prolonger son excursion. Au mom
où le Cratère commençait à sortir de l'eau, Marc pe

au contraire que jamais le ciel n'avait pris un aspect aussi lugubre. L'atmosphère embrasée avait une teinte rougeâtre qui l'alarmait, et il aurait voulu être dans son île pour faire rentrer son troupeau dans l'enceinte du Cratère. Tout annonçait une tempête, suivie d'une de ces inondations dont il avait eu déjà un exemple si terrible.

Juste au moment où la *Brigitte* passait entre les deux bouées, sa voile fouetta le mât. C'était un sinistre présage, puisque c'était l'annonce d'un changement de vent, changement qui, sous cette latitude, n'était que trop significatif. Marc était encore à deux milles du Récif, et le peu de vent qu'il faisait ne tarda pas à souffler de l'avant. Les oiseaux de mer semblaient inquits et agités; ils venaient voler par milliers autour du bateau, en décrivant un cercle de plus en plus rapproché, et en poussant des cris aigus. D'abord Marc attribua leur frayeur à cette circonstance que le bateau était quelque chose de nouveau pour eux; mais il se rappela presque aussitôt que bien des fois il était passé sur son petit canot contre les rochers où ils séjournaient de préférence, sans qu'ils s'en fussent émus en aucune manière, et il fallut bien conclure qu'il y avait quelque autre raison à cette agitation extraordinaire.

Le soleil se coucha au milieu des feux rougeâtres qui embrasaient l'horizon, et la *Brigitte* avait encore un mille à franchir pour arriver à l'île. Une nouvelle crainte s'empara du pauvre ermite. Si une tempête faisait sauter violemment le vent à l'ouest, ce qui n'était que trop probable dans les circonstances actuelles, il pouvait être poussé au large, et, quand même la petite embarcation résisterait aux vagues, entraîné assez loin pour ne plus revoir le Récif. Ce fut sur-

tout alors qu'il comprit à quel point il avait été f[...]
vorisé dans son malheur en trouvant une plage au[...]
fertile que le Cratère, et combien il serait terrible [...]
s'en voir arraché. Que de grand cœur il aurait aba[...]
donné la plus grande partie de ses plantations et de s[...]
récoltes, obtenues pourtant au prix de tant de fatigue[...]
pour se trouver sain et sauf à bord du *Rancoc!* Tou[...]
fois, à force de manœuvres adroites pour profiter de [...]
moindre bouffée d'air, il parvint à obtenir ce résult[...]
inespéré, sans avoir eu de sacrifices à faire.

Vers neuf heures du soir, la *Brigitte* rentrait dan[...]
son petit bassin, et Marc ne l'eut pas plus tôt amarré[...]
qu'il se retira dans sa cabine. Son premier mouveme[...]
fut de se jeter à genoux pour remercier Dieu de l'avo[...]
ramené dans des lieux qui lui étaient devenus si che[...]
en se rattachant dans sa pensée à la conservation d[...]
son existence. Puis, fatigué de sa journée, il entra dan[...]
sa petite chambre et ne tarda pas à s'endormir d'u[...]
profond sommeil.

Quand il s'éveilla le matin, il se sentit comme suffo[...]
qué. Il ouvrit les yeux, et fut frappé de la clarté livid[...]
qui remplissait la cabine; il crut que le bâtiment étai[...]
en feu et sauta hors de son lit. Cependant n'entendan[...]
aucun pétillement de flamme, il s'habilla précipitam[...]
ment et sortit sur le pont. A peine y avait-il mis l[...]
pied, qu'il sentit tout le bâtiment trembler, et les eau[...]
s'agiter autour de lui comme si elles se préparaient [...]
faire irruption. Des sifflements aigus se faisaient en[...]
tendre, et des lueurs sinistres sillonnaient les airs. C[...]
fut un moment terrible, et l'on aurait pu croire que l[...]
monde était arrivé à son dernier jour.

Marc Woolston comprit alors la vérité, malgré l'in[...]
tensité des ténèbres, que perçaient par intervalles de[...]

aillons de lumière blafarde. Ce qu'il avait ressenti, c'é-
taient les secousses d'un tremblement de terre, et le
volcan sortait de son long sommeil. Une atmosphère de
cendres et fumée l'enveloppait, et notre pauvre ermite
leta instinctivement les yeux sur son Cratère, déjà si
frais et si verdoyant, s'attendant à lui voir vomir
des flammes. Mais tout était encore tranquille de ce
côté; ce n'était point là que, pour le moment, l'éruption avait lieu. Les vapeurs étaient si épaisses qu'elles
formaient un voile devant ses yeux, en même temps
qu'elles étouffaient sa respiration. Il y eut un moment
où Marc crut qu'il allait être suffoqué ; mais un coup de
vent vint balayer ces exhalaisons fétides et dégager l'atmosphère. Le vent était retourné dans ses anciens
quartiers ; l'air était redevenu pur. Il était temps : Marc
était convaincu qu'il n'aurait pu supporter dix minutes
de plus une pareille oppression.

Maintenant il attendait impatiemment le jour. Chaque
minute lui semblait un siècle. Mais enfin les signes
précurseurs de la lumière commencèrent à paraître, et
il s'avança sur le beaupré comme pour les voir de plus
près. Il avait les yeux fixés vers l'orient, guettant chaque
traînée de lumière à mesure qu'elle sillonnait le firmament, quand tout à coup il fut frappé du changement
qui s'était opéré dans cette partie de l'Océan, et qui attestait éloquemment la violence des efforts que la terre
avait faits dans ses convulsions. Des rochers apparais-
saient nus là où Marc était sûr que, quelques heures
auparavant, il n'y avait que de l'eau.

La muraille de lave qui formait la limite du bassin,
et qui ne s'élevait jamais que de quelques pouces au-
dessus du niveau de la mer, atteignait une élévation
qui, dans quelques endroits, n'allait pas à moins de dix

à quinze pieds. Preuve évidente que cette secousse terrible avait soulevé une grande partie de la muraille de
lave, et en avait modifié complétement l'aspect ! La nature venait de faire un nouvel effort, et, en un clin
d'œil, en quelque sorte, des îles avaient été créées.

Marc n'eût pas plutôt constaté ce fait prodigieux,
qu'il courut à la poupe pour s'assurer des changements
qui avaient pu survenir autour du Cratère. Il avait été
soulevé en l'air, comme tous les rochers qui l'entouraient à plusieurs milles à la ronde; mais la surface
n'avait éprouvé aucune altération. Le Récif, qui sur le
bord ne s'élevait que de six pieds à peu près au dessus
de l'Océan, atteignait maintenant là hauteur de vingt
pieds; un seul mais vigoureux effort de la nature avait
plus que triplé son élévation ! La plate-forme qui conduisait de l'arrière du *Rancoc* au rivage, au lieu d'être
sur un plan incliné, était alors presque de niveau, tant
était grande la quantité d'eau qui s'était retirée du bassin. Cependant il en restait encore assez pour maintenir
le bâtiment à flot.

Impatient de voir ce qui avait pu arriver, Marc courut à terre, car alors il faisait grand jour, et il se hâta
d'entrer dans le Cratère, pour monter de là sur le Sommet. Rien ne lui parut changé sur son passage; tout
était à la même place et dans le même état, et le petit
troupeau, disséminé çà et là, cherchait sa vie comme il
le pouvait. Seulement le roc était couvert de cendres
sur lesquelles la trace de ses pas s'imprimait comme
sur une neige légère.

Dans l'intérieur, l'aspect était le même; un grand
pouce de cendre en recouvrait les verts pâturages ainsi
que tout le potager. Marc fut loin de s'en alarmer; car
il savait qu'à la première pluie cette couche grisâtre

s'imprégnerait dans la terre, et qu'elle y deviendrait la source d'une nouvelle fertilité.

Ce fut lorsqu'il eut gravi le Sommet que le jeune marin put se faire une idée plus exacte des étonnantes transformations qui s'étaient opérées autour de lui, par suite de cette élévation subite de la croûte de la terre. Partout la mer semblait changée en rocher. Toutes les parties écumeuses avaient disparu; à la place s'élevaient des masses de toutes les dimensions, soit de roc, de sable ou de vase.

C'étaient surtout les bancs de sable qui dominaient, et il s'en trouvait tout près du Récif, nom que nous continuerons de donner à l'île du Cratère; car, pour une île, à proprement parler, ce n'en était plus une. Les eaux qui s'en approchaient dans toutes les direction formaient des espèces de criques, de détroits, de petites rivières, mais il semblait que de tous les côtés il était possible de faire plusieurs lieues à pied sur un sol solide, en partant du Cratère, et en suivant les lignes de rochers, de récifs, de bancs de sable, qui avaient surgi de toutes parts.

Cette transformation était trop étendue pour ne pas sembler devoir être durable, et Marc conçut l'espoir que tous les biens si précieux qu'il tenait de la Providence lui seraient conservés. Seulement il s'était opéré un changement immense dans sa situation. Il n'en était plus réduit à l'usage de son bateau pour ses excursions; il pouvait se promener, des heures, qui sait? peut-être des jours entiers à pied sec, sur les bancs, les collines, les promontoires, qui venaient de se former. Les limites de ses domaines s'étaient tellement reculées, que c'était comme un nouveau monde qui s'ouvrait à ses ardentes recherches.

Le Cratère paraissait être le centre de cette nouvelle création. Du côté du sud seulement, l'œil ne pouvait pénétrer à plus de deux ou trois lieues. Un nuage épais et brumeux s'étendait dans cette direction, en confondant ensemble la mer et le firmament.

Cependant Marc était convaincu qu'au milieu de ce brouillard, sur un point plus ou moins rapproché, les forces cachées de la terre intérieure s'étaient frayé une autre issue. La science de la géologie était, comparativement, encore dans l'enfance; mais Marc en avait pourtant appris assez pour chercher à se rendre compte de ce qui était arrivé.

Il suppose qu'à cet endroit il s'était dégagé des feux internes assez de gaz pour ouvrir des crevasses au fond de l'Océan; que l'eau, s'infiltrant par ces crevasses, avait produit une prodigieuse quantité de vapeur qui avait soulevé tous ces rocs et causé le tremblement de terre. En même temps les feux internes avaient agi de concert; et, suivant une ouverture, ils étaient arrivés assez près de la surface pour se frayer un passage et former ainsi ce nouveau cratère dont l'existence, d'après tous les signes qui se manifestaient dans la direction du sud, était aussi évidente pour Marc que s'il l'avait vu de ses propres yeux.

Cette théorie pouvait être vraie, en totalité ou en partie, comme elle pouvait être erronée. Il existe tant d'effets extraordinaires qui se produisent sous tant de formes inattendues, qu'il est souvent aussi difficile d'en préciser la cause, lorsqu'il s'agit de phénomènes célestes, que lorsque nous voulons analyser les divers mobiles actions des hommes. Quoique formés de la même substance et gouvernés par les mêmes passions, combien ne nous trompons-nous pas dans nos jugements, même lorsque nous y apportons le plus de bonne foi et d'attention !

A la première vue, Marc eut assez de peine à distinguer le caractère dominant des différentes masses d'eau qui l'entouraient. Les unes étaient de petits lacs que l'évaporation ne manquerait pas de faire disparaître, aucune communication n'existant entre eux et la pleine mer. D'autres devaient être de véritables bras de mer, puisqu'ils se prolongeaient sans interruption à perte de vue. C'était notamment dans cette dernière classe qu'il rangeait la ceinture d'eau qui environnait le Récif ; était-ce complétement? c'est ce qu'il ne pouvait encore décider d'une manière positive ; car, du point où il était placé, il lui était impossible de déterminer si le Récif ne communiquait point directement à une longue chaîne de rocs et de bas-fonds, qui se prolongeait dans la direction de l'ouest.

L'île du Guano et le rocher du Limon tenaient évidemment à cette masse compacte ; ce n'étaient plus des îles isolées, mais seulement des parties inhérentes à la grande montagne volcanique. Néanmoins le bras de mer qui coulait autour du Récif baignait également les bases de ces deux entrepôts importants, et Marc reconnut avec plaisir qu'il pourrait continuer à transporter les précieux engrais qu'ils renfermaient au moyen du radeau ou du bateau.

La situation du *Rancoc* devint ensuite pour Marc l'objet de l'examen le plus attentif et le plus approfondi. Il était évident qu'il était toujours à flot, au milieu du bassin; mais pour mieux se convaincre de l'état des choses, il monta sur son canot et alla continuer de plus près ses observations autour du bâtiment.

L'eau était si limpide qu'il était facile de distinguer

le fond à une profondeur de plusieurs brasses; et il
qu'entre le fond et la quille il n'y avait guère que de
à trois pieds d'eau. Or, c'était à peu près le moment
plein de la mer, et la crue étant ordinairement de p
de vingt pouces, il était clair que, par certains vent
bon vieux navire serait bien près de toucher. Quant
l'espoir de le faire jamais sortir du bassin où il é
amarré, il fallait y renoncer complétement, car i
trouvait dans une sorte de cavité où il y avait six à h
pieds d'eau de plus qu'à cent verges de distance d
tous les sens.

Ces faits bien constatés, Marc partit à pied, le f
sur l'épaule, pour visiter les nouveaux domaines
venaient d'être ajoutés à son territoire. Il se dirig
d'abord vers la pointe où il lui semblait que la v
étendue de bas-fonds qui se prolongeait vers l'o
était devenue partie intégrante du Récif.

Cette cohésion, si elle existait réellement, avait l
par deux langues étroites de rochers, de hauteur ég
produites toutes les deux par la dernière éruption.
bancs de sable se montraient par intervalles sur
bords, considérablement agrandis, du Récif prim
tandis qu'avant le tremblement de terre, ce n'était
tout que des rochers presque perpendiculaires.

Marc, dans son impatience, pressait le pas pour ar
ver plus vite à la pointe en question, qui n'était p
une grande distance du chantier, lorsque, arrivé
d'un de ces bancs de nouvelle formation, il remar
que de l'eau, qui semblait sortir de dessous la lav
Récif, coulait à travers le sable. Il crut d'abord que
tait les restes de quelque infiltration des eaux de l'Oc
qui avaient pénétré dans une cavité intérieure et
obéissant à la grande loi de la nature, cherchai

etrouver leur niveau, en se frayant un passage à travers les crevasses des rochers.

C'était pour lui un spectacle si attrayant de voir de
l'eau, quelle qu'elle fût, sortir de dessous terre, que le
jeune marin sauta sur le sable pour la considérer de
plus près. Il en prit un peu dans le creux de la main,
et quelle fut sa joie de reconnaître qu'elle était douce
et d'une fraîcheur délicieuse! Voilà donc cette source,
près laquelle il soupirait depuis si longtemps, qui lui
était offerte inopinément, comme un don direct du
ciel! Non, l'avare qui trouve un monceau d'or enfoui
dans la terre n'éprouve rien de comparable à la joie
qu'à la vue de son trésor, d'un prix inestimable à ses
yeux, éprouva le jeune ermite, si nous pouvons donner
ce nom à notre ami qui ne s'était pas retiré volontai-
rement du monde, et qui adorait Dieu moins par esprit
de pénitence que par un profond sentiment d'amour
et de gratitude.

Marc tout aussitôt creusa dans le sable un petit bassin, qu'il entoura de pierres. En moins de dix minutes,
il était rempli d'une eau presque aussi limpide que l'air,
et du goût le plus agréable. Marc ne pouvait s'en détacher, mais il pouvait être dangereux de trop boire,
même de ce liquide délicieux, et pour résister plus
sûrement à la tentation, il poursuivit son exploration.

Arrivé à l'endroit le plus étroit de la pointe, il reconnut que les deux rocs n'étaient point contigus,
comme il l'avait présumé, et que le Récif était toujours
une île. Le canal qui séparait les deux pointes de rochers n'avait pas plus de vingt pieds de large, quoiqu'il
eût deux fois cette profondeur. Retourner au chantier,
y prendre une planche, faire un pont, et à l'aide de

ce pont passer sur son nouveau territoire, ce fut po
notre jeune ami l'affaire de quelques instants.

Il trouva dans les cavités des rochers une ass
grande quantité de poissons que la mer y avait laiss
en se retirant, mais, découverte plus précieuse et pl
inattendue! il rencontra tout près du pont une second
source d'eau douce, beaucoup plus considérable que l
première. L'eau de cette source, qui traversait un ban
de sable de quinze à vingt acres d'étendue, avait ren
contré dans son cours une sorte de réservoir natur
où elle formait un petit lac, et le trop plein allait s
jeter dans la mer.

Marc ravi ne voulut pas garder son bonheur pour lu
tout seul, et il retourna de nouveau au Récif pour che
cher son troupeau. Arrivé au pont, il plaça une second
planche à côté de l'autre, puis il fit passer toutes se
bêtes l'une après l'autre dans ses nouveaux domaines
car il avait pris tant d'ascendant même sur les canar
qu'ils accouraient tous à sa voix.

Quant à Kitty, elle le suivait comme un chien, et ell
n'était jamais plus heureuse que quand elle l'accompa
gnait dans ses promenades.

Les porcs ne parurent pas les moins contents de leu
excursion. Ils trouvaient là tout ce qu'ils pouvaient dé
sirer : de la nourriture à n'en savoir que faire, du sabl
à fouiller, de l'eau douce à boire, des étangs pour
patauger, et de l'espace pour leurs causes vagabondes
Marc en les voyant si bien se régaler, se promit d'éta
blir une porte à l'entrée du pont, et de les laisser l
plus souvent errer en liberté dans cette partie de se
propriétés, qui devint leur parc.

Mais ce fut, à bien dire, à partir de ce moment qu
Marc commença sérieusement son voyage, qui dur

ute la journée. Il avait bien fait deux lieues en droite
gne depuis le bâtiment, mais il fallait en compter plus
e quatre, par les détours qu'il avait dû prendre. A
haque pas il rencontrait de petits lacs d'eau salée. C'é-
ient de petits lacs, quelquefois d'un mille de long,
ont les contours formaient les plus charmantes ondu-
tions, mais que le soleil ne tarderait pas à tarir.

Il avait suivi le bord du canal qui communiquait
vec le bras de mer qui entourait le Récif, et quand i!
t au terme qu'il avait assigné à son excursion, il
onta sur un roc qui pouvait s'élever de cent pieds au-
essus du niveau de la mer. Du haut de ce roc, il avait
vue la plus étendue.

D'abord il suivit de l'œil le canal qui coulait à ses
ieds, jusqu'à l'endroit où il se jetait dans la pleine mer
u'il voyait alors distinctement à très-peu de lieues de-
ant lui, vers le nord-ouest. Il y avait beaucoup d'autres
ours d'eaux qui étaient évidemment des criques larges
sinueuses. La grande quantité de lacs qui s'étaient
rmés jetaient pour le moment quelque confusion
ans l'aspect général; et il n'est pas toujours facile de
istinguer ce que nous pouvons appeler les eaux cou-
antes des eaux dormantes.

Mais ce fut dans la direction du sud que Marc trouva
s plus grands sujets de surprise et d'admiration. Le
ideau de vapeurs qui lui avait caché cette partie de
horizon commençait à se lever graduellement, quoi-
ue une colonne de fumée, qui semblait sortir de la
er continuât à monter vers un nuage épais qui sem-
ait suspendu sur ce point. D'abord il n'aperçut qu'une
asse sombre et informe, mais à mesure que le brouil-
rd se dissipa, il distingua, à ne pouvoir s'y mé-
rendre, une montagne fortement labourée qui n'avait

C.   9

pas moins de mille pieds de hauteur, ni d'une li
d'étendue.

Cette preuve du pouvoir de la nature remplit l'â
du jeune homme de recueillement et de respect p
l'Être tout-puissant qui pouvait remuer à volonté
masses si énormes. Si quelque chose avait pu dimin
son impatience de quitter ce lieu d'exil, c'eût été a
rément un semblable spectacle, car celui qui vit
milieu de scènes de ce genre se sent bien plus près
Dieu que ceux qui demeurent dans l'enceinte d'
ville au milieu d'une profonde sécurité.

N'avait-il pas à s'applaudir aussi que cette disloca
de rochers eût eu lieu à une distance qu'il évalu
à dix ou quinze milles, qui en réalité était de plus
cinquante? Non loin de la montagne, de sombres
peurs continuaient à sortir de la mer, et Marc crut,
moments, distinguer à sa base le foyer ardent d
cratère.

Après avoir regardé longtemps ces changements
croyables, il descendit de la hauteur et reprit le che
du Récif, précédé de Kitty.

CHAPITRE XI

Pendant les dix jours qui suivirent, Marc Wool
ne fit guère autre chose qu'explorer « le pays. »
traversant le bras de mer qui entourait le Récif, et
avait nommé le Bracelet, — car le jeune solit

imait à donner ainsi des noms à tout ce qu'il voyait; c'était comme une sorte d'entretien qu'il avait avec lui-même; — il était arrivé à cette muraille de lave qui fermait le bassin, et de là il avait marché à pied sec le long de ces mêmes écueils à travers lesquels il avait navigué si récemment à bord de la *Brigitte.* Cependant cette passe étroite par laquelle il avait ramené le *Rancoc* existait encore, mais les deux bouées qui en marquaient les limites étaient à sec sur le roc.

Pendant deux jours, Marc alla en avant dans cette direction, pénétrant jusqu'à l'endroit où il avait mis en panne dans sa croisière sur la *Brigitte,* autant du moins qu'il était possible de calculer la distance.

Les terrains de nouvelle formation avaient le même caractère qu'il avait trouvé dans la direction opposée. De vastes étangs, des lacs d'eau salée, des dépôts de sable et de limon d'une étendue considérable, et de temps en temps une crête de rocher qui s'élevait de quinze à vingt pieds, en étaient les traits saillants.

Comme les obstacles se multipliaient à mesure qu'il avançait, il se décida, dans l'après-midi du second jour, à ne pas aller plus loin, bien résolu à revenir en bateau pour reconnaître s'il ne pouvait pas à présent gagner la pleine mer du côté du vent.

Quatre jours après cette grande convulsion de la nature qui avait si complétement changé l'aspect des lieux, Marc se mit en route sur la *Brigitte.* Il gouverna au vent, sortant du Bracelet par une passe étroite qui le conduisit dans un bras de mer qui se dirigeait presque en droite ligne vers le nord-est. Ce bras de mer pouvait avoir un demi-mille de largeur, et presque partout il y avait assez d'eau pour porter le plus grand navire. Il n'était pas impossible que par ce passage un bâtiment

pût arriver jusqu'au bord du Récif, et malgré le
de chances qu'un pareil événement se réalisât jam
c'était une idée à laquelle le pauvre ermite éprouvait
grand bonheur à s'attacher.

Il donna donc à cette passe le nom de Canal de l'E
pérance. A trois lieues du Cratère, le canal se divis
en deux branches, dont l'une suivait la direction
nord, tandis que l'autre se prolongeait à perte de v
vers le sud-est. Le rocher qui formait le point de jos
tion fut nommé la Fourche de la Pointe, et Marc suj
le second embranchement, où il avait le vent favorab
La *Brigitte* continua sa route en portant au plus p
Un peu plus loin, d'autres canaux se présentèrent; Ma
choisit celui qui se dirigeait vers le nord-est. L'eau é
profonde, et à l'entrée la passe pouvait avoir un de
mille de large; mais elle se terminait tout à coup p
un bassin ovale d'un mille de large dans son plus gra
diamètre, et borné à l'est par une ceinture de roch
qui s'élevaient d'une vingtaine de pieds au-dessus
l'eau. Le fond de ce bassin était un beau sable clair,
la sonde donnait vingt brasses. C'était un port natur
et la main des hommes aurait eu peine à en constru
un plus sûr et plus commode.

Marc avait été près d'une demi-heure à courir d
bordées dans le « Havre Ovale, » avant de remarqu
que la surface unie de ses eaux semblait un peu tro
blée par une légère ondulation qui semblait venir
l'extrémité nord-est. Il gouverna aussitôt sur ce poi
et découvrit que les rochers s'ouvraient pour laisser
passage d'environ cent verges de largeur. Le vent
permettant, Marc s'y engagea aussitôt, et il se sen
bientôt porté sur les vagues longues et houleuses de
pleine mer.

Il n'était pas facile de calculer la distance exacte entre la passe qui conduisait au Havre Ovale et le Cratère. Marc à la vue, ainsi qu'au temps qu'il avait mis à la franchir, l'estimait à vingt-cinq milles en ligne directe. Le Sommet n'était plus visible, non plus que les mâts du bâtiment; mais le Pic lointain et l'épaisse colonne de fumée se montraient toujours à l'horizon. Il pouvait y avoir une heure que le jeune marin était en pleine mer, s'éloignant graduellement de terre pour éviter la côte, quand il songea au retour. Il fallait un grand sangfroid pour gouverner dans la direction des rochers afin de trouver le passage qu'il devait suivre.

Il suivit pendant quatre heures cette sombre muraille dont l'aspect triste et repoussant n'était tempéré que par la blanche écume de la mer, sans apercevoir un point où même un bateau pût aborder. Comme il courait alors vent arrière, et qu'il avait largué les ris, il ne pouvait avoir fait moins de trente milles, et il put ainsi apprécier l'étendue de son nouveau territoire.

Vers cinq heures du soir, il atteignait un cap ou promontoire après lequel la côte courait tout à coup dans l'ouest. C'était donc l'angle de cette immense montagne volcanique, et Marc le nomma cap Nord-Est. Le foc fut déployé, et la *Brigitte* cingla vaillamment à l'ouest pendant une heure, en serrant la côte, qui n'était plus dangereuse dès que le cap eut été doublé.

Il était alors trop tard pour songer à gagner le Récif; s'aventurer au milieu de ces canaux inconnus, dans l'obscurité, c'eût été une entreprise périlleuse. Il se borna donc à chercher quelque endroit où il pût jeter l'ancre jusqu'au lendemain matin; car, même sous le vent des rochers, il n'aimait pas à rester à la merci de la pleine mer pendant son sommeil.

Au moment où le soleil se couchait, et où une dou[ce] fraîcheur succédait à une chaleur dévorante, la cô[te] s'ouvrit tout à coup, et laissa un passage assez lar[ge] pour l'inviter à y entrer. Il mit la barre dessous, bor[da] les voiles, et la *Brigitte* y pénétra en serrant le ven[t]. Plus elle avançait, plus le passage s'élargissait, et il fin[it] par prendre les proportions d'une vaste baie. Un lon[g] banc de sable se dessinait du côté du vent, et Marc l[e] suivit quelque temps, jusqu'à ce que la vue d'un[e] source l'engageât à s'arrêter. Il vira doucement pou[r] approcher le bateau de la plage, puis, jetant le grappi[n] il s'élança à terre.

L'eau de la source était d'une fraîcheur délicieus[e], c'était la première qu'il goûtait, bien qu'il eût vu déj[à] plus de vingt sources depuis son départ. A voir cet[te] plage, d'origine si naissante, on eût cru qu'elle était [à] l'air depuis des siècles. Le sable était parfaitement ne[t] et luisant, d'une belle couleur dorée, et il était couver[t] de coquillages de la plus belle eau et d'une grosseur re[-] marquable. L'odeur qu'ils exhalaient était le seu[l] indice qu'ils eussent été si récemment habités; mai[s] c'était un inconvénient auquel l'action toute-puissan[te] du soleil aurait bientôt remédié, et notre marin se pro[-] mit de rendre une seconde visite à la baie, qu'il appel[a] la Baie des Coquillages, pour lui ravir une partie de se[s] trésors.

Le lendemain il rentra dans ses anciennes posses[-] sions du Récif; et vers dix heures, il passait à bord d[u] *Rancoc.* Après avoir allumé du feu pour préparer de[s] provisions pour une autre croisière, il monta dans le[s] barres de perroquet pour examiner avec plus de soi[n] qu'il n'avait pu le faire encore l'état des choses dans l[a] direction du sud.

Le sombre nuage qui s'était si longtemps appesanti r l'emplacement de la nouvelle éruption, s'était pres- e entièrement dissipé. Un point seul était encore oscurci par une légère trace de fumée ; partout ailleurs tmosphère était dégagée de vapeurs, et l'éloignement ul mettait obstacle à la vue.

Le Pic, sorti tout à coup par un bond gigantesque du in de l'Océan, offrait un spectacle sublime. Ce n'était as à mille pieds seulement, comme Marc l'avait cal- ulé d'abord, mais plutôt à deux mille pieds qu'il s'éle- ait dans les airs. Qu'on juge de l'effet de ce colosse aux ancs rudement labourés, dont la tête bleuâtre domi- ait ainsi l'immensité des mers ! Il méritait bien le nom e Pic de Vulcain, que Marc lui donna aussitôt.

Après être resté une grande heure à considérer ce ableau avec plus d'intérêt et de plaisir que n'en prit amais le connaisseur le plus enthousiaste à la vue d'un hef-d'œuvre de l'art, le jeune marin prit la résolution d'aller le visiter de plus près. Ce voyage aurait pour lui out l'attrait de la nouveauté ; il y trouverait le même charme que le citadin blasé éprouve à parcourir des sites inconnus.

L'après-midi fut consacrée aux préparatifs d'un voyage qui était pour lui un grand événement.

C'était dans une direction tout-à-fait nouvelle qu'il allait naviguer, et, pour gagner la pleine mer par le passage le plus favorable, il avait à traverser le petit détroit qui séparait le Récif de la longue chaîne de ro- chers sur laquelle il avait fait une longue excursion à pied le lendemain du tremblement de terre. Pour don- ner passage au mât de l'embarcation, il lui fallait enle- ver le pont qu'il avait construit ; mais il pouvait le faire sans inconvénient. Le troupeau était déjà acclimaté, et

Kitty elle-même avait quitté le Sommet sans regr
pour venir s'établir dans ces nouveaux pâturages.

Après avoir traversé plusieurs passes qui se sucé
daient sans se ressembler, les unes étroites et sinueus
les autres larges et directes, la *Brigitte* atteignit v
midi la pointe méridionale. Marc calcula qu'il était
moins à vingt milles du Récif, et c'était à peine si
Pic paraissait plus près que lorsqu'il était parti. Il
avait là matière à de sérieuses réflexions sur la distan
et le résultat fut que Marc se décida à passer le reste d
jour où il était, afin d'avoir une journée tout entiè
devant lui avant de se mettre en mer.

Le lendemain, deux heures avant le jour, Marc éta
levé, et il appareilla aussitôt. Par un temps favorabl
la *Brigitte* filait cinq nœuds à l'heure. Avec un bon ve
elle pouvait aller à sept, mais sa marche au contrai
était considérablement réduite, dès que les lames, pa
leur élévation, abritaient les basses voiles.

Pendant deux heures la *Brigitte* se dirigea vers le su
ouest au moyen de sa boussole. Avec le jour, le Pi
sourcilleux reparut. Marc eut lieu de s'applaudir de l
marche de son bateau. Les objets commençaient à s
détacher distinctement de la montagne, et cependant
en était encore à plus de neuf lieues, tant il s'éta
trompé dans ses évaluations primitives.

A partir de ce moment, il ne franchissait pas un mill
sans faire de nouvelles découvertes. Le soleil s'était lev
et les collines et les ravins se dessinaient les uns aprè
les autres, se colorant, suivant leur position, de teint
différentes. A mesure qu'il approchait, il sentait redou
bler son admiration mêlée de stupeur ; mais ce fut sur
tout lorsqu'il ne fut plus qu'à une lieue de distance
qu'il put se rendre exactement compte du phénomèn

ublime qui s'était produit si près de lui. Considéré
comme île, le Pic de Vulcain n'avait pas moins de huit
à dix milles de longueur, quoique sa largeur n'excédât
pas deux milles. Courant du sud au nord, c'était son
côté étroit qu'il présentait à notre observateur attentif,
lorsqu'il le considérait du haut du *Rancoc;* ce qui
l'avait trompé sur son étendue comme sur son éloignement.

De tant de millions d'hommes qui couvrent la surface de la terre, Marc Woolston était le seul qui eût été
en position d'assister à ce grand spectacle de la puissance des éléments; mais qu'était-ce que ce spectacle
auprès de ces mille globes immenses qui roulent in-
cessamment dans l'espace, sans que la pensée de la
créature s'élève jusqu'au Créateur?

Le vent avait fraîchi pendant la fin de la traversée, et
Marc ne fut pas fâché de voir sa frêle embarcation arriver sous l'ombre des vastes rochers qui formaient
l'extrémité septentrionale du Pic. Il croyait les ranger
qu'il en était encore à un mille de distance; tant les
proportions gigantesques de la montagne mettaient les
calculs ordinaires en défaut. Il fallut qu'il en touchât
en quelque sorte la base pour s'en former une idée
exacte; et alors, malgré l'abri qu'il trouvait sous le
vent, le roulement incessant des vagues vers le rivage
lui fit craindre de ne pouvoir aborder, et il allait se décider, à son grand regret, à revenir sur ses pas pour
profiter du reste du jour, lorsqu'il arriva à un endroit
que l'art plutôt que la nature semblait avoir disposé au
gré de ses désirs.

Une étroite ouverture se montrait entre deux rochers
de hauteur à peu près égale, mais dont l'un, en s'avan-
çant dans la mer, la masquait presque entièrement. En

C.   9.

passant par cette espèce de porte, vers laquelle le pou
sait un vent favorable, Marc se trouva dans un bass
de cent verges de diamètre qui non-seulement était e
touré de bancs de sable, mais qui avait même un fo
sablonneux. L'eau avait plusieurs brasses de profo
deur, et il était facile d'aborder. C'est ce que fit Ma
sur-le-champ, et, serrant les voiles, il s'élança à te
en prenant le grappin avec lui. Comme Colomb,
s'agenouilla sur le sable et rendit grâce à Dieu.

Du bassin partait un ravin qui montait en serpenta
jusqu'au point culminant, et à travers, bouillonnait u
courant rapide. D'abord Marc pensa que c'était de l'ea
de mer qui s'échappait de quelque lac sur le Pic ; ma
en la goûtant, il reconnut qu'elle n'était pas salée. So
fusil sur le bras, son sac de provisions **sur le dos, Ma**
entra dans le ravin, et, suivant le **cours de l'eau,**
commença son ascension. Il la trouva moins difficil
qu'il ne l'avait prévu, et il eut le bonheur de la faire
l'ombre, le soleil pénétrant rarement dans ces humide
et profondes crevasses ouvertes par les torrents.

Il lui fallut monter près de deux milles, avant d'arri
ver à un terrain plat. Aux trois quarts du chemin, l
site changeait tout-à-coup d'aspect. Ce n'était plus cett
aridité sauvage qui contristait le regard ; il était évide
que le sol sur lequel il marchait alors n'était pas sort
depuis quelques jours seulement des abîmes de la mer,
et Marc Woolston en conclut que le sommet du Pic d
Vulcain avait été une île longtemps avant la dernièr
éruption ; seulement, cette île alors était trop basse pou
pouvoir être aperçue du Récif.

Un cri de joie s'échappa des lèvres de notre voyageur,
quand la plaine du Pic se montra tout-à-coup à ses re
gards. Elle était richement boisée : des cocotiers, de

naniers, toute la végétation des tropiques, y étalaient
urs richesses. Un tapis de gazon y portait encore la
ace d'une averse que Marc avait vue tomber sur la
ontagne, pendant qu'il gouvernait vers l'île, et en
examinant de plus près, il y retrouva celles de la
uie de cendres volcaniques qui l'avait précédée. Après
ne marche aussi rapide, exposé maintenant à toute
ardeur du soleil, Marc s'assit à l'ombre sous un bou-
uet d'arbres, et il n'eut qu'à étendre la main pour ra-
asser des noix de coco, ce fruit délicieux dont le lait
ffre une boisson si agréable, en même temps que sa
hair, au moment où il vient d'être cueilli, présente
ne nourriture succulente; il y en avait par milliers.
omment ces arbres étaient-ils venus là? Sans doute,
omme tout se reproduit dans la nature.

Après un repos d'une heûre sous cet ombrage ravis-
ant, Marc se mit à parcourir la plaine pour en admirer
es beautés et l'étendue. Il marchait de surprise en usr-
rise, et aux aspects les plus grandioses succédaient les
ites les plus riants. Les branches des arbres étaient cou-
ertes d'oiseaux du plus brillant plumage, dont plu-
ieurs lui parurent de nature à offrir un manger déli-
ieux. Un grand nombre étaient occupés à becqueter
es figues sauvages, qui n'avaient pas grande saveur,
mais qui du moins étaient rafraîchissantes; il trouva
que ces oiseaux avaient une grande analogie avec ceux
que nous appelons becfigues, et, prenant son fusil, il en
battit plusieurs d'un seul coup. A l'aide de sa pierre et
d'un peu de poudre, il ne lui fut pas difficile d'allumer
du feu. Le bois s'offrait à lui en abondance, et c'était un
rticle dont il commençait à devenir avare, tant il avait
crainte d'en manquer. Il apprêta donc un rôti de gibier
délicieux, qu'il entoura d'une botte de plantain; il avait

dans son sac du biscuit de mer et une bouteille
rhum, et nous rougissons presque de dire quel honne
notre héros fit au festin. Il n'y manquait rien qu'u
douce et intime causerie.

L'élévation de la montagne rendait l'air plus fraî
plus agréable qu'il ne le trouvait sur le Récif ; et en
respirant, il éprouvait comme une sorte de dou
ivresse. Oh ! que n'avait-il là un compagnon pour
partager ! c'était la pensée qui revenait sans cesse à so
esprit. Qu'il était loin de s'imaginer qu'il fût alors
près d'un de ses semblables, et que le plus cher dé
de son cœur était au moment de se réaliser !

Mais l'incident auquel nous faisons allusion fut tro
inattendu et trop important pour ne pas mériter u
chapitre spécial.

CHAPITRE XIII

Le Pic, ou la partie la plus élevée de l'île, était à l'ex
trémité septentrionale, à deux milles du bouquet d'ar
bres sous lequel Marc Woolston avait fait son splendi
repas. Bien différent de la plaine, il n'avait d'arbre
d'aucune espèce, et s'élevait par une montée assez ra
pide à une grande hauteur. Sur ses flancs, on voya
des traces de verdure, mais elles s'arrêtaient au com
mencement du sommet. Du point le plus élevé, il éta
évident que la vue embrassait toute la surface de l'îl
et l'Océan qui l'environnait, jusqu'à une grande dis
tance.

Ranimé par la courte halte qu'il venait de faire, et surtout par le dîner succulent qui l'avait accompagnée, le jeune aventurier reprit son sac, et se mit à entreprendre une ascension qui n'était pas sans fatigue. Il l'effectua cependant en moins d'une heure, et il se trouva bientôt sur le point culminant.

C'était bien la vue immense qu'il avait espérée. La plaine tout entière se déroulait à ses yeux, avec ses fruits et ses vergers, sa verdure et ses bocages, qui semblaient échelonnés pour le plaisir de ses yeux. Jamais site champêtre ne lui avait offert un aspect si enchanteur ; et l'île avait un tel air de culture qu'à chaque instant il s'attendait à voir des groupes d'hommes en sillonner la surface. Il portait toujours suspendue à ses épaules la meilleure lunette du *Rancoc*, et il la dirigea aussitôt sur tous les points de l'île, dans l'espoir de découvrir quelques habitations ; mais cet espoir fut déçu. Il était évidemment le seul habitant de l'île. Il n'y avait même aucune trace de quadrupèdes ou de reptiles. Les oiseaux seuls avaient accès dans le petit paradis ; c'était, à proprement parler, leur Élysée.

Marc procéda ensuite à l'examen du Pic lui-même. Il s'y trouvait un vaste amas de guano dont les parcelles, qui s'en étaient détachées sans cesse depuis des siècles, avaient sans doute contribué à entretenir la fertilité de la plaine. Un ruisseau, plus large qu'on ne se serait attendu à en trouver un dans une île si petite, serpentait dans la plaine, et sortait d'une source abondante qui jaillissait de terre à la base du Pic. Mais la source n'eût pas suffi pour l'alimenter seule ; et il recevait dans son cours le tribut d'une infinité de petits filets d'eau qui coulaient sur la surface légèrement in-

clinée de l'île. Sur un point, à deux lieues environ du
Pic, se formait un petit lac dont les eaux ressortaient
plus loin en replis sinueux, tandis que le trop-plein se
déversait sans doute en cascades dans la mer.

On s'imagine aisément avec quel vif intérêt Marc
dirigea sa lunette vers le nord , pour chercher le
groupe d'îles qu'il avait quitté le matin même. Il était
facile à distinguer, de la grande élévation où il se
trouvait. A la manière dont il s'étendait du nord au
sud, occupant presque un degré de latitude, on eût dit
une vaste et sombre carte déployée sur la surface des
eaux pour qu'il pût l'examiner à son aise. C'était
comme une image de la lune, avec ses contours in-
décis de continents imaginaires.

Après avoir considéré longtemps ses anciens domaines, Marc parcourut successivement tous les points de
l'horizon pour voir s'il ne découvrirait pas quelque
autre terre. A peine venait-il de placer la lunette à son
foyer que le premier objet qui frappa ses yeux le fit
bondir du sol. C'était une terre, une terre bien distincte , à l'horizon occidental ! La distance était au
moins de cent milles , mais il était sûr de ne pas se
tromper. Il y avait là une île qui pouvait être ha-
bitée !

Lorsque enfin il détourna la vue, ce fut pour faire
cesser l'espèce de vertige que lui avait causé cette contemplation fixe et prolongée du même objet, mais avec
la volonté ferme de la reprendre dès qu'il serait calmé.
Il se promenait en long et en large sur le Pic dans cette
intention, lorsqu'un objet bien plus saisissant encore
cloua tout-à-coup ses pieds à la place qu'ils occupaient,
et lui ôta la faculté de respirer. Il voyait une voile !

C'était la première fois depuis la disparition de Bob

que ses yeux avides se fixaient sur un bâtiment! et ce
bâtiment n'était pas loin; il s'avançait vers l'île comme
s'il voulait venir s'y abriter. Vu de cette hauteur, sans
doute ce n'était qu'un point sur la surface de l'Océan,
mais Marc avait l'œil trop exercé pour s'y méprendre;
c'était bien un bâtiment, portant plus ou moins de
voiles, — c'était ce qu'il lui était difficile de préciser,
— mais que lui importait du reste! le point essentiel :
c'était un bâtiment!

Marc sentit fléchir ses genoux à tel point qu'il lui
fallut se laisser tomber à terre pour trouver un point
d'appui. Il y resta quelques minutes immobile, remer-
ciant Dieu mentalement de cette faveur inattendue;
puis, dès que ses forces furent revenues, ce fut pour se
mettre à genoux et renouveler ses actions de grâces.
Quand il se releva, il eut un moment la frayeur que le
bâtiment n'eût disparu, ou qu'il n'eût été le jouet d'une
cruelle illusion.

Non! ce n'était pas une erreur : le petit point blanc
était bien là! Marc prit la lunette pour mieux l'examiner; et un cri s'échappa de ses lèvres :

— La pinasse! la *Neshamony!*

Et il courait comme un fou, et il agitait son mouchoir comme si on avait pu le voir. Marc avait reconnu
dans cette voile la petite embarcation qui avait été entraînée par la tempête, avec Bob sur son bord. Et après
un intervalle de quatorze mois, elle semblait s'efforcer
de regagner la plage sur laquelle elle avait été construite. Dès que Marc eut repris son sangfroid, il adopta
le meilleur moyen pour attirer l'attention de son côté,
et faire connaître sa présence. Il tira ses deux coups de
fusil, et recommença de nouvelles décharges, jusqu'au
moment où un pavillon fut hissé à bord de la pinasse,

qui était alors immédiatement sous le Pic. En même
temps un coup de fusil fut aussi tiré du bord.

A ce signal, Marc s'élança dans le ravin, se mit à
courir à toutes jambes, au risque de se casser mille
fois le cou. C'était tout autre chose de descendre une
pareille montagne que de la gravir. En moins d'un
quart-d'heure, notre ermite hors d'haleine était à bord
de la *Brigitte,* tremblant de crainte de ne pas trouver
son ami, car c'était bien Bob qui cherchait le Récif; il
n'en avait pas le plus léger doute. Il démarra sur-le-
champ, sortit au plus vite de la petite anse où il s'était
abrité, et fit force de voiles. Au moment où il parait le
dernier rocher, un nouveau cri lui échappa, à la vue
de la *Neshamony* qui n'était qu'à cent brasses de lui, et
qui rangeait la côte, cherchant un lieu pour aborder.
Le cri fut répété sur l'autre bord, et Marc et Bob se
reconnurent au même instant. Bob jeta son bonnet en
l'air et poussa trois acclamations de joie, tandis que
Marc tombait sur son banc, hors d'état de rester debout. L'écoute de la voile échappa de sa main, et il
n'aurait pu dire ce qui s'était passé jusqu'au moment
où il se trouva dans les bras de son ami, à bord de la
pinasse.

Il s'écoula une grande demi-heure avant que Marc
fût maître de lui-même. A la fin, des larmes le soulagèrent, et il ne rougit pas de montrer son émotion,
lorsqu'il retrouvait son vieux compagnon. Il s'aperçut
qu'il y avait un autre individu à bord; mais comme il
avait la peau basanée, il en conclut naturellement que
c'était un naturel de quelque île voisine où Bob avait
sans doute abordé, et qui avait consenti à l'accompagner. Ce fut Bob qui rompit le premier le silence.

— Par ma foi! monsieur Marc, il ne pouvait m'arriver rien de plus heureux que de vous revoir, s'écria l'honnête garçon. Savez-vous que je tremblais de tous mes membres en partant pour ma croisière, et que je n'étais rien moins que sûr de vous trouver!

— Merci, Bob, merci; et Dieu soit loué de sa grande bonté! Il paraît, d'après la compagnie dans laquelle je vous trouve, que vous avez été dans quelque autre île; mais ce qu'il y a de merveilleux dans tout cela, c'est que vous ayez pu retrouver le Récif, vous qui ne vous piquez pas de savoir trouver votre chemin en pleine mer.

— Le Récif! cette montagne-là est le Récif! Il faut que le pays ait bien changé depuis mon départ, s'il en est ainsi!

Marc lui expliqua le grand bouleversement qui avait eu lieu, et lui raconta brièvement son histoire, la construction de son bateau, et ses derniers voyages de découvertes. Betts était tout oreilles; de temps en temps il lançait un regard étonné sur la masse immense qui était sortie si subitement de la mer, ou bien il détournait la tête pour regarder la fumée du volcan plus éloigné.

— Alors, tous nos tremblements sont expliqués! s'écria-t-il, dès que Marc eut fini. Imaginez-vous qu'à l'époque dont vous parlez, j'étais à cent cinquante lieues d'ici pour le moins, et nous avons eu des tremblements qu'il n'y avait pas moyen de se tenir sur ses jambes, voyez-vous? Un bâtiment vint nous rallier deux jours après, qui était au moins à cent lieues plus au nord lors de l'événement; eh bien, les gens de l'équipage nous dirent qu'ils avaient cru que le ciel et la terre allaient s'embrasser là-bas en pleine mer.

— Il a fallu en effet un tremblement de terre extraordinaire pour opérer un pareil bouleversement ; mais j'avais supposé que la Providence m'avait destiné à en être le seul témoin... A propos ; vous parliez d'un bâtiment ; ce n'est pas que vous en ayez rencontré, c'est impossible ?

— Si fait, monsieur, c'est très-possible au contraire, et même très-certain ; mais je ferai mieux de vous conter tout du long mes aventures. C'est un long câble à dérouler, et nous ferons bien de prendre terre, de jeter un coup d'œil sur cette île que vous vantez si fort, et de dire deux mots à ces petits oiseaux que vous dites si appétissants. Je suis né natif de Jersey, et je me connais en gibier.

Marc brûlait d'entendre le récit de Bob, depuis surtout qu'il avait été question de la rencontre d'un bâtiment ; mais le pauvre diable mourait de faim, et il fallait bien accéder à sa demande. L'entrée de l'anse était à deux pas ; les deux embarcations s'y dirigèrent de conserve, et furent bientôt amarrées.

Les deux amis, accompagnés de l'homme de couleur, commencèrent leur ascension, Marc ramassant en chemin la lunette, le fusil, et les autres objets que dans sa précipitation il avait laissé tomber en descendant. Pendant la montée, peu de paroles furent échangées ; mais arrivés à la plaine, Bob et son compagnon ne purent retenir de bruyantes acclamations de joie. A la grande surprise de Marc, la peau cuivrée s'exprimait dans la même langue que Bob. Il se retourna pour l'examiner de plus près, et il reconnut une figure qu'il connaissait.

— Que vois-je, Bob ! s'écria Marc respirant à peine, comment ! est-ce que ce serait Socrate ?

— Eh ! oui, monsieur, c'est *Soc* en personne ; et Didon, sa femme, n'est pas à cent mille de vous.

Cette réponse, toute simple qu'elle fût, jeta de nouveau notre jeune homme dans le plus grand trouble. Socrate et Didon étaient les esclaves de Brigitte au moment où il était parti d'Amérique ; ils faisaient partie de la propriété dont elle avait hérité de sa grand'mère. Ils demeuraient dans la maison même, et ne l'appelaient jamais que maîtresse. Marc les connaissait à merveille. Une foule de réflexions, de conjectures, de craintes se présentèrent à la fois à l'esprit de notre héros, mais il s'abstint de toute question précipitée. A vrai dire. il avait peur d'en faire aucune.

Sachant à peine ce qu'il faisait, il se dirigea à pas précipités vers le bouquet d'arbres à l'ombre duquel il avait dîné deux ou trois heures auparavant. Il restait quelques becfigues auxquels il n'avait pas touché. En remuant les cendres, le feu fut bientôt attisé ; et, en quelques minutes, Bob se vit servir un rôti succulent, arrosé d'un rhum qu'il connaissait de vieille date.

Bob mangea sans se presser. Il semblait savourer les morceaux ; et ce n'était pas par épicuréisme qu'il prolongeait ainsi son repas à plaisir : il avait un mobile beaucoup plus généreux. Il craignait que son récit ne causât à son ami une trop vive émotion, et il n'était pas fâché de retarder ses explications. Ainsi il avait été charmé qu'il eût reconnu le nègre, ce qui avait dû le préparer à quelque chose d'extraordinaire. C'est que ce qu'il allait entendre était bien extraordinaire, en effet.

Enfin Betts, ayant achevé son dîner, après un certain nombre d'insinuations préparatoires pour atténuer l'effet de ses paroles, se décida à entrer en matière. Nous en aurions pour longtemps si nous le suivions dans toutes ses circonlocutions, et Marc eut

bien de la peine à ne pas l'interrompre cent fois
surtout lorsqu'il s'appesantissait sur les courants, su
les vents favorables ou contraires, sur toutes les cir
constances matérielles de son voyage ; mais il crut que
le plus prudent et le plus court, peut-être, était de
laisser suivre le fil de son récit comme il l'entendrai
Comme le lecteur pourrait ne pas être d'une humeu
aussi facile, nous nous bornerons à en rapporter l
substance.

Quand Betts avait été entraîné loin du récif par l
tempête de l'année précédente, il n'avait eu d'autre par
à prendre que de laisser la *Neshamony* dériver avec lui
Dès qu'il l'avait pu, il s'était efforcé de gagner au vent
et, lorsqu'il voyait devant lui des écumes qui annonçaient la présence des brisants, il tâchait de les pares,
mais il n'y réussissait pas toujours ; et alors il était le
jouet de la tempête, et se voyait entraîner à travers ou
par-dessus tous les obstacles. Heureusement le vent avai
tellement amoncelé les vagues que la pinasse était porté
de récif en récif, sans même les effleurer ; et, en moins
de trois heures, elle se trouva en pleine mer. Mais l'ou
ragan était trop violent pour qu'il fût possible d'établir
des voiles, et Bob fut obligé d'attendre que le vent fû
tombé.

Pendant plus de huit jours, il chercha alors à reveni
sur ses pas pour rejoindre son ami ; mais il n'y pu
réussir. Ce qu'il faisait de chemin pendant le jour, il l
perdait la nuit pendant son sommeil. Telle fut du moins
l'explication de Bob ; mais Marc fut porté à croire qu'il
n'avait pas su s'orienter convenablement.

Au bout de ces huit jours, une terre se montra sous
le vent, et Bob mit aussitôt le cap de ce côté, dans
l'espoir de trouver des habitants ; mais son attente fut

rompée. C'était une montagne volcanique qui avait une grande analogie avec le Pic de Vulcain, mais entièrement déserte. Il lui donna le nom de son ancien bâtiment, et y passa plusieurs jours. A la description qu'il en fit, à la position qu'il lui donna, Marc ne douta pas que ce ne fût l'île qu'on voyait du haut du Pic, et qu'il avait regardée avec tant d'intérêt pendant plus d'une heure; et, des explications qu'il donna à son tour, il résulta qu'il ne s'était pas trompé.

Du point le plus élevé de l'île Rancoc, on voyait d'autres terres au nord et à l'ouest, et Bob résolut de se diriger de ce côté, dans l'espoir d'y rencontrer quelques bâtiments cherchant à s'approvisionner de cire et de bois de sandal.

A cent lieues environ de sa montagne volcanique, il rencontra un groupe d'îles basses, qui, cette fois, étaient habitées. Les naturels étaient accoutumés à voir des hommes blancs, et ils étaient d'une douceur remarquable. Sans doute l'apparition soudaine de la *Neshamony*, avec un seul homme pour tout équipage, leur parut se lier à quelque intervention miraculeuse de de leurs dieux; car, lorsque Bob débarqua, il n'y eut pas d'honneurs qu'on ne lui rendît, ainsi qu'à son bâtiment. Le malin compère vit bientôt le parti qu'il pourrait tirer de cette erreur, et il se laissa faire de la meilleure grâce du monde. Il ne tarda pas à se lier de l'amitié la plus intime avec le chef, changeant de nom et se frottant le nez avec lui. Ce chef s'appela donc Betto après l'échange, et Bob fut nommé Ooroony par les naturels.

Ooroony resta un mois avec Betto, et ils entreprirent alors un voyage ensemble sur un canot, pour visiter un autre groupe d'îles, à deux ou trois cents milles plus au

nord, ou Bob comprit qu'il trouverait un bâtiment
fait était vrai. Ce bâtiment était espagnol, de l'Améri
du Sud, employé à la pêche des perles, et au mom
de mettre à la voile pour son pays.

Par suite de quelque mésintelligence avec le capit
espagnol, dont Bob ne comprit jamais bien la cause
qu'il ne tenta même pas d'expliquer, Ooroony p
précipitamment, sans prendre congé de son nouvel
mais en lui envoyant des excuses dont tout ce que cel
put démêler, c'est ce que son compagnon avait tout au
de peine à se séparer de lui, que de plaisir à plan
là le capitaine espagnol.

Cet abandon ne laissait d'autre alternative à Betts
de rester dans l'île aux Perles, ou de s'embarquer sur
brick qui devait appareiller le lendemain matin. On s
magine aisément qu'il prit ce dernier parti. Débarq
à Panama, il traversa l'isthme, et arriva à Philadelph
moins de cinq mois après son départ involontaire d
Récif. Sans doute il fut favorisé par un concours he
reux de circonstances ; mais qu'on me parle d'un vie
loup de mer pour les mettre à profit.

Les armateurs du *Rancoc*, à qui Betts alla raconter so
histoire, abandonnèrent toute prétention sur le bâ
ment, ne se souciant pas de risquer une bonne somm
pour tâcher de recouvrer une mauvaise créance. Ils r
tombèrent sur les assureurs, et firent prêter serment
Bob que le bâtiment s'était perdu ; serment qui, soit d
en passant, devint la base d'un procès qui dura penda
toute la vie de l'Ami Abraham White.

Brigitte reçut en même temps les confidences de Bo
et elle les accueillit par des torrents de larmes. La sœu
de notre héros, Anne, ne se montra pas moins émue.

Le fait est que la guerre s'était ranimée plus vivem

ue jamais entre les médecins de Bristol, par suite de
arrivée d'un certain nombre de malades qui étaient
enus s'y faire soigner, pendant que la fièvre jaune sé-
issait à Philadelphie. Des soins de propreté plus minu-
ieux et des bains fréquents paraissent avoir arrêté
maintenant le développement de cette affreuse maladie
ans les villes du nord, mais alors elle faisait de grands
avages. Les médecins ne s'accordaient nullement sur
e traitement qu'il fallait suivre; il y avait le parti des
excitants et celui des calmants. Le docteur Woolston
était le chef d'un des partis, le docteur Yardley celui de
l'autre. Qui des deux avait raison? C'est ce que nous
n'entreprendrons pas de décider; nous pencherions
assez à croire que tous deux avaient tort.

Il n'y avait pas longtemps qu'Anne Woolston avait
épousé un jeune médecin, quand cette nouvelle rupture
éclata à l'occasion de la fièvre jaune. Son mari, qui s'appelait Heaton, eut le malheur d'être sur cette grave
question d'un avis opposé à celui de son beau-père, ce
qui amena du froid entre eux. D'un autre côté, le docteur Yardley ne pouvait donner complétement raison
au gendre du docteur Woolston, et il modifia légèrement sa théorie pour motiver son dissentiment; de sorte
que le pauvre M. Heaton se trouva avoir tout le monde
à dos, parce qu'il avait eu le courage de persister dans
son opinion.

Toutes ces circonstances, jointes à l'absence prolongée
de Marc, rendaient Brigitte et Anne très-malheureuses.
Une autre parente de Brigitte venait en mourant de lui
laisser cinq mille dollars. Elle avait beaucoup pleuré en
apprenant de la bouche de Bob la triste position de
son mari.

Après avoir puisé des forces et du courage dans la

prière, elle résolut d'aller elle-même à la recherche
son mari, et à prendre ses dispositions pour pouve
rester avec Marc dans son île, et, au besoin même,
passer le reste de ses jours. Bob avait peint sous les pl
plus brillantes couleurs les charmes de la résidence
la beauté du climat, et il promit à cette épouse fidèle
l'accompagner. Le jeune M. Heaton et sa femme fure
naturellement les premiers confidents de Brigitte;
non-seulement ils l'approuvèrent, mais ils se montr
rent disposés à être de la partie. Ce n'était point ses m
lades que John pouvait regretter, il n'en avait pas;
aimait les aventures, il serait charmé de voir de noo
veaux pays. Anne était toujours prête à faire ce q
plaisait à son mari; pour lui elle eût été à l'extrémi
de la terre, comme Brigitte y allait pour Marc. Le proj
fut discuté et adopté presque aussitôt; il ne fut pl
question que des moyens de le réaliser.

John Heaton avait un frère qui résidait à New-York
et il allait souvent le voir. C'était précisément dans cet
ville que Brigitte avait placé les cinq mille dollars don
elle avait hérité; elle obtint facilement la permissio
d'accompagner Anne dans ce petit voyage. Un bâtimen
allait appareiller pour la côte nord-ouest; des passage
y furent arrêtés en secret. Les achats nécessaires furen
faits et envoyés à bord. Au moment de partir, des le
tres d'adieux, conçues dans les termes les plus convena
bles, furent expédiées à Bristol. Bob était déjà à bord,
où il avait été rejoint par Socrate, Didon et Junon, qui
avaient quitté la maison par ordre de leur jeune mai
tresse, et par une certaine Marthe Waters. Bob venai
de l'épouser. Elle avait avec elle sa jeune sœur, Jeanne
Waters, qui avait voulu partager leur sort.

Toutes les mesures avaient été si bien prises que no

aventuriers, au nombre de neuf, mirent à la voile sans rencontrer le moindre obstacle. Pendant la traversée, la mer seule pouvait en présenter, mais elle prit en pitié la petite troupe, qu'elle déposa saine et sauve à Panama, cinq mois, jour pour jour, après son départ de New-York. Le même brick qui avait amené Bob allait repartir pour les mêmes parages. Nos passagers furent reçus à bord sans difficulté.

Avant de quitter Panama, ils avaient fait une nouvelle recrue : c'était un jeune charpentier américain nommé Bigelow, qui avait quitté son vaisseau depuis un an, pour épouser une Espagnole, et qui ne pouvait supporter le genre de vie qu'il menait, à Panama. Il s'embarqua avec sa femme et un petit enfant, avec promesse de rester au service des Heaton pendant deux ans, moyennant une somme convenue.

De Panama à l'île aux Perles, la traversée fut longue, sans être pénible. En soixante jours, nos voyageurs étaient débarqués avec tous leurs effets. La cargaison comprenait deux vaches, un jeune taureau, deux poulains d'un an, quelques chèvres, et un assortiment d'instruments d'agriculture, qui ne se trouvait pas au nombre de ceux destinés par l'Ami Abraham aux naturels de Fejee.

A l'île aux Perles, Bob retrouva les amis qui l'avaient si bien accueilli à son passage. Il leur avait apporté des présents convenables, et il ne fut pas difficile de conclure un arrangement avec eux pour qu'ils les transportassent avec tout ce qu'ils avaient apporté, aux îles de Betto, distantes de plus de trois cents milles. Les chevaux et les vaches furent placés sur un *catamaran*, espèce de grand radeau fort en usage sur ces mers tranquilles,

Aux îles de Betto, il trouva la *Neshamony* exacteme
dans l'état où il l'avait laissée. Après l'espèce de cul
dont elle avait été l'objet, aucune main n'avait touch
même à un seul cordage, aucun pied ne s'en était a
proché pendant son absence. Ooroony reçut un fusil e
quelques munitions en récompense de sa fidélité.

Aucun présent ne pouvait lui être plus agréable;
équivalait pour lui à une armée permanente, et un
question de prééminence qui était débattue depuis lon
temps entre lui et un autre chef, se trouva par ce se
fait tranchée tout à coup en sa faveur.

Un nouvel arrangement fut conclu pour le transpo
de la colonie à l'île Rancoc. Bob avait si bien obser
la direction suivie dans sa première traversée, qu
n'eut pas de peine à faire son atterrage.

Si les naturels qui conduisaient les canots avaient é
surpris de voir des vaches et des chevaux, l'aspect d
l'île Rancoc ne fut pas pour eux un moindre sujet d'é
tonnement. Jusqu'alors aucun d'eux ne savait mêm
ce que c'était qu'une montagne. Les îles qu'ils habi
taient étaient très-basses, en dehors des terrains volc
niques : c'étaient de simples bancs de corail, et un
colline était pour eux un phénomène.

Heaton et Bob jugèrent prudent de les congédier sa
les mener plus loin. Ils ne se souciaient pas de le
faire connaître l'existence et la position du Récif, n
sachant pas encore assez quel fonds ils pouvaient fai
sur leurs nouveaux amis. Ce n'était pas que la nouvel
montagne ne fut, sous beaucoup de rapports, très-pr
férable au Récif, tel qu'il était du moins à l'époque o
Bob l'avait quitté. Les arbres fruitiers y étaient en abo
dance comme au Pic de Vulcain; mais au Pic ils étaie
meilleurs, les pâturages étaient plus gras, et la plai

ait d'un accès plus facile. Il était impossible de songer à repartir tous ensemble ; la *Neshamony* n'aurait pu
contenir les voyageurs avec toutes les provisions. Il
fut donc décidé que Bob commencerait par aller seul à
la découverte.

On n'a pas oublié qu'il était hors d'état de calculer
d'une manière précise où était le Récif ; seulement il
était convaincu que c'était du côté du vent, et dans un
rayon de cent milles. En se promenant sur les rochers
de l'île Rancoc, il avait aperçu le Pic de Vulcain, avec
surprise et en même temps avec joie ; avec surprise,
car ne soupçonnant pas la grande métamorphose que
le récent tremblement de terre avait opérée dans l'aspect des lieux, il ne pouvait comprendre qu'il ne l'eût
pas remarquée, lorsqu'il faisait avec Marc des observations si minutieuses ; avec joie, parce qu'il en concluait
que le Récif était situé au nord de cette montagne
étrange, et à une grande distance, puisque c'était le
seul moyen d'expliquer que de son sommet il n'eût jamais aperçu le Pic.

Lors donc que Bob partit avec Socrate, il gouverna
d'abord vers le Pic, autant que le vent le permettait,
puisqu'il était certain de suivre ainsi une bonne direction. Après dix heures de marche, il commença à l'a-
percevoir du bord ; puis, bientôt après, se montra le
cratère du nouveau volcan. Ce fut vers ce point qu'il se
porta d'abord ; et après avoir couru plusieurs bordées
lorsqu'il n'en était plus qu'à quelques milles, il profita
du premier rayon du jour pour se diriger vers l'île inconnue. Il venait d'en faire presque le tour sans aborder, et il allait poursuivre sa route lorsqu'il avait entendu les coups de fusil.

CHAPITRE XIV

Nous n'entreprendrons pas de décrire l'émotion de Marc pendant ce récit. Brigitte, plus digne que jamais de son attachement, était alors dans une île où il pouvait arriver en quelques heures! Quel nouveau sujet de félicitation et de reconnaissance, et comme il sentait le besoin de se retirer un moment à l'écart pour remercier Dieu de ce nouveau bienfait, et savourer silencieusement son bonheur! Il n'était plus seul; c'est à peine s'il pouvait le croire! Aussi lui fallut-il longtemps pour se familiariser en quelque sorte avec ce changement si merveilleusement survenu dans sa position.

Que de fois le matin, en se réveillant, il avait oublié qu'il avait des compagnons, et quand la mémoire lui revenait, comme sa prière s'en élevait vers le ciel plus vive encore et plus ardente! Ce redoublement de ferveur ne le quitta plus le reste de sa vie, et devint encore la cause de nouvelles grâces. Mais n'anticipons pas sur les événements.

Quand Marc rejoignit Bob, ils convinrent, après une mûre délibération, que le meilleur parti à prendre était de faire venir au plus tôt la petite colonie. A présent que les naturels connaissaient l'existence de l'île Rancoc, leurs visites ne manqueraient pas d'être fréquentes, et qui pouvait assurer que la bonne intelligence durât

longtemps? Sans doute, de l'île Rancoc on apercevait
le Pic de Vulcain, et du Pic le Récif ; et il serait urgent
de se mettre en garde contre toute tentative d'agression.
Car les indigènes franchissaient souvent de grandes distances sur leurs canots et sur leurs radeaux ; mais la
vue du volcan encore en activité les tiendrait peut-être
en respect ; ils ne manqueraient pas d'attribuer ce phénomène à l'influence de quelque dieu ou démon, qui
pourrait ne pas laisser impunie toute tentative d'invasion sur ses domaines.

Pendant la conférence, Socrate s'était amusé à tuer
quelques douzaines de becfigues. Bob assurait que ces
oiseaux, si communs sur le Pic, ne se trouvaient pas
dans l'île Rancoc, ce qui provenait sans doute de quelque condition atmosphérique particulière ; et c'était un
mets si délicat qu'on voulait le faire goûter aux jeunes
dames.

Le soleil allait se coucher quand la *Neshamony* quitta
l'Anse Mignonne ; c'était le nom que Marc lui avait
donné, comme il avait nommé l'Escalier le ravin par
lequel on montait à la plaine du Pic.

Les gisements avaient été observés avec soin ; et, à
toute heure, la traversée était facile. Excellent marin
d'eau douce, le nègre excellait à diriger un bateau, talent qu'il avait acquis sur les rives de la Delaware qu'il
n'avait jamais quittées depuis son enfance. Au surplus
pour aller d'une île à l'autre, il eût presque suffi d'observer la direction du vent, qui est toujours la même,
à moins de quelque bourrasque imprévue.

Marc fut ravi de voir comment la *Neshamony* se comportait. Bob lui détailla toutes les qualités de la pinasse,
et il déclara qu'au besoin, il était prêt à partir avec elle
pour l'un des continents. C'était une ressource pour

leurs excursions, car elle était très-capable de tenir le large, même contre un coup de vent. La *Brigitte*, qui avait des prétentions beaucoup plus modestes, était restée amarrée dans l'Ânse Mignonne.

Est-il besoin de dire que, pendant la traversée, la conversation ne languit pas un seul instant? On établit néanmoins un quart, pour la forme; et chacun eut son temps assigné pour dormir, sans que personne en profitât.

A peine le soleil venait de se lever que l'île Rancoc se montra à l'horizon. Ainsi, en dix heures, la *Neshamony* avait été assez bonne voilière pour franchir une distance de soixante-dix milles. L'île n'était plus qu'à dix lieues. On juge si Marc avait peine à contenir son impatience.

On approchait de plus en plus; on n'était plus qu'à une lieue de la pointe septentrionale, lorsque Bob arbora un petit pavillon à la tête du mât. C'était le signal dont il était convenu, dans le cas où il aurait réussi dans sa recherche. Au nombre des objets dont Heaton avait eu la précaution de se munir, se trouvaient trois tentes qu'il avait achetées à une vente d'effets militaires. Ces trois tentes étaient dressées entre les rochers et la plage, et c'étaient provisoirement les habitations de la colonie. Bob les fit remarquer à son jeune ami, dont le cœur battit violemment. Les vaches et les poulains paissaient librement en dehors.

Sur une petite plate-forme qui se trouva être le lieu de débarquement, une jeune femme était debout, les bras étendus, et puis tout à coup on la vit s'affaisser sur elle-même, comme si elle ne pouvait résister plus longtemps à son émotion. Bob sut manœuvrer de manière à ce que l'embarcation frôlât d'assez près le rivage pour

que Marc pût s'élancer à terre, et il eut la délicatesse
de pousser au large et d'aller aborder un peu plus loin,
afin que personne ne troublât le bonheur de cette première entrevue.

Au bout d'une demi-heure, Marc et Brigitte s'arra-
chèrent aux douceurs de leur tête-à-tête pour rejoindre
leurs amis. Marc se jeta dans les bras de sa sœur, et
serra la main de son nouveau beau-frère. Ce fut un
jour d'émotions profondes et sans cesse renouvelées.
D'un côté, c'était un pauvre solitaire rendu inopinément à tout le charme de la vie sociale par l'arrivée de
ceux qu'il aimait le plus au monde; de l'autre, des parents, des amis, qui retrouvaient celui qu'ils avaient
cru perdu. On juge quel feu roulant ce fut entre eux de
questions et de réponses. Marc eut à raconter tout ce
qui lui était arrivé, et il y eut un certain frémissement
parmi les jeunes femmes qui l'écoutaient, quand il
parla du tremblement de terre et de ce volcan qui n'é-
tait pas encore éteint. Mais le narrateur leur fit comprendre que c'était précisément ce qui faisait leur sécurité, les feux souterrains qui trouvaient ainsi une issue
cessant d'être dangereux.

Les colons restèrent une semaine à l'île Rancoc, uniquement occupés à savourer leur bonheur; mais il ne
fallait pas s'abandonner trop longtemps à une sécurité
funeste. Le bruit de leur arrivée ne tarderait pas à se
répandre, et pourrait leur amener des visiteurs dangereux, ou tout au moins gênants.

Dans le groupe des îles de Betto, comme partout, il
y avait des partis opposés, et il avait fallu toute l'influence de son ami, le chef Ooroony, pour que Bob sortît
aussi heureusement des mains des insulaires au milieu
desquels il était tombé. Le plus léger revers de fortune

pouvait renverser Ooroony pour élever à sa place quelque ennemi acharné ; et puis, même pendant qu'il était encore au pouvoir, des canots de guerre pouvaient se mettre à la recherche de la montagne, sans demander sa permission. La prudence commandait donc un prompt départ.

Le transport des vaches et des poulains offrait le plus de difficulté ; la pinasse n'avait pas été disposée pour recevoir de pareils hôtes. Cependant on put trouver place pour une des bêtes à la fois, tout en ménageant un espace suffisant pour cinq ou six personnes. Ce fut les femmes que naturellement on résolut de mettre avant tout en lieu de sûreté avec les effets les plus précieux, et il fut décidé qu'elles feraient partie du premier départ, sous la conduite de Marc, d'Heaton et de Socrate. Bob et Bigelow devaient rester pour garder les animaux et le surplus de leur mobilier. On calculait que la pinasse pourrait être de retour dans huit jours. Bob, en prenant congé de sa femme Marthe, recommanda particulièrement à son attention les becfigues du Pic de Vulcain, et il lui fit entendre adroitement que, si elle lui en envoyait une douzaine, il ne serait pas insensible à cette attention.

Cette seconde traversée était chose beaucoup plus sérieuse que la première, puisqu'il fallait aller contre le vent.

D'après le conseil de Bob, Marc prit des ris à la grande voile et ôta la bonnette du foc. Il porta dans le sud pour laisser à la pinasse la liberté de son allure, décidé à ne virer que lorsqu'il approcherait du volcan, ce qui avait si bien réussi à son ami. Il était parti au coucher du soleil ; le lendemain matin il était en vue du volcan, et se dirigeait vers lui. Après deux bordées, il n'en était qu'à une lieue, et alors il vira et gouverna au nord-est.

Le volcan était comparativement tranquille; on entendait bien encore des grondements souterrains, et de temps en temps de grosses pierres étaient lancées en l'air; mais c'étaient comme les dernières fusées d'un feu d'artifice; les changements qui s'étaient opérés dans la formation physique de toute cette zone étaient radicalement accomplis; et ce qui ajoutait à la confiance de Marc, c'est que le fond de la mer s'élevait progressivement; et à une lieue de ce nouveau cratère, il trouva de quinze à vingt brasses.

Entre le volcan et le Pic de Vulcain, vers lequel il se dirigeait, le vent fraîchit, et il eut une occasion favorable de reconnaître les qualités de la pinasse. La lame était longue et grosse, et la pinasse n'en courait pas moins de l'avant avec un aplomb qu'on n'eût jamais attendu d'un aussi petit bâtiment.

La nuit était très-noire, et l'on n'avait pas le vent pour se diriger. Mais le jeune marin s'apercevant vers minuit que la mer devenait plus calme, en conclut qu'il était sous le vent de l'île, et à peu de distance. Il fit de courtes bordées jusqu'au jour où le sombre géant se dressa devant ses yeux. Il ne lui restait plus qu'à longer la côte pendant deux ou trois milles pour entrer dans l'Anse Mignonne. Marc avait dit à ses compagnons quelle délicieuse et sûre cachette c'était pour un bâtiment, — si sûre, en effet, qu'il faillit les faire rire à ses dépens par la peine qu'il eut à la retrouver lui-même. Trop de confiance lui avait fait négliger d'en faire le relèvement, et il commençait à éprouver un certain mouvement d'inquiétude, lorsque la vue d'un objet qu'il se rappela le remit sur la voie, et il entra dans

l'anse. — Là était toujours amarrée l'homonyme de
femme.

Marc et Socrate, Didon et Thérèse, la femme de Bi
gelow, se chargèrent des plus pesants fardeaux ; Heato
eut bien assez à soutenir sa femme qui portait son en
fant dans ses bras. Brigitte prit les devants en couran
et elle était dans la plaine un quart-d'heure avant tou
les autres. Au moment où ils arrivaient au haut de l
rampe, ils virent la charmante créature qui prenaits
ébats sous le bouquet d'arbres à l'ombre duquel so
mari avait dîné. Elle courait en folâtrant, cueillait de
fruits, et semblait s'amuser comme un enfant. Mar
s'arrêta pour considérer ce joli tableau.

Les objets montés dans ce premier voyage compre
naient tout ce qui était nécessaire pour l'apprêt d'un
excellent déjeûner. Le feu fut allumé, la marmite mis
en place. Les becfigues étaient si familiers et de si bonne
composition que c'était presque pitié d'abuser de leur
confiance. Heaton, de deux coups de fusil, en abattit plu
qu'il n'en fallait pour tous les convives. Marc avait ap
porté du Récif un panier d'œufs frais, et c'était Brigitt
qui l'avait pris à son bras pour sa part dans le transport
des bagages. Ces œufs, les petits oiseaux, des figues, le
lait des noix de coco, voilà quelles furent les base
d'un repas auquel l'air de la montagne, l'exercice, et
surtout le contentement, donnèrent une saveur inex
primable.

Il fallut deux jours pour monter tout le chargemen
de la *Neshamony* jusqu'à la plaine, ou plutôt jusqu'à
l'Eden, pour nous servir du nom que Brigitte lui donna
Deux des tentes avaient été apportées ; elles avaient un
plancher en bois et étaient vastes et commodes. Au sur
plus, c'est à peine si un toit était nécessaire dans ce cli

mat délicieux, où des arbres touffus offraient un abri suffisant. Un hangar couvert en chaume fut construit à côté. Le troisième jour l'installation fut complète, et Marc dut songer à retourner à l'île Rancoc. Cette séparation, toute courte qu'elle dût être, fit verser bien des larmes à Brigitte ; et elle lui recommanda surtout de se méfier des insulaires, s'ils avaient reparu depuis son départ.

La traversée entre les deux îles devenait chaque fois plus facile. A chaque voyage, Marc était plus au fait de la direction des courants et de la hauteur des lames. Il mit cette fois trois heures de moins à franchir la distance, et, parti au point du jour, il arrivait à midi à l'île Rancoc. Rien n'était survenu pendant son absence, et l'on s'occupa sans retard de charger la pinasse. Une des vaches y trouva place avec son veau ; et les instants étaient si précieux que la *Neshamony* repartait le soir même du jour où elle était arrivée.

Brigitte était au pied du ravin quand la pinasse fit son entrée dans l'Anse Mignonne, et, l'instant d'après, Marc abordait.

Ce ne fut pas chose facile de décider la vache à gravir la montagne. Elle avait eu beaucoup de plaisir à se désaltérer à la source ; mais l'aridité du roc ne l'engageait guère à monter plus haut. Enfin on eut l'idée de porter le veau pendant quelque temps, et ses cris décidèrent sa mère à le suivre.

Au bout d'une heure on arrivait à l'Eden, et la vache prouva que ce nom n'était pas usurpé, car à la vue de l'herbe appétissante qui lui rappelait qu'elle n'avait pas déjeûné, elle poussa des ruades de plaisir, et la queue en l'air et la tête en avant elle se mit à caracoler comme un jeune poulain. Mais elle interrompit bientôt ses

gambades pour passer à une occupation plus sérieuse,
et elle se mit à brouter avec une ardeur infatigable. Jamais elle ne s'était trouvée à pareille fête. Au milieu du
plus épais tapis de verdure, serpentaient d'innombrables filets de l'eau la plus pure, qui brillaient comme
des perles au soleil. Pour elle le festin était complet.

Marc ne fut pas du voyage suivant. Anne, d'abord
souffrante, reprenait des forces de jour en jour, et elle
était assez bien pour que son mari pût s'éloigner à son
tour. Heaton avait laissé derrière lui quelques caisses
qui contenaient des objets assez précieux, et il n'était
pas fâché d'en surveiller lui-même l'embarquement. Il
offrit donc de partir avec Socrate, pour ne point séparer
encore une fois le jeune ménage, si récemment réuni.
Il reçut de son beau-frère les instructions nécessaires,
et comme il n'était pas sans quelques connaissances en
navigation, il sortit à son honneur de cette grande entreprise. Dirigée par son nouveau capitaine, la Neshamony rentrait dans le port le quatrième jour après son
départ, ramenant la dernière vache et son veau et une
partie des chèvres.

Voyant qu'il pouvait maintenant compter sur le jeune
docteur pour commander la pinasse, et que les voyages
qu'il fallait encore faire à l'île Rancoc n'en souffriraient
pas d'interruption, Marc résolut de ne pas différer plus
longtemps de contenter le plus cher désir de sa femme
et d'aller visiter le Cratère avec les deux Brigitte. Il
n'était pas fâché de jeter un coup-d'œil sur ses domaines,
qu'il avait dû négliger depuis longtemps, et Brigitte
brûlait de voir les lieux où son mari avait passé tant de
jours dans la solitude. Il n'était pas un seul détail qui
lui fût déjà familier, et qui n'eût été rappelé vingt fois
dans ses conversations avec Marc ; mais il lui sembla

qu'elle aurait du plaisir à reconnaître maintenant chaque objet, si présent à son imagination, et à le toucher du doigt. Kitty était déjà pour elle l'objet d'une prédilection toute particulière, et il n'était pas jusqu'aux porcs eux-mêmes qui, pour avoir été les compagnons de Marc, n'eussent une certaine valeur romanesque à ses yeux.

Anne se montra très-disposée à rester au Pic avec Thérèse et Didon. Elle avait dans son enfant une société qui ne lui laisserait pas un moment d'ennui, et personne n'était plus entendue que Didon pour les soins que pouvait réclamer son petit trésor.

Le matin fut choisi pour le départ, et au moment où la petite chaloupe, sortant de son abri sous le Pic, commençait à sentir la brise, le soleil se levait glorieusement du sein de la mer, qu'il colorait de ses rayons. Jamais le Pic de Vulcain n'avait déployé à un plus haut degré ce caractère de douce et sublime majesté qui fait le plus grand charme de la nature sous le ciel des Tropiques.

Brigitte était dans l'enchantement, et les yeux fixés sur ce beau spectacle, elle ne put s'empêcher de dire en souriant :

— Le Récif peut être bien attrayant, mon cher Marc, et pour moi je n'oublierai jamais quelles ressources vous y avez trouvées dans votre détresse. Mais regardez donc notre Éden ! aurions-nous bien le courage de ne pas y fixer notre séjour ?

— Tout peut se concilier. Sans doute le Pic a de grands avantages à faire valoir ; mais si nous pensons sérieusement à fonder une colonie, nous n'aurons pas de trop de nos deux domaines. Il n'est pas jusqu'à l'île Rancoc qui pourra nous être utile, pour servir au besoin de pâ-

C.   11

turage à nos bestiaux. Quant au Récif, c'est lui qu
nous fournira du poisson, et notre provision d
légumes.

— Oh ! ce Récif, Marc, ce Récif ! ne le verrai-je don
jamais ?

Il fallait plusieurs heures encore avant qu'ils pusse
même découvrir les rochers, mais ces heures se pass
rent, et sans incidents remarquables. Le Cratère s
montra d'abord, puis les mâts du navire. Marc doubl
le promontoire peu élevé dont nous avons eu déjà occa
sion de parler, et qu'il appela le cap Sud. Brigitte fu
vivement fappée du contraste que présentaient ces ro
bas, sombres, et presque partout dénudés, avec son Éde
si riant et si frais. Ses yeux se remplissaient de larme
en pensant que son mari avait été confiné dans ces so
litudes arides, en n'ayant d'autre eau que celle qui pou
vait tomber du ciel, ou qu'il trouvait dans les futaille
du bâtiment. Mais Marc lui dit de prendre patience, e
que quand elle serait arrivée au pied du Cratère, ell
verrait s'il pourrait jamais assez remercier Dieu de tou
les biens qu'il lui avait prodigués.

En passant devant la prairie, Marc fut surpris de
voir tous les porcs, grands et petits, et ils étaient alor
une vingtaine. Tout le troupeau était venu jusque-là e
suivant le long des rochers, et ils étaient à plus d
quinze milles de leur habitation ordinaire. Ils parais
saient gras et bien portants. L'eau qui avait couvert le
herbes marines s'était évaporée en grande partie, et le
porcs, dans un endroit surtout, avaient si bien fouill
et retourné le sol, enfonçant les herbes sous une couch
de vase, que Marc ne douta pas que, les pluies aidan
il n'eût là dans quelques mois un terrain des plus pro
ductifs.

Vers le milieu de la journée, Marc aborda au lieu de débarquement ordinaire, et montra à Brigitte son nouveau domaine. Chaque chose était à sa place, et il lui suffit d'un coup d'œil pour se convaincre que nul être humain n'avait mis le pied sur le Récif pendant son absence. Kitty était à brouter sur le Sommet, et un épagneul n'eût pas fait plus de gambades à l'aspect de son maître. Marc avait eu un moment la pensée de transporter la jolie petite bête au Pic pour la réunir au troupeau qui y était rassemblé ; mais il avait réfléchi que ce serait priver le Sommet d'un de ses principaux ornements, en même temps que Kitty mettait ordre à ce que l'herbe ne devînt ni trop longue ni trop épaisse. Il lui avait donc amené une compagne qui, dès qu'elle fut à terre, se mit à courir jusqu'à ce qu'elle eût rejoint l'étrangère qui ne parut faire nulle difficulté de partager son pâturage avec elle.

La visite au bâtiment fut pour Brigitte un moment rempli des émotions les plus diverses. Il était impossible de voir ce pont désert, ces mâts dégarnis, cette solitude qui régnait partout, sans se sentir le cœur serré, et Brigitte s'étonnait que son ami eût pu y vivre si longtemps seul, sans être soutenu même par l'espoir de la délivrance. Mais elle ne tarda pas à se rendre maîtresse de son émotion ; et, pendant que Marc allait faire une première visite à son jardin, Brigitte mettait tout en ordre, et donnait à la cabine cette aspect de bien-être et d'élégance que la présence seule d'une femme peut communiquer. Elle s'occupa aussi de l'apprêt du dîner, et elle était initiée à tous les secrets de l'art culinaire.

Nous laissons à juger si le repas qu'il trouva tout prêt à son retour, fut jugé délicieux. Ce ne fut que lorsque

le soleil eut perdu de sa force que le jeune ména[ge]
visita ensemble le Cratère et le Sommet. Marc intro-
duisit sa femme dans son jardin, et Brigitte, à chaqu[e]
pas, ne pouvait retenir des exclamations de joie. Jama[is]
elle n'eût pu s'attendre à une pareille richesse de végétation, et le soleil des tropiques avait fait des merveill[es]
dans lesquelles la pluie bienfaisante entrait pour un[e]
bonne part. Les radis étaient presque aussi gros que [le]
poignet de Brigitte et aussi tendres que son cœur. L[es]
laitues étaient déjà pommées; tout le potager en ple[in]
rapport.

Sur le Sommet, Marc coupa deux melons qui étai[ent]
d'une saveur comme il n'en avait jamais mangé. Br[i]-
gitte trouva cet endroit charmant; ce serait, disait-ell[e],
sa promenade favorite. La verdure y était d'une fra[î]-
cheur ravissante; aussi Kitty s'y trouvait-elle si bi[en]
qu'elle avait été rarement tentée de descendre [au]
jardin.

Du Sommet, Marc montra à sa femme les poules q[ui]
s'étaient considérablement multipliées. Deux ou tr[ois]
couvées étaient écloses depuis un mois, et, très-heure[use]-
ment, tout cela avait trouvé sa vie sur les rochers e[t]
termin[é] sans venir fourrager dans le jardin. En retou[r]-
nant au navire, il eut l'idée d'aller regarder dans u[ne]
petite tonne défoncée, dans laquelle il avait mis de [la]
paille, et où il trouve, comme il s'y attendait, que[l]-
ques œufs frais. Il les donna à Brigitte, et il f[ut]
convenu que ce serait la base de leur déjeûner du le[n]-
demain.

CHAPITRE XV

Marc et Brigitte passèrent, entièrement seuls, au Récif une semaine qui ne leur parut qu'un jour, et ils se trouvaient si heureux que c'était avec une sorte d'effroi qu'ils voyaient arriver l'instant du départ. Les moindres points de l'île furent visités successivement ; on fit même plusieurs excursions en mer ; le lieu de la catastrophe ne pouvait être oublié, et Brigitte ne pouvait se lasser d'entendre le récit de tant d'infortunes. Aussi quand il fut question de départ, elle se récria et dit que, malgré son affection pour Anne, elle aurait voulu passer un grand mois. Mais le gouverneur — c'était le titre qu'Heaton avait donné à Marc, et dont Brigitte s'amusait à le saluer quelquefois — déclara que, malgré sa prédilection pour le Récif, il ne pouvait abandonner ses amis, et qu'il était prudent de retourner au Pic ; car il ne pouvait se défendre de quelques inquiétudes depuis qu'il savait qu'il y avait à peu de distance des îles habitées.

La traversée fut heureuse, et comme l'arrivée de la *Brigitte* se trouva coïncider avec celle de la *Neshamony*, il y avait dans l'Anse-Mignonne un mouvement inaccoumé, et quelque chose en miniature de la vie d'un port de mer. La pinasse revenait de l'île Rancoc, chargée du reste de la cargaison. Il ne restait en arrière que deux chèvres qu'on avait laissées sur les montagnes. Bigelow était au nombre des passagers, de sorte que la petite colonie du Pic se trouvait alors au grand complet.

Mais Bob avait une nouvelle à communiquer qui fit faire de sérieuses réflexions au gouverneur. Lorsque la pinasse était chargée, et qu'on n'attendait plus que le moment favorable pour appareiller, on s'était aperçu qu'une flottille de canots et de catamarans s'avançait vers l'île Rancoc. Elle venait évidemment des îles de Betto. Bob, à l'aide d'une lunette, avait reconnu un certain Waally à bord du canot principal, ce qui n'était pas d'un bon augure; car ce Waally était l'antagoniste le plus redoutable d'Ooroony; et pour qu'il fût à tête d'une pareille escadre, il fallait qu'il eût eu le dessus sur l'honnête Betto, et qu'il médilât quelque sinistre entreprise.

Assuré de ce fait, Bob avait aussitôt pris le large et mis à la voile. Il n'avait pas à craindre qu'au plus près surtout, aucune embarcation des naturels pût gagner la pinasse de vitesse, et il manœuvra pendant une heure autour de la flottille, pour faire ses observations avant de s'éloigner. C'était évidemment une expédition de guerre, et Bob crut remarquer que deux hommes blancs en faisaient partie; ils avaient une partie de l'accoutrement des sauvages, et étaient dans le même canot que le terrible Waally. Il n'était pas rare que des matelots fussent jetés sur les îles disséminées dans l'océan Pacifique, et c'était de ces rencontres auxquelles on était habitué. La présence de ces hommes n'annonçait rien de bon, et il sentit qu'il était urgent de les dérouter à tout prix. Au lieu donc de mettre dehors au vent de l'île, ce qui était sa route, il gouverna dans la direction presque contraire, ayant soin seulement de se tenir éloigné de la côte, afin de n'être point pris de calme sous les rochers ; car il savait bien que les canots avec leurs pagaies l'auraient vite rejoint, s'il venait à perdre le vent.

C'était l'habitude de nos colons de quitter l'île Rancoc au moment où le soleil allait se coucher, et Bob s'était conformé à l'usage. Aussi n'avait-il pas eu le temps de faire beaucoup de chemin quand la nuit fut tout-à-fait close, et lui permit de suivre la direction qu'il lui plairait, sans craindre les observations, d'autant plus que la lune ne s'était pas levée. Il revint alors sur ses pas, et comme il avait à lutter contre le vent, il lui fallut deux ou trois heures pour regagner le terrain perdu. Enfin, vers onze heures, la *Neshamony* avait doublé la pointe septentrionale de l'île, et elle rangeait la côte. Il n'y avait point de feux allumés qui pussent indiquer où était le camp des sauvages, mais Bob était intrépide, et il voulut à tout prix obtenir les renseignements qu'il cherchait. Il amena les voiles et vint aborder au lieu de débarquement ordinaire. Il savait que les canots avaient choisi une autre rade moins sûre. Alors il mit pied à terre, et se glissa le long des rochers dans la direction où devaient être les naturels.

Mais Bob était surveillé lui-même à son insu, et au moment où il rampait sous les buissons pour approcher davantage, il sentit une main sur son épaule. Bob s'apprêtait à faire un mauvais parti à celui qui l'arrêtait, quand ces paroles lui furent adressées en très-bon anglais :

— Où allez-vous, camarade ?

Cette question était faite à voix basse, ce qui fut pour Bob un nouveau motif de sécurité. C'étaient les deux hommes qu'il avait pris, assez justement, pour des matelots, qui s'étaient cachés dans ces broussailles, sans doute pour surveiller les mouvements de la pinasse. Ils dirent à Bob de ne rien craindre, que les sauvages étaient endormis à quelque distance, et ils l'accompagnèrent à bord de la *Neshamony*.

Leur arrivée amena une scène de reconnaissance qui causa une joie générale. Ces deux matelots avaient servi sur le même bord que Bigelow, et de plus ils étaient du même village. Leur histoire offrait de grands points de ressemblance. Tous trois étaient venus sur un baleinier, dont le capitaine était un ivrogne, et tous trois avaient quitté successivement le bord. Bigelow avait pris la route de Panama, où il s'était marié avec Thérèse, ainsi que nous l'avons raconté. Peters avait retrouvé Jones dans ses courses vagabondes, et il y avait deux ans qu'ils erraient au milieu des îles aux Perles, ne sachant que faire de leurs personnes, lorsque Waally leur avait offert de les accompagner dans l'expédition qu'il méditait. Tout ce qu'ils avaient pu comprendre, c'était qu'il s'agissait de piller, et de massacrer au besoin, une troupe de chrétiens, et ils avaient accepté, dans l'espoir de trouver quelque moyen de venir en aide aux gens menacés d'une telle agression.

Peters en était là de son récit, quand des cris se firent entendre au milieu du camp des naturels. Il n'eût pas été prudent de rester un moment de plus. Jones s'élança à bord; Peters eut un moment d'hésitation : on sut plus tard qu'il avait épousé une Indienne à laquelle il était très-attaché, et dont il lui coûtait de se séparer. Mais au moment où la pinasse allait mettre à la voile pour gagner le large, il suivit Jones, sans presque se rendre compte de ce qu'il faisait, et ce fut que lorsqu'il se trouvait déjà à un demi-mille en mer, qu'il exprima des regrets de ce qu'il appelait sa mauvaise action. Son compagnon le consola en lui disant qu'il se présenterait quelque occasion d'envoyer un message à Petrina — c'était le nom qu'ils avaient donné à la jeune sauvage — et que tôt ou tard elle trouverait le moyen de le rejoindre.

Avec un renfort si important, Bob n'hésita pas à se mettre en mer, laissant Waally faire les découvertes qu'il pourrait. Si les naturels gravissaient les points les plus élevés de la montagne, ils ne pouvaient guère manquer d'apercevoir la fumée du volcan et le Pic de Vulcain, quoique le Récif fût heureusement hors de la portée de leurs observations. Peut-être tenteraient-ils la traversée d'une montagne à l'autre; c'était une entreprise hasardeuse que de naviguer en droite ligne contre le vent. Si les deux matelots avaient été encore avec eux, ils auraient pu leur apprendre à triompher du vent et de la lame; mais abandonnés à leurs propres ressources, ils n'auraient ni l'adresse ni la persévérance de manœuvrer leurs canots pendant cent milles dans de pareilles conditions.

Il fallait penser à une agression possible de la part des naturels, et un conseil fut tenu pour délibérer sur les mesures à prendre. Marc étant considéré comme le chef de la colonie, et ayant le plus d'expérience, son avis ne pouvait manquer d'être prépondérant, et ses propositions furent adoptées à l'unanimité.

Il y avait à bord du *Rancoc* huit caronades de douze, montées sur des affûts, et d'un maniement facile. La soute aux poudres était bien garnie : on ne s'aventurait pas pour trafiquer dans ces parages sans avoir de quoi montrer les dents au besoin. Marc proposa d'aller dès le lendemain au Récif sur la *Neshamony*, pour rapporter

C.   11.

deux pièces avec les munitions nécessaires. Nous avons déjà parlé du ravin que Marc avait nommé l'Escalier; c'était le seul passage praticable, et celui qu'il importait de défendre. Deux caronades, placés sur les deux côtés, suffiraient pour empêcher d'en approcher, en même temps qu'elles commanderaient l'entrée de l'Anse-Mignonne, où aucune embarcation ne pourrait pénétrer sans être foudroyée à l'instant.

Bob approuva fort cet arrangement, comme il eût approuvé au surplus tout ce qu'aurait proposé son capitaine. Il était le seul qui eût fait le tour du Pic, et il était convaincu qu'il était impossible d'arriver à l'Eden par un autre chemin que l'Escalier. Fortifier ce passage unique, c'était donc faire de l'île un second Gibraltar. Restait le Récif qui serait exposé aux incursions des ennemis ; mais en mettant quelques hommes à bord du bâtiment avec deux ou trois caronades, Marc se faisait fort de tenir en respect cinq cents naturels. Quant au Cratère, il serait facile de le rendre inexpugnable.

Dans ce conseil, Heaton proposa d'établir une sorte de gouvernement, auquel ils jureraient tous d'obéir. L'idée fut accueillie favorablement, et Marc fut nommé gouverneur par acclamation. Heaton et Betts furent nommés ses conseillers à vie. On établit comme loi première et souveraine le droit, tout en laissant au conseil le soin de faire les règlements particuliers qu'il jugerait convenables.

Il est facile à toute société de se constituer d'après des principes justes, lorsque les intérêts sont les mêmes et les besoins peu nombreux ; c'est lorsque ces intérêts se compliquent, que les idées se faussent et que les principes se pervertissent. Dans notre petite communauté, il semblait tout naturel que l'éducation et l'expérience fussent des titres à la direction des affaires, et le poison démagogique ne s'y était pas encore infiltré.

Investi du commandement, Marc donna ses ordres à ses subordonnés. Le point capital à ses yeux était de pourvoir à la défense du Pic. Les armes à feu ne manquaient point, Heaton en avait apporté une provision complète. Il y avait aussi des munitions en quantité suffisante, mais il fallait les placer en lieu sûr. Peters et Jones furent chargés de disposer à cet effet une sorte de caverne qui se trouvait à peu de distance de l'entrée de l'Escalier, et où les eaux ne pouvaient jamais pénétrer.

Il fit ensuite porter sur le point le plus élevé du Pic un grand nombre de fagots. On devait y mettre le feu la nuit, si par hasard les canots venaient à se montrer pendant son absence, et il ne doutait pas qu'il ne vît la flamme du Récif où il allait se rendre. Après avoir pris ces dispositions, le gouverneur mit à la voile avec Betts, Bigelow et Socrate. Il emmena aussi Didon et Junon, qui, indépendamment de la cuisine, devaient faire une lessive de tout le linge sale du bâtiment; comme c'était la partie de ses fonctions, comme solitaire, pour laquelle Marc avait eu le moins de goût, il avait laissé le tas où on le jetait prendre des proportions formidables. Les autres femmes restèrent au Pic, confiées aux soins d'Heaton et des deux matelots.

Bob Betts ne revenait pas des changements qui s'étaient opérés au Récif. Il marchait à pied sec là où il passait naguère en radeau. Le Cratère était aussi presque méconnaissable. C'était à présent une colline couverte du plus beau tapis de verdure, et Kitty, avec sa nouvelle compagne, mettaient bon ordre à ce que l'herbe ne devînt pas trop longue. Quand il en visita l'inté-

rieur, sa surprise ne fut pas moins grande. Sans parler
du jardin, qui était en plein rapport, quoiqu'il eût
besoin de quelques coups de bêche, il y avait alors un
grand pré qui ne demandait qu'à être fauché. Marc
l'avait remarqué dans sa dernière visite, aussi Socrate
avait-il apporté sa faulx.

Le lendemain matin, tout le monde se mit sérieusement à l'ouvrage. Les deux blanchisseuses établirent
leurs baquets près de la source, et furent bientôt dans
l'eau de savon jusqu'aux coudes. Pendant que la faulx
commençait son service, — et Socrate y allait de tout
cœur, les autres marins transportaient les caronades
du *Rancoc* à bord de la pinasse. Les munitions suivirent, et quelques barils de bœuf et de porc salé furent
mis aussi sur la *Neshamony*. Ce n'était pas une nourriture dont Marc fut très-friand, maintenant qu'il avait
des œufs, du poisson et de la volaille en abondance;
mais les matelots n'en disaient pas autant, et c'était une
fantaisie qu'il était facile de satisfaire.

La journée se passa à charger la pinasse et à prendre
divers arrangements. Les porcs étaient venus tous
rendre leur visite. Marc en tua un pour les besoins de
la cuisine. Il envoya Bob pêcher à son endroit favori,
près du Rocher du Limon, et Bob revint avec près de
cent poissons. Vers dix heures du soir, la *Neshamony*
appareilla. Marc tint le gouvernail jusqu'à ce qu'il fût
en pleine mer, et alors il le remit à Bob. Bigelow était
resté à bord du *Rancoc* pour passer une inspection générale des bois de construction, dont il restait encore
de grandes piles entre les ponts et à fond de cale, ainsi
que la famille Socrate, qui, à la buanderie comme
dans le pré, avait encore de l'ouvrage pour plusieurs
jours.

Avant de prendre un instant de repos, Marc regarda attentivement dans la direction du sud, pour s'assurer si l'on n'avait pas allumé de feux. Il n'en vit pas, et certain, dès lors, que les naturels n'avaient point paru de la journée, il s'endormit tranquillement. Il fut réveillé le matin par Bob, qui l'avertit que la pinasse était sous les rochers du Pic; mais il ne pouvait parvenir à trouver l'entrée de l'Anse-Mignonne. Nous avons déjà vu qu'elle n'était pas facile à découvrir. Elle était masquée en grande partie par des quartiers de roc qui s'avançaient en saillie et semblaient se rejoindre; et sans l'heureux hasard qui l'avait fait apercevoir à Marc, dans son premier voyage, de la seule direction où elle fût visible, il n'aurait jamais pu arriver sur les hauteurs, puisqu'il avait reconnu plus tard que sur toute la circonférence du Pic de Vulcain, il n'y avait qu'un seul point par lequel on pût monter à l'Éden.

Marc avait voulu armer la *Neshamony*, et il y avait placé un des deux pierriers du bâtiment. Il y mit le feu pour donner le signal de son retour. Tous les hommes de la colonie accoururent aussitôt, et tout le monde s'attela aux caronades pour les monter par l'Escalier et les mettre en place. Pour les souffler, le gouverneur les fit charger à mitraille. Il pointa lui-même la pièce qui était au-dessus du ravin, sur l'entrée de l'anse, et tous les projectiles s'y enfoncèrent dans l'eau en faisant jaillir des torrents d'écume. L'autre caronade fut inclinée de manière à bâlayer l'Escalier, et les traces qu'on trouva partout de la mitraille, prouvèrent que le but avait été complétement atteint. Auprès de chaque pièce, on établit dans les rochers un petit magasin, et l'on borna là, pour le moment, les préparatifs de défense.

Il fallut alors songer au transport des provisions.
Rouler les barils le long du ravin par un escarpement
aussi raide, c'eût été une entreprise interminable et
des plus fatigantes. Marc, qui n'était jamais à bout de
ressources, avisa une roche qui surplombait le lieu de
débarquement à une hauteur de trois cents pieds, et
qui se terminait par une plate-forme assez vaste pour
qu'on eût pu y passer la revue d'un régiment. Il résolut d'y établir une chèvre, et tous les fardeaux furent
ainsi montés sans difficulté. Cette plate-forme pouvait
aussi, au besoin, servir d'embuscade excellente pour
des fusiliers, dans un engagement; et, en l'examinant,
il se décida à y placer une de ses pièces; c'était une
excellente position pour commander la pleine mer.
Cependant quatre jours s'étaient écoulés, et l'on ne
voyait pas paraître de canots. Il était temps de retourner au Récif. Le gouverneur partit avec Bob; Brigitte
l'accompagna cette fois. C'était pour elle une vraie partie de plaisir. La cabine du bâtiment, sans parler de
tous les souvenirs qui la lui avaient fait prendre en
affection, lui offrait une habitation beaucoup plus
agréable que les tentes.

En arrivant, le gouverneur vit à sa grande surprise
que Bigelow avait construit la carcasse d'une embarcation, plus grande encore que la pinasse; elle pouvait
porter quatorze tonneaux, mais elle était plutôt disposée pour la charge que pour la marche. En fouillant
partout, Bigelow avait trouvé ces matériaux tout préparés, et même ceux d'un autre canot, un peu plus grand
que la *Brigitte*. On voit que les armateurs avaient été
hommes de précaution, et qu'ils avaient prévu tous les
accidents qui pouvaient arriver aux autres embarcations, en fournissant les moyens d'y suppléer. C'étaient

dés trésors pour nos colons. Et pendant le mois qui suivit, il y eut toujours quelques hommes occupés dans le chantier, jusqu'à ce que les deux embarcations fussent prêtes à servir. Le plus grand canot, qui n'était pas ponté, même à l'avant, qui était d'une construction plus légère, et qui n'avait qu'une voile de civadière sur ses cargues, fut appelé la *Marie*, en l'honneur de la mère d'Heaton, tandis que le petit canot porta la joie dans le cœur de la famille de Socrate, en recevant le nom de la *Didon*. Il est vrai que comme elle était peinte tout en noir, on n'aurait pu en trouver un qui lui convint mieux.

Pendant ces travaux, la *Neshamony* ne restait pas oisive. Elle avait fait six fois la traversée entre le Pic et Récif, dans le cours de ce mois, apportant au Pic, outre les provisions du navire, du poisson, des œufs, de la volaille, et quelques porcs vivants, et remportant en échange des becfigues en immense quantité, d'autres oiseaux de différentes espèces, des bananes, des noix de coco, des ignames, et un fruit qu'Heaton avait découvert, et qui était d'une saveur délicieuse ; c'était un goût de crême et de fraise en même temps. Marc sut plus tard que c'était le *charramoya*, fruit qui, lorsqu'il est cueilli à point, surpasse tout ce qu'on peut imaginer.

Brigitte avait cueilli sur le Sommet un panier de fraises sauvages d'une grosseur remarquable qu'elle envoya à sa chère Anne. Anne en retour lui envoya, non-seulement de la crême et du lait, mais même un peu de beurre frais, pétri de ses propres mains. Les veaux avaient été sevrés, et les vaches fournissaient alors amplement à la consommation journalière.

Au Cratère, Socrate avait terminé ses travaux. Le pré

avait été fauché, ainsi que l'attestait une belle meule de foin qui s'élevait au milieu. Le potager avait reçu une toilette complète, et le nouveau jardinier fit même quelques dispositions pour l'agrandir, quoique la récolte fût plus que suffisante pour les besoins de la colonie; car une place ne restait jamais vide, et un légume n'était pas plutôt récolté, qu'un autre lui succédait.

Sur le Pic, Peters se piquait d'honneur et ne déployait pas moins d'activité. Il était quelque peu fermier, et il voulut que l'Eden eût aussi son potager. Il s'était mis à défricher une ou deux acres qu'il entoura de broussailles. Heaton l'aidait de ses conseils. Il avait quelques connaissances en horticulture, et il se mit dans la tête d'améliorer la culture du figuier sauvage. Il choisit quelques jeunes plants dont les fruits avaient une saveur un peu plus douce, arracha impitoyablement tous leurs voisins, pour leur donner de l'air et du soleil; puis il tailla leurs branches, et creusa la terre autour de leurs racines qu'il rafraîchit en les saupoudrant de guano, dont Marc n'avait pas manqué de lui faire connaître les remarquables propriétés.

Le gouverneur et sa dame, comme l'usage commençait à s'établir d'appeler M. et mistress Marc Woolston, allaient s'embarquer sur la *Neshamony* pour retourner au Pic de Vulcain, après plus d'un mois de résidence au Récif, quand l'ordre d'appareiller fut contremandé, par suite de quelques signes atmosphériques qui semblaient indiquer l'approche d'un ouragan.

Ce n'était pas un présage trompeur. La tempête éclata, mais sans avoir les conséquences désastreuses de celle de l'année précédente. Il y eut des coups de vent furieux, et les îles, les isthmes, les péninsules, reçurent un bain

complet, sans que l'inondation eût de suites. Au Récif,
l'eau s'éleva d'une brasse, mais sans atteindre la surface de l'île, et la bourrasque n'eut d'autre résultat que
de donner aux nouveaux colons un avant-goût de
climat.

Ce fut alors que Marc constata pour la première fois
un changement qui s'était graduellement opéré sur le
Récif, en dehors de l'enceinte du Cratère; la plupart des
cavités qui s'y trouvaient recevaient des dépôts qui pro-
venaient de différentes sources : c'étaient des herbes
marines, des squelettes de poissons, des débris de
de toute espèce, ces atômes indéfinissables qui contri-
buent à former le sol dans le voisinage de l'homme.

Sur la côte il y avait des places où se creusaient
comme des bassins dont la surface était de deux ou trois
pouces plus basse que celle des rocs environnants, et
c'était principalement là que semblait se former un
commencement de matière terreuse. Comme ces cavités avaient la propriété de conserver une certaine
humidité, d'une pluie à l'autre, Marc y jeta à tout hasard
quelques poignées de la graine de gazon de l'Ami
Abraham White, afin d'aider la nature dans ses intentions bienfaisantes. En moins d'un mois, le roc se couvrait çà et là de quelques touffes d'herbe; et dans ce
climat où l'humidité et la chaleur combinent leur influence pour opérer des prodiges de végétation, il était
à espérer que d'ici peu d'années, le Récif tout entier ne
serait qu'un immense tapis de verdure.

La prévoyance de Marc ne s'arrêta pas là. Il y avait
deux mois que les porcs étaient à fourrager dans la
prairie, mêlant la vase et les herbes marines, d'une
manière qui, si elle n'était pas très-agréable à l'œil,
pouvait du moins avoir des résultats utiles. Socrate fut

chargé d'aller l'ensemencer. Socrate était un garçon de tête qui avait un bon jugement et de bonnes jambes en même temps, et il avait fait une découverte qui était d'une grande importance pour les travaux ultérieurs des colons. La prairie était une péninsule qu'il était facile de mettre à l'abri des invasions du bétail au moyen d'une palissade. Quelle magnifique récolte on pouvait y faire, puisqu'elle n'avait pas moins de mille acres d'étendue ! A l'entour, dans les endroits les plus favorables, Socrate avait planté des tiges qu'il avait rapportées du Pic, d'arbres de haute futaie ; car jusqu'à présent le bois était le côté faible du Récif, et il était important d'en assurer la reproduction.

A son retour au Pic, Marc trouva les travaux du jardinage en pleine activité. Déjà le Pic cessait, sous plusieurs rapports, d'être tributaire du Récif ; il avait maintenant ses melons à lui et presque tous ses légumes. Il fut même convenu qu'il céderait une des vaches à son voisin, afin que le lait se trouvât également réparti entre les deux établissements.

Cependant une grande idée avait été conçue par Bigelow, le charpentier, et elle recevait déjà un commencement d'exécution. Dans la petite forêt qui entourait la plaine du Pic, il se trouvait d'excellents bois de construction, et Bigelow avait entrepris de construire un schooner de quatre-vingts tonneaux. Une fois en possession d'un pareil bâtiment, il n'y aurait plus de parties de l'océan Pacifique qu'ils ne pussent visiter, ni d'approvisionnements qu'ils ne pussent faire. En même temps, en l'armant de deux caronades, ils s'assuraient la suprématie des mers, du moins en ce qui concerne les naturels.

Marc avait des livres qui traitaient de la construction

navale, et Bigelow avait même tracé autrefois le plan d'élévation d'un brick de plus de cent tonneaux. D'ailleurs les ferrures, le cuivre, les apparaux du *Rancoc* ne pouvaient jamais trouver de meilleur emploi. En souvenir de son ancien armateur, Marc décida que le nouveau schooner serait nommé l'*Ami Abraham White*, mais on ne l'appela généralement parmi les colons que l'*Abraham*.

Couper les bois n'était pas la grande affaire pour des charpentiers américains munis de ce glorieux instrument de la civilisation, la hache américaine ; mais les descendre jusqu'au bord de l'Anse-Mignonne, c'était la partie difficile de l'opération. Homme de précaution par excellence, Heaton avait apporté des roues de voiture ; et avec ce commencement, une charrette fut vite construite : sans ce secours, le transport de la quille eût été à peu près impraticable dans l'état actuel de la colonie. La quille fut suspendue sous l'essieu au moyen de chaînes, et transportée ainsi, grâce au concours de tous les habitants, même des femmes, jusqu'à l'entrée de l'Escalier. De la hauteur on la laissa glisser le long de la rampe, en se servant de la pince et du levier toutes les fois qu'elle s'arrêtait en chemin.

Comme une masse si pesante ne pouvait flotter sur l'eau, il fallut l'alléger en la faisant soulever par des barriques flottantes. La *Marie*, qui l'avait à la traîne, mit trois fois plus de temps qu'à l'ordiuaire à faire la traversée, et la pose de la quille sur le chantier eut lieu avec quelque pompe en présence de presque toute la colonie.

Il fallut six semaines pour établir la carcasse de l'*Abraham*. C'était une entreprise au succès de laquelle on attachait une grande importance, et chacun se mit à

l'œuvre avec ardeur. Il y eut un moment où l'on dé
sespéra de trouver assez de matériaux pour le doubler
et il fut alors question de démolir le bon vieux *Ranco*
Mais les planches de l'entrepont, dont une partie n'é
tait pas chevillée, purent suffire, et la dernière heur
du pauvre vétéran se trouva encore retardée.

Heaton avait une imagination singulièrement activ
et il n'avait pas plus tôt réalisé une idée, qu'une aut
lui succédait dans son esprit. Il avait remarqué qu'
l'endroit où l'eau de la source descendait le ravin pou
aller se jeter dans la mer, il y avait un emplacemen
admirable pour un moulin. Avoir un pareil trésor sou
la main et ne pas l'exploiter, c'était ce qu'il ne se sera
pardonné jamais. Il s'adjoignit Peters, qui, comme lu
avait du goût pour la mécanique, et tous deux se m
rent à construire un moulin propre à scier des planch
Ils avaient l'instrument principal, la scie, et au bout d
trois mois, après bien des tâtonnements, après bien de
essais, le succès était complet, et la scierie en plein
activité.

Ces travaux, quoique poursuivis avec ardeur, n'em
pêchaient pas les voyages ordinaires. Il fallut aus
songer à préparer des logements pour la saison de
pluies qui approchait. Quoique le froid ne fût jama
rigoureux, il n'eût pas été agréable de rester enferm
des journées entières sous de simples huttes, exposés
l'humidité. Maintenant que le moulin était là pou
fournir autant de planches de sapin qu'il en faudrai
la construction d'une maison n'offrait pas de grand
difficultés. Heaton y mit quelques prétentions; il voul
qu'elle fût non-seulement commode, mais distribu
avec goût. Il ne la fit que d'un étage, mais de cent pie
de long sur cinquante de large.

Des murs en planches sont bientôt construits : la maison s'éleva comme par enchantement. Les planchers furent l'objet d'un soin tout particulier ; on se donna le luxe de fenêtres, et même de fenêtres vitrées, grâce à une petite provision de verres que les colons avaient apportée. Enfin il n'y eut pas jusqu'à la peinture qui ne fut mise à contribution pour l'embellissement de la de la demeure, et nous avons déjà vu que les magasins du *Rancoc* offraient sous ce rapport de précieuses ressources.

Une seule chose embarrassait Heaton, c'était la construction d'une cheminée ; il n'avait ni briques, ni chaux. Pour des briques, il dit qu'il parviendrait à en faire, et il en fit en effet quelques-unes ; mais de la chaux ? c'était plus embarrassant. Socrate vint à son secours en lui conseillant de brûler des écailles d'huîtres. Il ne s'agissait plus que de trouver les huîtres. A force de pêcher dans les divers canaux qui entouraient le Récif, il finit par en découvrir un banc considérable, et les bateaux n'eurent pas de peine à apporter des écailles en quantité suffisante pour faire la chaux dont on avait besoin.

Tout le monde travaillait, l'abondance régnait partout; sous l'influence de ce climat délicieux, il y avait un charme réel rien qu'à se sentir vivre, et tous les membres de la colonie étaient heureux, à l'exception de Peters. Le pauvre garçon pensait toujours à sa femme Petrina qu'il avait abandonnée pour suivre ses compatriotes.

CHAPITRE XVI

La maison était entièrement construite avant la sais
des pluies ; mais les travaux du chantier n'allèrent
aussi vite, et le beau temps était même revenu qu
schooner n'avait pas encore été lancé à la mer.

Depuis un an, le nombre des habitants de la colo
s'était augmenté. Marthe avait eu un petit garçon
presque en même temps Brigitte devenait mère d'u
petite fille charmante.

Cependant le pauvre Peters, regrettait l'absence
Petrina, ou Peggy comme il l'appelait, et il pria
gouverneur de lui confier une des embarcations, po
qu'il pût aller jusqu'aux îles de Waally, à la recherch
de sa compagne. Marc avait trop souffert lui-même
son isolement, pour ne pas compatir à la douleur d
pauvre garçon ; seulement, il ne voulut pas le lais
partir seul, et comme il y avait trop longtemps qu
n'avait été à l'île Rançoc, il se décida à l'accompagn
en personne, d'autant plus qu'il voulait y transport
quelques porcs, afin d'en propager l'espèce, dans l'é
sauvage, sur les hauteurs de cette île inhabitée.

Quand on sut qu'il était question d'un voyage à l'î
Rancoc, il se fit un grand mouvement dans la coloni
et ce fut à qui serait de la partie. Malgré son désir d'o
bliger ses compagnons. Marc fut obligé de modér

ur impatience ; et ne pouvant les emmener tous, il
oumit au conseil les choix à faire, et Bob, Bigelow et
ocrate furent adjoints à Marc et à Peters : Bob, comme
onseiller du gouverneur, Socrate pour les soins à don-
er à la cuisine, et le charpentier pour choisir des bois
our les coittes du schooner.

Marc laissa Brigitte au Pic avec son enfant pour y
asser le temps de son absence auprès d'Anne dans le
ardin de l'Éden.

Au jour fixé, la *Neshamony* appareilla, ayant trois
orcs au nombre des passagers. Il avait été décidé
qu'on commencerait par visiter le volcan qu'aucun des
colons ne connaissait encore. Marc avait été jusqu'à
une lieue de sa base, Bob s'en était approché encore
plus lors de son premier voyage au Pic, mais personne
n'avait mis pied à terre et n'avait examiné en détail
un site qui avait tant d'intérêt pour ceux qui en étaient
si proches voisins.

La brise n'était pas forte, et la journée était déjà
avancée lorsque la *Neshamony* se trouva à proximité
du volcan. Marc ne s'en approcha qu'avec précaution.
La sonde indiquait que l'eau devenait de moins en
moins profonde, à mesure que la distance qui les séparait du cône diminuait. La montagne était circulaire,
d'une grande régularité, et elle avait de six à huit cents
pieds de hauteur. Ses fondations de roc sec et de lave
occupaient un emplacement d'environ mille acres.

Comme le volcan n'était pas encore éteint, il fallut
n'aborder qu'avec prudence. Marc choisit une place où
les rochers formaient une courbe, et, mettant pied à
terre, il s'approcha du cône autant que le permettait la
pluie de pierres, examinant avec une attention toute
particulière la nature du terrain.

Il y avait une heure que la petite troupe parcour
l'île, et elle s'apprêtait à la quitter, quand une déco
verte des plus émouvantes la fit tressaillir. Bob vena
d'apercevoir un canot amarré au milieu des roche
sous le vent ; un homme était auprès. Le premie
mouvement fut d'y voir le commencement des host
lités, mais un examen plus attentif convainquit Ma
qu'il n'y avait point de danger sérieux à craindre, et i
résolut de s'avancer vers l'étranger, pour savoir à que
s'en tenir.

Mais Peters l'avait déjà précédé, et on l'entend
pousser un cri en se précipitant au-devant d'une se
conde personne qui venait de sortir du canot, et qu
accourait à lui. Il n'y eut qu'une voix pour s'écrie
que ce ne pouvait être que Peggy, la femme indienn
du pauvre Peters. C'était bien elle en effet, et après u
temps convenable consacré aux larmes, Peters, qu
parlait assez bien la langue de sa femme, reprodui
ainsi les explications qu'elle lui avait données.

Il paraît qu'après l'évasion de Jones et de son mari
les hostilités entre Ooroony et Waally avaient recom
mencé avec plus d'ardeur que jamais. La fortune
comme cela lui arrive assez souvent, fut inconstante
et cette fois ce fut Waally qu'elle favorisa. Son en
nemi, battu sur tous les points, fut refoulé dans un
des plus petites îles du groupe, où ce qui lui restait d
compagnons fidèles se réunirent autour de lui.

Maître de ses actions, Waally revint à son projet d
poursuivre les blancs qu'on avait vus se diriger vers l
Sud avec tant d'objets précieux, et en même temp
d'étendre ses conquêtes en prenant possession de l
montagne qu'il avait visitée l'année précédente. Il pré
para donc une grande expédition, et cent canots v

naient de mettre à la voile, montés par plus de mille
guerriers.

Le frère de Peggy, Uncus, guerrier de quelque renom, avait dû se joindre à ses compagnons, et sa
sœur avec une cinquantaine d'autres femmes avaient
trouvé moyen de les accompagner. Pour effectuer cette
entreprise, la plus importante de celles qui avaient
signalé sa turbulente carrière, Waally avait attendu la
saison la plus favorable de l'année. Tous les étés, il y
avait une période de quelques semaines pendant laquelle les vents alizés soufflaient avec moins de violence qu'à l'ordinaire, et où même il n'était pas rare
d'avoir des changements de vent, ainsi que de légères
brises.

Les Indiens le savaient parfaitement, car c'étaient de
hardis navigateurs, si l'on considère les dimensions et
les qualités de leurs embarcations. Le voyage jusqu'à
l'île Rançoc, distante d'au moins cent lieues, s'était
effectué sans accident, et la flotte entière était venue
débarquer à l'endroit même où Betts avait campé à
son retour avec les nouveaux colons. Près d'un mois
s'était passé à explorer la montagne, spectacle tout
nouveau pour la plupart des Indiens, et à faire leurs
préparatifs pour la suite de leurs opérations.

Pendant ce temps, un grand nombre d'entre eux
avaient vu le Pic de Vulcain, ainsi que la fumée du
volcan, bien que le Récif, avec toutes ses îles, ne s'éle-
vât pas assez pour être aperçu d'une si grande distance. Le Pic devint alors le but de leur convoitise, car
on ne doutait pas que ce ne fût là que Betts et les autres
blancs s'étaient retirés avec leurs trésors. Certes l'île
Rancoc avait son mérite, et Waally prenait déjà ses
mesures pour y fonder un établissement; mais la mon-

C.   12

tagne qui se montrait au loin devait être une acquisition bien plus précieuse, puisque les blancs avaient
amené leurs femmes de si loin pour l'habiter avec eux.

Uncus et Peggy avaient été instruits de ce qui se
préparait, Peggy aurait pu attendre patiemment le départ de l'expédition, si elle n'eût appris que des me-
naces de châtiment exemplaire contre les deux déser-
teurs, dont l'un était son mari, s'étaient échappées des
lèvres du terrible Waally lui-même. A cette nouvelle,
la fidèle Indienne ne laissa pas de trève à son frère
qu'il n'eût consenti à partir avec elle sur une pirogue
qui lui appartenait. Elle y réussit d'autant mieux
qu'Uncus n'aimait pas Waally, et qu'il était en secret
partisan d'Ooroony.

Le frère et la sœur partirent un soir de l'île Rancocus
et prirent ce qu'ils croyaient être la direction du Pic.
On se rappelle que ce n'était qu'au milieu de la traversée qu'on pouvait l'apercevoir de l'Océan, bien qu'on le
vît directement des hauteurs de l'île.

Le lendemain matin, la fumée du volcan s'élevait
devant eux, mais le Pic ne se montrait nulle part. Il est
probable que la pirogue s'était trop avancée vers le
sud, et qu'ils s'éloignaient en diagonale de l'endroit
qu'ils voulaient atteindre, au lieu de s'en approcher.
Uncus et sa sœur continuèrent à faire usage de leurs
pagaies pour se diriger vers la fumée ; et, après trente-
six heures de fatigues presque continues, ils réussirent
à débarquer sur le volcan, stupéfaits et tremblants du
spectacle qu'il leur offrait et qui était tout nouveau pour
eux, mais forcés d'y chercher un refuge, comme l'oiseau de terre vient reposer ses ailes fatiguées sur les
agrès d'un navire, quand une bourrasque inattendue
le chasse du rivage. Au moment où ils avaient été vus

Ils s'apprêtaient à repartir, sachant alors la direction qu'ils devaient prendre, puisque du volcan on voyait le Pic.

Marc les questionna avec beaucoup de soin sur les projets de Waally. Uncus était intelligent pour un sauvage, et il savait s'expliquer très-bien. Il pensait que les Indiens profiteraient du premier jour de calme, ou du moins de brise légère, pour effectuer la traversée. Suivant lui, la troupe était nombreuse et pleine d'ardeur. Ils n'avaient en leur possession qu'une douzaine de vieux fusils, avec un peu de balles et de poudre, mais, depuis la désertion des deux matelots, il ne restait personne qui pût en tirer grand parti. Néanmoins ils étaient en si grand nombre, ils avaient tant d'armes de leur invention qu'ils savaient manier avec une adresse fatale, et ils étaient si animés par l'espoir du butin qu'ils attendaient, que, suivant Uncus, il n'y avait pour les colons qu'un parti à prendre : c'était d'aller gagner à l'instant quelque autre île, s'ils savaient où il y en avait une, dussent-ils même abandonner la plupart de leurs effets à leurs ennemis.

Mais notre gouverneur ne partagea nullement cet avis. Il connaissait la force de sa position sur le Pic, et il n'était nullement d'humeur à l'abandonner. Sa grande préoccupation était pour le Récif, qu'il était bien plus difficile de défendre. Comment mettre à la fois le Cratère, le bâtiment, le schooner en construction et les troupeaux disséminés sur une si grande étendue de terrain, à l'abri des déprédations des sauvages, et quelles forces pouvaient-ils opposer à leurs cent canots? Même en comptant Uncus, qui s'enrôla avec empressement dans sa petite troupe, son effectif ne se composait que de huit hommes. Ajoutez deux ou trois femmes qui

pourraient être employées au transport des munitions,
ou être placées en sentinelles, tandis que les autres gar-
deraient les enfants, veilleraient au troupeau, etc., c'é-
tait tout ce qu'il était possible de réunir. Marc faisait
tous ces calculs, pendant que Peters lui traduisait,
phrase par phrase, les communications d'Uncus et de
sa sœur.

Il était indispensable de prendre une prompte détermination. Il ne pouvait plus être question d'aller à l'île
Rancoc; et d'ailleurs le but principal du voyage était
atteint, puisque Peters avait retrouvé Peggy. Les porcs
qu'on devait transporter dans cette île, furent laissés
sur la plage du volcan, où la mer leur jetterait quelque
pâture; et l'on décida qu'il fallait retourner au Pic au
plus vite.

Il ne restait qu'une heure de jour lorsque la *Neshamony* appareilla. Favorisée par les vents alizés qui soufflaient assez vivement dans ce détroit, l'embarcation,
quoiqu'elle remorquât la pirogue, venait se ranger sous
les rochers sourcilleux quelque temps avant la réappa-
rition du jour. Au moment où le soleil se levait, elle
était à la hauteur de l'Anse Mignonne, dans laquelle
elle se hâta d'entrer. Le gouverneur tremblait qu'on ne
vît ses voiles des canots de Waally, longtemps avant
qu'il pût voir lui-même les canots, et il lui tardait de se
trouver à l'abri des regards.

Le retour si prompt et si inattendu de la pinasse
causa une grande surprise dans l'Eden. Personne ne
l'avait vue entrer dans l'Anse, et Marc était à la porte
de l'habitation avant que Brigitte soupçonnât son arrivée. Il n'eut rien de plus pressé que d'envoyer Bigelow
sur le Pic avec une longue-vue pour regarder après les
canots, tandis que, au moyen d'une conque, on rappe

lait en toute hâte Heaton qui était dans les bois. Au bout
de vingt minutes le conseil était assemblé ; et, tout en
délibérant, les hommes s'occupaient à réunir et à préparer leurs armes. Peters et Jones reçurent ordre de
descendre au magasin pour y prendre des munitions,
puis de courir aux batteries pour charger les caronades.

On ne fut pas longtemps sans nouvelles de Bigelow.
Sa femme l'avait accompagné, et elle accourut, hors
d'haleine, annoncer que l'Océan était couvert de canots
et de catamarans, et que la flotte n'était plus qu'à trois
lieues de l'île.

Cette nouvelle, toute attendue qu'elle était, jeta la
consternation dans la petite colonie. C'était toujours
pour le Récif que Marc craignait le plus, et il ne s'y
trouvait pour le moment que les négresses, sans personne même pour les diriger. Il est vrai que ces îles
étaient si peu élevées, que les Indiens ne pourraient les
voir tant qu'ils seraient sur leurs canots. Mais il y avait
un autre sujet d'inquiétude.

Il ne se passait jamais une semaine sans que l'une ou
l'autre de ces femmes vînt au Pic apporter du lait et du
beurre qui était excellent quand il était frais, mais qui,
dans un pays aussi chaud, ne se conservait pas longtemps. Personne ne s'entendait mieux que Junon à diriger un bateau à la voile, et, comme toutes les personnes
qui connaissent leur mérite, elle cherchait toutes les
occasions de le montrer. Or, il y avait près de huit jours
qu'on ne l'avait vue, et il était à craindre qu'elle ne fût
en route dans le moment même. L'embarcation dont se
servaient les négresses était la *Didon*, bateau parfaitement sûr dans les temps calmes, mais voilier détestable;
ce qui ajoutait aux chances de capture, si l'on venait à
lui donner la chasse

C.

Ne pouvant résister à son impatience, Marc transporta au Pic le lieu des délibérations, afin de pouvoir surveiller par lui-même ce qui se passait en pleine mer. Il s'y rendit aussitôt, et tout le monde le suivit, même les femmes et leurs enfants, à l'exception de Bigelow, de Peters et de Jones, qui, placés aux batteries pour défendre au besoin l'entrée de l'Anse Mignonne, ne pouvaient pas quitter leur poste.

Tant que les colons étaient restés dans la plaine, ils n'avaient pas à craindre d'être aperçus d'aucun des points de l'Océan. Les sentinelles qui gardaient les caronades avaient pour consigne de rester cachées sous les arbres, d'où elles pouvaient tout voir sans risquer d'être vues. Mais sur le Pic découvert et si élevé, on était en vue de tous les côtés. Bob le savait mieux que personne, lui qui avait distingué Marc lorsque son attention avait été appelée sur ce point par la décharge des coups de fusil.

Au moment où la petite troupe débouchait sur le Sommet, la flotte ennemie était en vue, et on la distinguait parfaitement à l'œil nu. Elle s'avançait sur trois lignes, en bon ordre, dans la direction de l'île, mais sans paraître avoir pour but un point déterminé.

Mais ce fut vers le nord, dans la direction du Récif, que Marc tourna les yeux avec la plus grande anxiété. Brigitte venait de lui dire qu'elle attendait Junon ce jour-là. C'était toujours avec une grande répugnance qu'elle la voyait affronter un pareil danger, et elle avait dit plusieurs fois qu'elle le lui défendrait positivement; mais la défense n'avait pas été prononcée, et l'inquiétude du gouverneur s'accrut lorsque Bob signala au nord un petit point blanc, qu'il présumait être une voile. La longue-vue fut dirigée de ce côté : il n'y avait point de doute; c'était bien la *Didon*, qui n'était plus qu'à une distance de dix milles, et l'on pouvait s'attendre à la voir arriver avant deux heures!

Uncus et Peggy étaient auprès du gouverneur. Celle-ci savait assez d'anglais pour suivre le fil de la discussion, et Bob, qui avait ramassé par-ci par-là quelques mots de son jargon, lui avait expliqué, tant bien que mal, ce qu'elle aurait pu ne pas comprendre. Au beau milieu de la conférence, elle disparut tout-à-coup sans qu'on s'en aperçût, et courut à la batterie où son mari était de garde. Elle le ramena presque aussitôt, et ce fut par lui que fut faite la proposition qui causa d'abord tant d'étonnement. Peggy avait appris à Uncus ce qui se passait, en lui montrant l'embarcation de Junon, qui s'approchait alors sensiblement de l'île, et Uncus avait offert d'aller *à la nage* au-devant d'elle pour la prévenir à temps, et lui donner les instructions qu'on jugerait convenables.

Quoique Marc, Heaton et Brigitte, ainsi que tous ceux qui les entouraient, sussent parfaitement que les naturels des mers du Sud pouvaient passer, et passaient en effet des heures entières dans l'eau, ils commencèrent par s'écrier qu'une pareille proposition n'était pas acceptable. Puis la réflexion fit son office ordinaire, et les opinions se modifièrent peu à peu. Peters assura au gouverneur qu'il savait qu'Uncus allait souvent d'une île à l'autre à la nage, et que si ce n'était que pour lui qu'on eût des craintes, on pouvait être complétement rassuré. Il ne doutait pas qu'en cas d'absolue nécessité, l'Indien ne fût capable de nager même jusqu'au Récif.

Cette difficulté surmontée, une autre se présentait. Uncus ne savait pas un mot d'anglais, et une fois arrivé auprès de Junon, comment se ferait-il entendre d'elle?

Junon était une fille de résolution et d'énergie, comm
le prouvait assez la traversée qu'elle entreprenait seule
et, en voyant un sauvage chercher à entrer dans so
bateau, elle pourrait très-bien le repousser à grand
coups d'aviron. Mais Brigitte se hâta de repousser cett
supposition. Junon avait le cœur excellent; et, en voyant
un homme dans l'eau, sa première pensée serait de l
prendre à bord. Junon savait lire; Brigitte avait pris l
peine de lui donner elle-même des leçons, ainsi qu'à
ses autres esclaves. Brigitte lui écrivit un billet pour l
mettre sur ses gardes et lui dire d'avoir toute confiance
en Uncus. Junon savait le mariage de Peters et de Peggy;
en apprenant que l'Indien était le frère de Peggy, elle
n'en serait que plus disposée à se laisser guider par lui.

Dès que cet important billet fut écrit, Uncus descendit
au bord de la mer. Il était accompagné de Marc, de Peters et de Peggy; le premier, pour lui donner ses instructions, les deux autres pour servir d'interprètes.

Le jeune Indien fut bientôt prêt. Il plaça le billet dans
ses cheveux, et on le vit bientôt glisser sur l'eau avec
l'aisance, sinon avec la rapidité d'un poisson. Peggy
frappa dans ses mains pour témoigner sa joie; puis elle
courut avec Peters à la batterie, où il était urgent qu'il
reprît son poste. Marc remonta au Pic par l'Escalier,
qu'il gravit d'un pas rapide. Et, soit dit en passant, cette
montée, autrefois si pénible, n'était plus qu'un jeu pour
lui. L'exercice avait assoupli tous ses muscles; et maintenant ce chemin, qu'il avait eu peine à faire en ayant
les mains libres, il le franchissait en moitié moins de
temps en portant de lourds fardeaux. Il en était de
même de tous les colons, qui commençaient à courir
sur les roches comme autant de chamois.

A son retour sur le Pic, le gouverneur vit que le mo-

nent de la crise approchait. Les canots étaient à moins
d'une lieue de l'île, et l'on voyait les pagaies frapper
l'eau en mesure pendant qu'ils s'approchaient en lignes
serrées. Jusqu'alors ils n'avaient pu voir la voile de la
Bidon, qui était à cinq milles de l'extrémité septentrionale de l'île, tandis que la flotte en était à la même distance au sud, ce qui portait la distance qui les séparait
à dix mille; bien qu'à les voir du haut du Pic, on eût pu
les croire à une portée de canon l'une de l'autre.

Uncus était pour le moment le grand point d'attrac-
tion. Il n'était plus masqué par l'île ; grâce à la pureté
de l'atmosphère, on voyait comme un point noir flotter
sur la surface mobile de l'Océan. A l'aide de la lunette,
il était facile de suivre ses moindres mouvements.

Cependant Junon s'avançait avec confiance, se tenant
plus près du vent que d'habitude, à cause de la faiblesse de la brise. Uncus, de son côté, manœuvrait avec
beaucoup d'adresse, et il mesura si bien ses distances
qu'il avait la main sur le plat-bord du bateau avant
que Junon se fût aperçue de son approche. D'un bond
il fut dans l'embarcation, et la pauvre fille ouvrait la
bouche pour pousser un cri d'alarme, lorsque Uncus
se hâta de lui présenter le billet, en prononçant de son
mieux le mot « maîtresse. »

Pendant que Peggy le lisait avidement, Uncus se mit
tranquillement à serrer la voile, moyen le plus efficace
de cacher la présence du bateau à ces milliers d'yeux
perçants qui, des canots ennemis, pouvaient se diriger
de leur côté. Dès que Marc eut vu s'effectuer cette manœuvre, il s'écria : « Tout va bien ! » et il descendit
rapidement du Pic pour se porter sur un point d'où il
lui importait de surveiller les mouvements de Waally
et de sa flotte.

CHAPITRE XVII

Malgré la rapidité avec laquelle Uncus avait conçu et exécuté son projet, il s'était écoulé tant de temps depuis la première apparition de la flotte, que les canots étaient sous les rochers au moment où le gouverneur atteignait le bois qui en bordait l'extrémité du côté du nord. Ce point était à un mille ou deux sous le vent de l'Anse-Mignonne, et toutes les embarcations dérivaient encore plus au sud, sous l'influence du courant. Tant que cet état de choses continuerait, les colons n'avaient rien à craindre, puisqu'ils savaient que l'Anse était le seul lieu de débarquement possible. L'ordre le plus strict avait été donné à tous les colons de se tenir cachés, ce qui était d'autant plus facile que la plaine, qui s'élevait de mille pieds au-dessus de la mer, était entourée d'arbres de tous côtés.

La flotte de Waàlly présentait un aspect imposant. Non-seulement ses canots étaient spacieux et remplis de guerriers, mais ils étaient ornés avec le luxe des sauvages. Des plumes et des drapeaux, des symboles de guerre et de puissance flottaient sur presque toutes les proues, tandis que les Indiens étaient revêtus de leurs plus brillants accoutrements. Toutefois, il était évident qu'ils ne savaient trop que penser de la nature du lieu qu'ils s'apprêtaient à visiter. Ils voyaient, à n'en pouvoir douter, la fumée du volcan, et un mur de roc semblait leur barrer le passage. Il n'en était point du Pic de Vulcain comme de l'île Rancoc, où partout il y avait une plage d'un accès facile. Au Pic, au contraire, les vagues venaient se briser contre un mur de granit, ne laissant d'autre trace de leur passage que l'humidité qu'elles y imprimaient. Ces êtres ignorants et superstitieux devaient naturellement attribuer ces circonstances extraordinaires à quelque intervention surnaturelle; et Heaton, pour sa part, était convaincu que Waally, qu'il avait eu occasion d'observer, hésitait sur la route qu'il devait suivre, par suite de cette impression. Quand cette opinion fut exprimée, le gouverneur ouvrit l'avis de tirer un coup de canon, dans l'espoir que le bruit de la détonation, et surtout les échos, — il y en avait un en particulier d'un effet vraiment terrible, — mettraient peut-être toute la troupe en fuite.

Ce plan fut mis à exécution juste au moment où Waally venait d'assembler ses chefs autour de son canot pour les consulter sur la manière dont il fallait s'y prendre pour explorer toute la côte, et trouver un lieu de débarquement. Le bruit de la caronade retentit tout à coup à leurs oreilles, sans que rien les y eût préparés, et il se répéta de rocher en rocher sur un espace de plusieurs milles, avec des roulements vraiment terribles! Les naturels ne pouvaient voir la fumée, qu' leur était masquée par les bois et par les murs de granit; aussi leur stupeur fut-elle extrême, et ils ne pouvaient concevoir ces longs et retentissants coups de tonnerre qui semblaient partir de tous les coins de l'île à la fois. Un cri s'éleva que les rochers étrangers parlaient, et que les dieux du lieu étaient courroucés. Ce cri fut le signal d'une débâcle générale.

Jusque-là le plan du gouverneur avait réussi, m
au delà de ses espérances. S'il pouvait se débar
de ces sauvages sans effusion de sang, ce serait p
lui une vive satisfaction, car il lui répugnait de bal
à coups de canon cette foule stupide.

Comme il se félicitait avec Heaton de ce prem
résultat, un messager accourut du Pic, où Brigitte é
restée en observation, pour annoncer que la *Dido*
dirigeait vers l'île, et qu'elle approchait de la po
septentrionale. On était convenu d'un signal qui de
faire connaître si l'on pouvait sans danger entrer d
l'Anse, et Brigitte envoyait demander si c'était le m
ment de le faire; si on différait, l'embarcation se
bientôt trop près pour l'apercevoir. Le gouver
jugea l'instant favorable : le mouvement de fuite é
loin de se ralentir, et il avait lieu vers le sud-ou
tandis que c'était par le nord-est que la *Dido* de
arriver. L'ordre fut donc donné d'arborer le signal

Brigitte se hâta de le faire; et, en réponse, le p
bateau déploya sa voile. Il était évident qu'Uncus
avait pris alors la direction. Sans doute, il ne s'était
mépris sur l'effet que produiraient la détonation
surtout l'écho, qui était un mystère aussi grand
aussi imposant pour lui que pour aucun de ses com
triotes. Seulement il attribua ces voix retentissantes
terribles que semblaient prendre les rochers, au p
voir que les blancs exerçaient sur ces masses gig
tesques; et, tout en tremblant lui-même, il se di
que c'était en leur faveur que ces phénomènes s'op
raient, et il n'en avançait qu'avec plus de confian
Mais il savait bien qu'il n'en serait pas de même d
autres naturels; il n'en fallait pas plus pour les mel
en déroute complète; et comme à l'instant même

al avait été arboré, le jeune Indien n'eut pas un
ment d'hésitation, et en moins de vingt minutes il
t entré dans le port.

e retour de Junon causa des transports de joie
mi les colons. La retraite de leurs ennemis ne leur
t pas même fait autant de plaisir.

ncus reçut les félicitations générales, et il semblait
lus heureux des hommes. Il chargea Peggy d'expli-
r les pensées qui l'animaient. Il détestait Waally :
ait, suivant lui, le plus farouche des tyrans, et il
erait mieux mourir que de se soumettre de nouveau
s exactions.

unon manifesta hautement les mêmes sentiments,
lle se prit bientôt d'une vive amitié pour Peggy.

uant aux canots, ils avaient disparu au sud-ouest,
s l'horizon, fuyant à toutes voiles devant le vent.

ally avait l'esprit trop fortement trempé pour se
er abattre aussi complétement que ses compa-
ns; mais le découragement était si profond, la ter-
r si générale, qu'il vit bien qu'il n'y avait rien à
e pour le moment; et, se rendant au désir de tous
x qui l'entouraient, il avait donné lui-même le
al de la retraite.

e ne fut pas sans un profond regret que le gouver-
r renonça à son projet d'aller à l'île Rancoc; il
a sérieusement cette question : S'il valait mieux
rsuivre l'avantage déjà obtenu, et profiter de la
ique des naturels pour les refouler dans leurs îles,
bien rester cachés dans cette sorte de mystère qui,
qu'à présent, les enveloppait? Ces divers points
nt gravement débattus; on finit par comprendre
Waally avait des forces trop redoutables à sa dispo-
n pour être attaqué par une douzaine d'ennemis.

C.   13

Il fallait au moins attendre que l'*Ami Abraham* pût l
entendre sa voix d'airain en leur faveur. Une fois
r ossession de ce bâtiment, Marc ne désespérait pas
forcer Waally à battre en retraite, peut-être même
renverser pour replacer Ooroony à la tête des natur
C'était donc à finir et à lancer le schooner qu'il fal
songer avant tout ; et après une semaine d'incertitu
et de délibérations, on résolut de s'y mettre avec
deur.

Dans les circonstances actuelles, c'était une ent
prise qui avait besoin d'être concertée avec autant
r rudence que d'adresse. On ne pouvait envoyer
travailleurs au Récif sans priver la colonie de leur c
cours, si une autre invasion venait à être tentée, puis
entre les deux autres établissements, la distance
s'élevait pas à moins de cinquante milles. D'un a
côté, on ne pouvait songer à risquer un comba
mer avec la *Neshamony*, la *Didon*, la *Brigitte* et la M
Le pierrier qu'on avait mis à bord de la pinassse ne pe
vait suffire pour intimider les naturels, qui étai
familiarisés avec l'usage des armes à feu. Il fallait d
avant tout pouvoir disposer du schooner, sans lequel
reste de la flotte serait frappée d'impuissance. Voici
mesures qui furent arrêtées en conseil : Heaton re
rait au Pic avec Peters et Uncus pour garder ce po
important, pendant que Marc se rendrait au Récif a
tout le reste de la colonie. Bigelow partit un jour
deux avant les autres, pour achever quelques trav
indispensables.

Ce fut dix jours après la retraite de Waally que M
mit à la voile avec sa petite escadre, composée de
pinasse, de la *Brigitte* et de la yole. La *Didon* fut lais
au Pic pour le service de ses défenseurs. Comme

distance était trop grande pour qu'on pût communiquer d'une île à l'autre au moyen de signaux, voici l'expédient que Marc imagina pour y suppléer : un arbre isolé se détachait si près de la cime du Pic, qu'on le voyait à une grande distance en mer ; Heaton devait l'abattre dès qu'il apprendrait que Waally méditerait une nouvelle attaque. Le gouverneur enverrait tous les matins une embarcation qui s'avancerait dans le détroit assez loin pour s'assurer si cet arbre était encore debout.

Favorisée par une bonne brise, la traversée fut courte ; et quatre heures après avoir appareillé, la *Neshamony* était sous le vent du Cap Sud et entrait dans le canal qui longeait les domaines du gouverneur. Marc ne pouvait se lasser d'admirer les changements qui s'opéraient de jour en jour sur ces rochers sortis si récemment du sein de l'Océan. La prairie avait pris un nouvel aspect, les travaux de défrichement avaient été menés grand train par les porcs, dont la reproduction avait pris des proportions vraiment formidables. Le sol avait été si bien remué, les herbes marines et le limon si bien mêlés ensemble, que tout cela ne semblait plus former qu'une seule couche de terre végétale. Les plantations de Socrate ne prospéraient pas moins. Il avait eu l'idée de défaire quelques grands paniers qu'Heaton avait apportés du groupe de Betto, et avec les branches de saule vert qui les formaient, il avait fait des boutures qu'il avait plantées en terre. Presque toutes avaient repris, et déjà plusieurs avaient la hauteur d'un homme. En quelques années elles promettaient de devenir des arbres, sinon très-utiles, du moins du plus bel aspect. Marc ne tarda pas à apercevoir des cocotiers qu'il avait plantés lui-même il y avait préde trois ans, et déjà ils s'élevaient à près de trente pieds de hauteur.

Cependant notre petite frégate est entrée dans le port, et avec elle est revenue la vie et l'activité. Bigelow avait avancé l'ouvrage auquel les nouveaux arrivés se mirent aussi avec ardeur, et le lendemain l'*Abraham* était prêt à être lancé; mais comme la journée était déjà avancée, l'opération fut remise au jour suivant.

Marc profita des dernières heures du jour pour aller faire avec sa femme sur la *Brigitte* une promenade en mer. Le but de l'excursion était de s'assurer si l'arbre, désigné pour servir de signal, était toujours debout. Arrivé à la distance d'où on pouvait le découvrir, Marc, après avoir reconnu qu'il était toujours à sa place, vira de bord et reprit la direction du Cratère. Le soleil se cachait au moment où l'embarcation entrait dans le canal qui conduisait au Récif, et Marc ne se lassait pas de faire remarquer à son amie l'horizon tout diapré de feux, ses nouvelles prairies, ses nombreux troupeaux, tous les détails d'une scène qui pour eux avait tant d'intérêt. Les porcs dormaient en grand nombre sur la plage; et, au bruit que fit la *Brigitte* en fendant l'eau, ils se levèrent tous ensemble, humèrent l'air bruyamment, et se mirent à courir lourdement dans toutes les directions.

— Voilà de pauvres bêtes bien effrayées, ma chère, dit Marc en riant. et nous avons jeté l'alarme dans tout le troupeau.

— Dans tout le troupeau? oh! non pas; — regardez donc là-bas, à l'autre extrémité de la prairie : il y en a encore bon nombre qui n'ont pas bougé. S'ils se mettaient en branle, le bal serait complet.

— Que voulez-vous dire, Brigitte? Vous faites quelque mé⸣⸢ .

— Comment? ne les voyez-vous pas comme moi, là-bas, à un mille de nous, sur le bord de l'eau, dans l'autre canal?

— D'abord, il n'y a point d'autre canal ; ce que vous me montrez est une baie qui ne touche pas au Récif ; ensuite — mais, grand Dieu! Brigitte, ce sont les sauvages !

Le doute n'était pas possible ; ce que Brigitte avait pris pour un troupeau, c'étaient les têtes et les épaules d'une vingtaine d'Indiens qui s'étaient accroupis pour observer les mouvements du bateau. Ils avaient deux canots, deux canots de guerre, qui plus est; mais on n'en voyait pas d'autres, du moins sur ce point.

C'était une grave découverte! Marc avait espéré que le Récif, qui de tous côtés était d'un abord si facile, continuerait longtemps encore à être pour les sauvages une terre inconnue. Il n'y avait de sûreté pour eux qu'à ce prix ; car leurs forces combinées pourraient à peine défendre la place contre les guerriers de Waally. Il n'y avait pas de temps à perdre en réflexions inutiles ; il fallait prendre de promptes et énergiques mesures.

Le premier point était d'apprendre à ses compagnons ce dangereux voisinage. Comme l'embarcation avait été vue par les Indiens, et d'autant mieux vue que ses voiles étaient déployées, il n'y avait aucun motif de changer de direction. Le Cratère était devant leurs yeux, mais le navire ainsi que le schooner devaient s'offrir à leurs regards, quoique confusément et d'une manière indécise, puisqu'ils en étaient à près de deux lieues de distance. L'aspect du navire pouvait produire sur eux deux effets tout différents : il pouvait enflammer la cupidité de Waally, et le déterminer à hâter son attaque, dans l'espoir de s'emparer d'un pareil tresor, ou bien

il pouvait l'intimider par les moyens de défense qu'il
lui supposerait. Il était rare que des bâtiments se hasar-
dassent au milieu des îles de l'océan Pacifique sans être
bien armés. Les Indiens, loin de soupçonner le véritable
état du *Rancoc*, lui croiraient un nombreux équipage,
qu'il pourrait être dangereux d'attaquer.

Ces pensées diverses se présentaient à l'esprit de Marc,
pendant que la petite embarcation regagnait le port.

Le jour tombait lorsqu'ils arrivaient au Récif ; c'était
une heure après avoir vu les sauvages. Les colons venaient de quitter leurs travaux ; et, comme la soirée
était d'une fraîcheur délicieuse après une brûlante journée d'été, ils soupaient sous une tente, à peu de distance
du chantier, où Marc arriva. Il ne troubla pas leur heureuse sécurité en leur révélant le danger qui les menaçait. Au contraire, il leur parla avec enjouement, les
félicita d'avoir avancé la besogne, puis il prit un prétexte pour emmener Betts à l'écart, et lui apprit alors la
découverte si importante qu'il venait de faire. Betts en
fut atterré ; comme le gouverneur, il avait cru que le
Récif était le point le plus secret de la terre, et il n'avait
jamais pensé que ce fût de ce côté qu'une invasion était
à craindre. Mais il se remit bientôt suffisamment pour
pouvoir tenir une conférence avec son chef.

— Ainsi donc, nous devons nous attendre à voir arriver les sauvages cette nuit ? dit-il, aussitôt qu'il eut
recouvré l'usage de la parole.

— Je ne le crois pas, répondit Marc. Le canal dans
lequel les canots se sont engagés ne peut les conduire
ici, et il faudra qu'ils commencent par retourner à l'extrémité occidentale des rochers pour trouver un des
passages. Nous n'avons rien à craindre jusqu'à demain
matin.

— Quel malheur pourtant qu'ils aient découvert le récif !

— Oui, c'est un grand malheur ; et j'avoue que je n'y suis nullement préparé. Mais il faut prendre les choses comme elles sont, Bob, et faire notre devoir. La Providence ne nous a jamais abandonnés, mon ami, dans les circonstances bien plus critiques, et lorsque tant de nos compagnons étaient appelés brusquement à rendre leurs comptes, — pourquoi ne jetterait-elle pas encore sur nous un regard favorable ?

— A propos de nos compagnons, monsieur Marc, il faut que je vous dise ce que je viens d'apprendre de Jones, qui a vécu assez longtemps au milieu des sauvages depuis le mariage de son ami avec Peggy, et avant qu'il se fût évadé pour se joindre à nous. Jones dit qu'il y a trois ans environ, autant qu'il peut se le rappeler, une chaloupe vint dans ce qu'ils appellent le Pays de Waally, — c'est une partie du Groupe que je n'ai jamais visitée par parenthèse, attendu que mon ami Ooroony était toujours à couteaux tirés avec Waally. — Enfin, comme je vous le disais, une chaloupe y vint, il y a de ça trois ans, et il y avait sept hommes à bord. Quels étaient ces hommes ? c'est ce que Jones n'a jamais su clairement, attendu qu'il ne les a point vus ; car Waally les faisait travailler fort et ferme, et ils étaient à la tâche du matin jusqu'au soir ; mais il a cependant recueilli quelques renseignements sur leur compte, ainsi que sur l'embarcation qui les avait amenés.

— A coup sûr, Bob, vous ne supposez pas que ces hommes étaient nos vieux camarades ? s'écria Marc, avec une émotion presque égale à celle qu'il avait éprouvée en apprenant que Brigitte allait lui être rendue.

— Mais, au contraire, Monsieur, c'est que j'en s[...]
convaincu. Les sauvages dirent à Jones que le ba[...]
avait un oiseau peint sur l'arrière, et vous vous ra[...]
lez, monsieur Marc, que notre chaloupe était orn[...]
précisément à cette place, d'un aigle qui avait les a[...]
déployées.

Autre chose! on disait qu'un des hommes avait u[...]
marque rouge sur la figure, et vous n'avez pas oub[...]
que Bill Brown avait une balafre de ce genre. Ce n'[...]
que cet après-midi que Jones m'a donné ces détai[...]
pendant que nous étions à travailler ensemble, et je [...]
suis promis de vous en parler à la première occasi[...]
N'en doutez pas, monsieur Woolston, quelques-uns [...]
nos camarades sont encore vivants.

Cette nouvelle inattendue détourna momentanéme[...]
les pensées du gouverneur des dangers de sa positi[...]
actuelle. Il fit venir Jones, le questionna longueme[...]
et tous les détails qu'il en tira ne servirent qu'à donn[...]
une nouvelle force aux suppositions de Betts. Jones n'[...]
vait jamais pu aller dans l'île où on les disait être; m[...]
on les lui avait dépeints plusieurs fois.

On disait qu'une partie des matelots étaient morts [...]
faim avant d'arriver au Groupe, et que tout au plus [...]
moitié de ceux qui s'étaient réfugiés à bord de l'emb[...]
cation, et qui faisaient partie de l'équipage d'un bât[...]
ment naufragé, avaient survécu. L'homme à la bala[...]
était, disait-on, très-habile à se servir de toutes sor[...]
d'outils, et Waally l'employait à lui construire un can[...]
qui pût tenir tête à une bourrasque. Ce signalement [...]
rapportait parfaitement à Brown, qui était le charpe[...]
tier du *Rancoc,* et qu'on surnommait à juste titre [...]
Balafré.

CHAPITRE XVIII

Quand le gouverneur eut communiqué à ses compagnons la terrible nouvelle de l'arrivée des sauvages
près de leur groupe d'îles, une sorte de terreur panique
s'empara d'eux. Toutefois, quelques minutes suffirent
pour leur rendre un certain degré de confiance, qui
leur permit de prendre les arrangements nécessaires à
leur sûreté immédiate. Comme le Cratère avait été fortifié avec soin, c'était, à bien dire, la citadelle du Récif.
On émit bien l'avis que le navire serait le point le plus
facile à défendre, à cause de l'étendue du Cratère, et
parce qu'il était entouré d'un fossé naturel ; mais sur
le Cratère et dans ses environs, tant de richesses de tout
genre étaient accumulées, qu'on ne pouvait songer à
l'abandonner ; jamais le gouverneur n'aurait pu s'y
résoudre. L'entrée, sans doute, en était facile ; mais une
des caronades avait été braquée de façon à la défendre,
et c'en était assez pour repousser toute attaque ordinaire.

Nous avons déjà dit que la muraille extérieure du
Cratère était perpendiculaire à sa base, probablement à
cause des vagues de l'Océan, qui, dans ces parages, bat-
taient le Récif par tous les vents. Il eût été impossible
de l'escalader sans le secours d'échelles. Sans doute, des
assaillants civilisés, habitués à de semblables obstacles,

C.   13.

les auraient surmontés sans peine ; mais des sauvages devaient y trouver une résistance autrement sérieuse. Le schooner, pour son berceau et ses coittes, avait absorbé tout le reste des charpentes ; les ennemis ne pouvaient donc trouver aucun secours sur le chantier. Deux des caronades étaient sur le Sommet, disposées en batterie avec intelligence. Deux autres étaient à bord de l'*Abraham ;* le reste des pièces (excepté les trois du rocher) était à bord du bâtiment.

Marc divisa ses forces pour la nuit. Comme Brigitte restait habituellement dans la cabine du *Rancoc,* il ne voulut point la déranger ; seulement il renforça l'équipage, en plaçant à bord Bigelow et Socrate, ainsi que leurs familles ; quant à Betts, il prit le commandement du Cratère, et eut Jones pour lieutenant. C'étaient, il faut en convenir, de faibles garnisons ; mais les forteresses étaient solides, par leurs positions exceptionnelles ; de plus, les ennemis étaient privés de toutes les ressources de la civilisation, et connaissaient à peine les armes à feu.

A neuf heures, toutes les dispositions étaient prises, et les femmes et les enfants étaient couchés dans leurs lits, avec la précaution seulement de rester tout habillés.

Marc et Betts étaient convenus de se retrouver près du schooner toutes les fois que leurs 'fonctions ne les appelleraient pas sur un autre point. Comme le Récif était, à proprement parler, une île, ils savaient bien qu'aucun ennemi n'y pouvait parvenir que par mer ou par le pont dont nous avons déjà parlé, et qui traversait le petit détroit voisin de la source. Cette pensée leur donnait pour le moment quelque sécurité, et Marc avait assuré à son compagnon qu'il était impossible que les

canots vinssent aborder au Récif avant plusieurs heures.
Ni l'un ni l'autre cependant ne songeaient à dormir. Il
leur eût été impossible de se tenir dans leurs hamacs.
Ils préférèrent se tenir mutuellement compagnie, en
ayant l'oreille au guet, et en se communiquant leurs
réflexions.

— M'est avis, Monsieur, que nous sommes un peu à
court de bras pour recevoir ces vauriens de sauvages,
observa Betts, répondant à une remarque du gouverneur. J'ai compté l'autre jour, lorsqu'ils sont venus près
du Pic, cent trois pirogues, et chacune n'avait pas à
bord moins de quatre hommes; sans parler des plus
grandes, qui devaient bien en porter cinquante. Je
pense, sauf meilleur avis, monsieur Marc, qu'il pouvait bien y avoir en tout douze à quinze cents combattants.

— Telle est aussi mon idée sur leurs forces, Bob;
mais, quand ils seraient quinze mille, il faut que nous
les forcions à se battre, car c'est notre seule planche de
salut.

— Oui, oui, Monsieur, battons-nous, et surtout bat-
tons-les, répondit Betts, crachant au loin à la manière
des marins; si nous devons lâcher pied, que ce ne soit
du moins qu'après leur avoir envoyé quelques bordées.
Comme ce rocher est changé, Monsieur, et combien il
était différent lorsque vous et moi nous y étendions du
limon et des plantes marines pour faire des couches de
melons et de concombres! Les temps sont changés,
Monsieur! hier la paix, aujourd'hui la guerre; tout à
l'heure la tranquillité, et maintenant le trouble et tout
le baccanal.

— Nous avons maintenant nos femmes avec nous, et
je pense que vous regardez cela comme quelque chose,

Bob ; si vous vous rappelez toute la peine que vous vous
êtes donnée pour amener cet heureux résultat.

— Certes oui, Monsieur, et.....

— Ohé ! le bâtiment ! cria une voix en bon anglais,
et avec l'intonation particulière aux marins.

Ce cri partait de la côte de l'île la plus voisine du
Récif, de l'endroit où les deux terres étaient unies par
le pont.

— Dieu sauveur ! s'écria Betts, qu'est-ce que cela si-
gnifie, gouverneur ?

— Je connais cette voix, dit aussitôt Marc : et vraiment, il me semble reconnaître..... Ohé ! qui hèle le
Rancoc ?

— Ce bâtiment est-il donc le *Rancoc* ? demanda la
voix.

— Le *Rancoc* en personne : mais vous, n'êtes-vous pas
Bill Brown, le charpentier du bord ?

— Lui-même. Dieu vous assiste, monsieur Woolston,
car je reconnais bien votre voix. Je suis Bill, enchanté
de vous retrouver ici. J'ai soupçonné à moitié la vérité,
lorsque j'ai aperçu les mâts du bâtiment, et pourtant
hier j'avais bien peu d'espoir de jamais rien revoir du
vieux *Rancoc*. Pouvez-vous me faire traverser ce détroit,
Monsieur ?

— Êtes-vous seul, Bill, ou quels sont vos compagnons ?

— Nous sommes deux, Monsieur, seulement, Jim
Wattles et moi. Neuf d'entre nous se sont sauvés sur la
chaloupe ; Hilson et le subrécargue sont morts tous les
deux avant de toucher terre, et nous sommes encore
sept vivants, dont deux ici.

— N'avez-vous avec vous aucun de ces moricauds !

— Aucun, Monsieur. Voilà deux heures que nous

leur avons brûlé la politesse : aussitôt que nous avons aperçu les mâts du bâtiment, nous nous sommes décidés à décamper au plus vite. Encore une fois, monsieur Woolston, n'ayez aucune crainte pour cette nuit, ils sont à des milles et des milles d'ici, sous le vent, enchevêtrés dans les courants, dont ils ne parviendront pas à se tirer de la nuit. Par exemple, vous entendrez parler d'eux demain matin. Jim et moi, nous avons commencé par courir des bordées, en gouvernant vers cette terre, et aidés par un vent favorable; jusqu'à ce que les canots fussent hors de vue, nous nous tenions soigneusement cachés; puis nous avons fait force de rames, et nous voilà. Maintenant, reprenez-nous à bord du vieux bâtiment, monsieur Woolston, si vous avez quelque pitié pour un vieux camarade en détresse.

Tel fut le singulier dialogue qui suivit le cri inattendu du marin, et qui changea tout à fait la face des choses sur le Récif. Comme Brown n'était pas une recrue à dédaigner, et qu'on pouvait avoir foi à sa parole, Marc n'hésita pas à lui indiquer la direction du pont, où il le rejoignit avec Betts ; Wattles passa aussi au même instant, et bientôt furent réunis des hommes qui s'étaient crus morts réciproquement, depuis bientôt trois années !

Les deux marins retrouvés du *Rancoc* étaient seuls ; ils avaient agi avec une parfaite bonne foi vis-à-vis de leur ancien officier, qui les conduisit à la tente, leur donna des rafraîchissements et leur fit raconter leur histoire. Le récit fait par Jones le jour même, se trouva parfaitement exact.

Quand la chaloupe avait quitté le bâtiment, elle avait dérivé sous le vent, et avait passé à peu de distance du Cratère ; les hommes qui la montaient avaient aperçu le Récif, mais n'avaient pu en approcher. Hillson s'occupait uniquement à empêcher l'embarcation de s'emplir ou de capoter, et ne pouvait penser à autre chose. La chaloupe était entrée dans un des courants, et la direction en ayant été bien étudiée, elle avait réussi à sortir de cette passe dangereuse et à passer sous le vent des écueils. Tout le monde regardant le bâtiment comme perdu sans espoir, on ne fit aucun effort pour revenir où on l'avait laissé. Comme aucune île ne paraissait, Hillson se détermina à gouverner à l'ouest, espérant rencontrer une terre quelconque pour aborder.

Les provisions et l'eau furent bientôt épuisées, et alors commencèrent les scènes horribles que l'on voit parfois se produire en mer. Hillson fut une des premières victimes, ses excès antérieurs lui laissant moins de force pour résister aux privations. Sept hommes survivaient quand la chaloupe atteignit une des îles du Groupe de Waally dont nous avons souvent parlé.

Les naufragés tombèrent entre les mains de ce chef aussi terrible que belliqueux. Waally les réduisit à l'esclavage, et les traita assez bien, mais il exigea d'eux une aveugle soumission à ses volontés. Brown, en sa qualité de charpentier, fut bientôt le favori du chef, qui l'employa à la construction d'une pirogue, avec laquelle il espérait pouvoir étendre plus loin ses conquêtes. Les marins furent gardés sur une petite île, et surveillés comme un trésor; on leur ôta tout moyen de communication avec les blancs qui se trouvaient dans des îles voisines. Ainsi, tandis que Bob restait pendant deux mois avec Ooroony, et Heaton et ses compagnons un temps presque aussi long, ces malheureux ne purent jamais communiquer avec eux. Cette rigueur provenait surtout de l'hostilité qui régnait entre les deux chefs;

Ooroony avait alors le dessus, mais Waally espérait, avec
l'aide de ses prisonniers, augmenter sa flotte et rem-
porter un succès décisif contre son rival.

Enfin Waally entreprit l'expédition qui s'était montrée avec des forces si imposantes sous les rochers du
Pic. Dans les derniers temps Brown avait si bien gagné
a faveur du chef, que celui-ci lui permit de l'accompagner, et Wattles fut pris à bord comme compagnon du
charpentier. Les cinq autres restèrent à terre pour
achever un canot auquel on travaillait depuis longtemps,
et qui devait être le canot de guerre invincible des
sauvages.

Brown et Wattles étaient à bord du canot de Waally,
lorsque retentirent les terribles échos qui jetèrent l'a-
larme au milieu des naturels. Ce fut en y réfléchissant,
après avoir quitté l'île Rancoc, que Brown, se rappelant
l'effet de cette détonation, en conclut que les blancs,
possesseurs de la place, avaient tiré un coup de canon
qui avait été répété si bruyamment par les rochers.
Comme toutes les sympathies de Brown étaient pour ce
peuple inconnu qui était de la même couleur que lui, il
garda pour lui ses conjectures, et résolut de conduire
Waally dans une direction opposée, ayant quelques idées
à lui propres relativement à la position du récif où le
Rancoc s'était perdu.

Bill Brown était un homme intelligent pour la classe
à laquelle il appartenait. Il connaissait la route tenue
par la chaloupe, et avait des notions assez exactes sur
les distances. Suivant ses calculs, le Récif ne pouvait
être bien loin du Pic au nord, et en gravissant les montagnes de l'île Rancoc, il vit ou crut voir une terre dans
cette partie de l'Océan. Il lui vint alors à l'idée qu'il devait y avoir sur le Récif quelques débris au moyen des-

quels il pourrait échapper aux mains de ses tyrans.
Waally écouta avec une grande attention les conjectures
et les réflexions que lui confia Brown, et toute la flotte
prit la mer le lendemain, en quête de son trésor. Ayant
trouvé aussitôt de la brise, ils furent bientôt en vue du
Pic. Brown alors mit la barre au nord-est, manœuvre
qui le porta, après vingt-quatre heures de fatigues, sous
le vent du Récif. Cette découverte inattendue remplit
Waally de joie et d'orgueil.

Il n'y avait en ce lieu ni rochers à escalader, ni montagnes mystérieuses à redouter, ni aucun obstacle visible
qui s'opposât à la conquête. Il était vrai aussi que le
territoire qu'ils venaient de découvrir ne paraissait pas
d'une grande valeur : un roc nu, beaucoup de vase et
quelques herbes marines, tel était le fruit de leurs recherches; mais ils espéraient mieux. C'était quelque
chose pour des hommes dont les anciens domaines
étaient tellement circonscrits et bornés par l'Océan, que
de trouver un lieu propre à la fondation d'un nouvel
empire. Brown fut consulté sur le parti à prendre, et ses
conseils furent exactement suivis.

Le brave Bill, qui n'ambitionnait de ses découvertes
que l'acquisition de quelques pièces de bois, de fer, de
cuivre, et peut-être quelques agrès avec une ancre ou
deux, parut agir d'abord dans l'intérêt de son maître.
Il conduisit la flotte sur les bords des îles jusqu'à ce
qu'il eût trouvé un port favorable pour aborder. Tous
les canots y entrèrent, et comme on trouva un banc de
sable avec de l'eau douce en abondance, on y établit le
camp pour passer la nuit. Il restait quelques heures de
jour, et les premières dispositions étant prises, Brown
proposa à Waally de pousser une reconnaissance avec
les deux canots les plus rapides Les hommes qui furen

employés à cette expédition étaient ceux dont l'approche avait donné l'alarme au gouverneur. Ce ne fut pas seulement l'embarcation qui fut aperçue des explorateurs; ils étaient assez près du Récif pour distinguer le Cratère, et même les mâts du bâtiment.

C'était là une découverte bien autrement importante que celle des îles mêmes ! Waally, en y réfléchissant, conclut que c'étaient là, après tout, les terres que Heaton et ses compagnons étaient venus chercher, et qu'il devait y trouver les vaches qu'il avait déjà vues une fois, et dont la possession valait pour lui tous les trésors du monde. Ooroony avait eu la faiblesse de permettre à des étrangers, possesseurs d'objets si précieux, de traverser ses îles; mais lui, Waally, n'était pas homme à imiter une pareille folie.

Brown, dès-lors, commença à penser que les blancs qu'il cherchait étaient là; ce qui semblait l'indiquer, c'était la présence du bâtiment. Il supposa que c'étaient des pêcheurs de perles qui en approvisionnaient les marchés de Canton. Il était possible qu'une colonie se fût établie dans ce lieu inhabité, et que les colons dont ils avaient entendu parler si souvent fussent venus s'y installer avec leurs provisions et leurs troupeaux. Il ne vint pas un seul instant à l'esprit de Brown que ces mâts qu'il apercevait pussent être ceux du *Rancoc;* mais c'était assez pour lui et pour Wattles que ces colons fussent des chrétiens, et, suivant toute probabilité, des hommes de race anglo-saxonne.

Les deux marins n'eurent pas plus tôt acquis la certitude que les canots d'exploration faisaient fausse route, et ne pourraient pénétrer plus avant, qu'ils se déterminèrent à fuir, et à s'attacher aux étrangers du Cratère. Ils croyaient naturellement trouver un bâtiment armé, équipé, et prêt à prendre la mer aussitôt que les officiers auraient appris le danger qui les menaçait : aussi n'hésitaient-ils point à unir leur fortune à celle des blancs inconnus plutôt que de rester davantage avec Waally. La liberté a des charmes que rien ne saurait compenser, et les deux loups de mer, qui avaient passé toute leur vie sous le joug d'un travail pénible, aimaient mieux retourner à leur ancien esclavage que de vivre avec Waally dans la sauvage abondance de sa cour. La fuite était assez facile à la faveur de l'obscurité, et Brown et Wattles étaient restés sur le rivage sous prétexte de s'assurer du caractère des colons inconnus à des signes auxquels, eux, ne pouvaient se tromper.

Telles furent les explications que les deux marins retrouvés donnèrent à leur ancien officier. En retour, le gouverneur leur raconta brièvement la manière dont le bâtiment avait été sauvé, ainsi que l'histoire de la colonie jusqu'à ce moment. Lorsque les deux récits furent terminés, on tint conseil sur les dispositions à prendre. Brown et son compagnon, quoique enchantés de revoir leurs anciens camarades, étaient grandement désappointés de ne point trouver, comme ils s'y attendaient, un bâtiment prêt à partir pour les emmener. Ils ne se firent pas scrupule d'exprimer leurs regrets tout haut, car, ajoutaient-ils, maintenant qu'ils voyaient l'état du Récif, ils auraient pu, en restant avec Waally, rendre plus de services à leurs amis qu'en prenant le parti de la fuite. Mais ces remords ou ces regrets venaient un peu tard ; et quant au service où ils venaient d'entrer, ils l'acceptèrent franchement, sinon aussi joyeusement qu'ils l'avaient prévu.

Le gouverneur et Bob virent bien que Brown et Wattles avaient une haute idée des talents militaires du

chef indien. Ils le proclamaient non-seulement un brave,
mais un habile guerrier, plein d'adresse et de ruses.
Brown dit à Marc que le nombre d'hommes qui accom-
pagnaient Waally n'était pas de neuf cents, au lieu de
dépasser mille, suivant l'évaluation qui avait été faite
sur les rochers. Cette méprise, comme on le sut plus
tard, venait de la quantité de femmes qui étaient dans
les canots. Waally, de plus, n'était pas sans armes à feu :
il avait en sa possession une douzaine de vieux mousquets, et même une pièce de quatre. Les munitions, par
exemple, étaient très-rares, et il n'avait que trois boulets
pour son canon. Chacun avait déjà servi plusieurs fois
dans les guerres contre Ooroony ; et, lorsqu'on les avait
tirés, on courait des jours entiers pour les retrouver et
les replacer dans le magasin du chef. Brown ne pouvait
pas dire que ces boulets eussent jamais fait beaucoup de
mal, étant tirés au hasard, et à des distances énormes.
Ce qu'il fallait redouter, disait Brown, c'étaient les lances
et les massues, dont les insulaires faisaient usage avec
une adresse merveilleuse ; et, par-dessus tout, c'était
une effrayante disproportion de forces.

Quant Brown apprit que le schooner était bientôt prêt
à être lancé, il pria instamment le gouverneur de lui
permettre d'y travailler avec Bigelow, afin qu'on pût le
mettre à flot immédiatement.

Il y avait à bord du schooner tout ce qui peut être
nécessaire à une croisière, jusqu'à la provision d'eau
douce. Les arrangements étaient pris de façon à le lancer avec ses voiles enverguées ; une fois à l'eau, il devenait un puissant auxiliaire de la défense. En mettant
les choses au pire, ils pouvaient se réfugier tous à bord
du schooner ; et, en louvoyant à travers les passages
laissés libres par les canots, gagner le large. Une fois l²

Waally ne pouvait plus les atteindre, et ils agiraient suivant les circonstances.

Woolston avait une autre manière de voir. Il aimait le Récif : ce lieu, où il avait souffert, où il avait retrouvé des amis, lui était devenu cher ; il ne pouvait se faire à l'idée de l'abandonner. Le bâtiment était une propriété précieuse que le feu des sauvages n'épargnerait pas pour en tirer le métal. C'était sur ce bâtiment qu'il s'était embarqué ; il ne fallait pas qu'il tombât au pouvoir des sauvages sans combat.

Marc pensa qu'il ne gagnerait rien à priver ses hommes de leur sommeil ; dès le matin, au point du jour, Bigelow irait travailler au schooner, mais Marc ne voyait pas la nécessité de continuer les opérations pendant l'obscurité. Le lancement était une entreprise délicate, et la nuit eût pu amener quelque accident. Après avoir pris toutes leurs précautions, les hommes allèrent se reposer, laissant une femme au Cratère, et une autre à bord, en vigie ; ce poste était confié aux femmes de préférence, les hommes ayant besoin de réserver leurs forces pour le combat.

Tous étaient debout au Récif au point du jour. Aucun accident n'était survenu pendant la nuit, et, chose assez remarquable, les sentinelles féminines n'avaient pas donné de fausse alarme. Aussitôt que, du Sommet, le gouverneur se fut assuré que Waally ne pouvait être encore prêt, il donna ses ordres pour lancer le schooner l'*Abraham*. Une couple d'heures suffirent pour achever les travaux, et chacun s'acquitta de sa tâche avec autant de zèle que de promptitude. Des femmes préparaient le déjeûner ; d'autres charriaient les munitions aux différentes pièces, tandis que Bob les disposait et les chargeait l'une après l'autre ; d'autres transportaient, à tout

ênement, quelques objets de valeur dans le Cratère ou
bord.

En examinant ses fortifications au jour, le gouverneur
résolut de les augmenter d'une porte qui fermât plus
efficacement l'entrée du Cratère. Il appela aussi deux
ou trois hommes, et leur fit établir les filets de bastin-
gage, dont le bâtiment était bien pourvu, pour tenir à
distance les insulaires. Ces travaux furent rapidement
exécutés, et lorsque toute la colonie vint déjeûner, le
schooner n'était pas encore à flot, mais tout prêt à être
lancé. Marc annonça alors qu'il n'y avait pas lieu de se
hâter, que les canots n'étaient pas en vue, et qu'on pouvait agir avec ordre et réflexion.

Cette sécurité faillit devenir fatale à toute la colonie.
Les hommes déjeûnaient sous la tente, près du chantier;
les femmes en faisaient autant dans leurs quartiers;
quelques-uns se trouvaient encore sur le Cratère et sur
le bâtiment. On se souviendra que la tente était dressée
près de la source, non loin du pont, et que le pont joignait le Récif à une île d'une vaste étendue; après les
changements que l'éruption y avait apportés, c'était là
que les porcs prenaient leurs ébats. Quant au pont, il
était formé de deux longues planches du bâtiment, le
passage n'ayant que cinquante à soixante pieds de
largeur.

Ce jour-là Marc avait déjeûné comme d'ordinaire dans
la cabine du *Rancoc*; il descendait à la tente afin de
veiller à ce que ses compagnons, le déjeûner fini, re-
prissent leur travail. A peine venait-il de donner ses
ordres, que l'air fut rempli de cris effrayants, et qu'une
bande de sauvages, débouchant par un creux du rocher,
sur le Parc aux Porcs, accourut vers le Cratère. Ils
avaient suivi le canal et s'étaient glissés le long des ro-

chers, se trouvant à deux cents verges environ de l'endroit qu'ils voulaient attaqner.

Le gouverneur conserva un sangfroid admirable dans cette circonstance. Il donna ses ordres avec calme, clarté et rapidité. Appelant Bigelow et Jones par leur nom, il leur ordonna de retirer le pont, ce qui était facile, à cause de roues qui avaient été disposées dans ce but. Le pont une fois tiré, les colons avaient le canal entre eux et les insulaires, bien que les naturels de la mer du Sud eussent pu facilement traverser l'eau à la nage. Les guerriers de Waally ne soupçonnaient l'existence ni du pont, ni du canal; ils coururent vers le chantier, et leur désappointement se traduisit par de nouveaux cris, lorsqu'ils se trouvèrent séparés des blancs par un bras de mer. Naturellement, ils cherchèrent le point de jonction entre l'île et le Récif; mais déjà les planches étaient tirées, et la communication interrompue. Alors Waally fit une décharge de toute son artillerie, et un coup de canon fut tiré de la pirogue où il était monté. Cette décharge ne fit aucun mal, mais un grand bruit; or, le bruit était pour beaucoup dans les guerres des sauvages.

C'était le tour des colons. A la première alarme, tout le monde courut aux armes, et en un instant, hommes et femmes furent à leur poste. Sur la poupe du bâtiment fut placé un des canons, chargé à mitraille, et pointé de façon à balayer les abords du pont. La distance était, il est vrai, de près d'un mille; mais Bob avait élevé la pièce de manière à faire porter les projectiles aussi loin qu'il le faudrait. Les autres caronades du Sommet furent pointées de façon à balayer la partie la plus rapprochée du Parc aux Porcs, où il se trouvait des essaims d'ennemis. Waally lui-même était sur le front de ses troupes, et il était évident qu'il désignait un détachement qui devrait traverser le détroit à la nage, dernier espoir qui lui restât.

Il n'y avait pas de temps à perdre. Junon, en femme vraiment héroïque, se tenait près du canon de la poupe, et Didon était à ceux du Sommet, chacune brandissant une mèche enflammée. Le gouverneur donna à cette dernière le signal convenu, la mèche s'abaissa, et la mitraille vomie par la caronade, abattit une douzaine d'Indiens. Trois furent tués, les autres avaient reçu des blessures graves. A l'instant un jeune chef s'élança à la nage avec des cris féroces, et fut suivi d'une centaine de sauvages. Marc fit un signe à Junon, et au même moment la mèche de l'impassible négresse toucha la lumière du canon. Une nouvelle décharge à mitraille partit, et rebondissant sur le Récif, vint fondre sur les rangs les plus serrés des assaillants, dont une douzaine encore restèrent sur la place. Waally vit bien que la crise était imminente, et ses efforts pour regagner le terrain perdu furent dignes de sa réputation. A un signe qu'il fit, une foule de nageurs se précipitèrent dans l'eau en même temps, et il les animait du geste et de la voix.

Le gouverneur avait donné ordre à chacun de retourner à son poste. John et Bigelow se trouvaient donc à bord de l'*Abraham*, où deux caronades furent pointées à travers les sabords d'arrière, formant une batterie destinée à balayer le Parc aux Porcs : c'était là, suivant toute probabilité, que serait le champ de bataille si l'ennemi venait par terre, attendu que cette île était la seule assez voisine du Récif. Quant à Marc, il se fit accompagner de Brown et de Wattles, tous deux bien armés, et il forma ainsi un corps de réserve prêt à se porter là où il serait nécessaire. En ce moment critique, une idée lumineuse vint à l'esprit du jeune gouverneur. Le schooner était tout prêt à être lancé. La réserve était sous la quille, attendant ses ordres, et Marc, ainsi que Brown, armés jusqu'aux dents, se trouvaient chacun à l'un des accores.

— Laissez là vos armes, Brown, s'écria le gouverneur, et jetez bas votre accore. Attention sur le pont, car nous allons vous lancer à l'eau !

A peine avait-il dit : le schooner commença à s'ébranler. Tous les colons poussèrent de grands cris, et l'*Abraham* vint, comme un bélier immense, fondre sur les nageurs épouvantés. Pendant ce temps, Bigelow et Jones firent feu des deux caronades, et tout le bassin se couvrit d'écume sous la mitraille.

Après tout, ces moyens combinés d'attaque étaient plus qu'il n'en fallait contre des sauvages. La déroute de Waally fut complète. Ses hommes se précipitèrent dans les anses où leurs canots étaient amarrés, tandis que les nageurs se sauvaient de leur mieux.

Il n'y avait pas un moment à perdre pour les colons. L'*Abraham* fut amené avec un câble, comme c'est l'usage, et, immédiatement, Marc, Brown et Wattles montèrent à bord. Cela lui donnait un équipage de cinq hommes, bien capables de le manœuvrer. Bob fut laissé au commandement du Récif avec le reste des forces. Établir les voiles demanda deux minutes, et Marc fut bientôt en route, doublant l'île du Limon, ou du moins ce qui avait été une île, cette partie se trouvant réunie au Parc des Porcs depuis le tremblement de terre. Il voulait arriver au point où Waally avait rassemblé ses forces ; c'était une passe d'un quart de mille de large où la manœuvre était facile. Quoique le schooner s'a-

ançât au combat d'un air déterminé, ce n'était pas
l'intention de Marc d'en venir à une attaque. Ayant bien
pris le vent, il commença à louvoyer, à courir des bordées, enfin à exécuter toutes sortes de manœuvres dila-
toires, tandis que ses hommes chargeaient et tiraient
les pièces aussi vite que possible. Ils faisaient, il est vrai,
plus de fumée et de bruit que de mal, comme il arrive
souvent en pareille occasion ; mais la victoire leur était
définitivement assurée. Les sauvages furent saisis d'une
d'une terreur panique, et l'autorité de Waally ne put
les arrêter dans leur fuite. A peine furent-ils sous le
vent, qu'ils firent force de rames pour échapper à des
ennemis qu'ils supposaient vouloir les égorger jusqu'au
dernier. Jamais combat n'eut une issue moins dou-
teuse.

Le gouverneur était ardent dans l'action, mais il s'en
fallait de beaucoup qu'il fût aussi altéré de sang que
l'imaginaient les Indiens. La prudence lui disait de ne
pas serrer l'ennemi avant d'être en pleine mer. Il lui
fallait pour cela deux ou trois heures ; Marc se détermina à suivre les sauvages à une certaine distance, se
contentant de tirer de temps en temps une de ses pièces
pour accélérer leur fuite. De cette façon, l'équipage de
l'Abraham avait tout le temps de manœuvrer à son aise ;
le schooner s'avançait à l'aide de ses voiles, tandis que
les sauvages étaient obligés de frapper sans relâche les
flots de leurs pagaies.

Ils avaient aussi des voiles, mais ces voiles, tissées en
fils de coco, n'imprimaient pas à leurs canots une marche assez rapide pour les éloigner de l'Abraham, qui
prouvait que, s'il était facile à manœuvrer, il était en
même temps fin voilier.

Waally, arrivé en pleine mer, crut la chasse termi-

C   14

née ; mais il se flattait d'un espoir bien trompeur. Ce ne
fut qu'alors, au contraire, que la chasse commença tout
de bon. Fondant sur trois des canots, Marc en aborda
un et fit l'équipage prisonnier. Parmi ces sauvages se
trouvait un jeune guerrier que Bill, Brown et Wattle
reconnurent pour un fils favori du chef. La prise était
bonne, et Marc résolut d'en profiter. Il choisit un homme
parmi les prisonniers, et l'envoya porteur d'une branche
de palmier vers Waally, avec des propositions d'échange.
Il ne lui était pas difficile de se faire comprendre des
Indiens, puisque Brown et Wattles, pendant leurs trois
ans de captivité, avaient appris la langue, qu'ils parlaient avec une grande facilité.

Il se passa quelque temps avant que Waally consentît
à se fier à l'honneur de ses ennemis. Enfin, l'amour
paternel l'emporta, et bientôt Marc vit venir à bord de
son schooner le chef, sans armes, et il se trouva face à
face avec son terrible adversaire. Il avait affaire à un
sauvage aussi rusé qu'intelligent. Néanmoins Waally
ne put cacher son amour pour son fils, et Marc Woolston
tou tira parti de cette affection. Le sauvage offrit pour
la rançon de son fils, des canots, des robes de plumes,
des dents de baleine, toutes choses fort estimées de ces
peuplades; mais ce n'était pas là l'échange que voulait
Marc. Il offrit de rendre le jeune homme aussitôt que
les cinq matelots, encore prisonniers des Indiens, seraient à bord du schooner; sinon, il recommençait les
hostilités.

Waally sentit dans son cœur un violent combat entre
l'affection paternelle et le désir de garder ses prisonniers. Au bout de deux heures de subterfuges, de ruses
et de détours, l'amour paternel l'emporta, et un traité
fut conclu suivant ces conditions : le schooner devait

piloter la flotte indienne jusqu'au Groupe des îles Betto, ce qui était d'autant plus facile, que Marc connaissait non-seulement leur position, mais même leur latitude et leur longitude. Aussitôt arrivé aux îles, Waally s'engageait à envoyer un messager aux cinq marins, et à rester lui-même à bord de l'*Abraham* jusqu'après l'échange consommé. Le chef voulait introduire dans le traité une clause par laquelle les colons se fussent engagés à l'aider à renverser définitivement Ooroony, qui était plutôt tenu en bride que soumis; mais Marc refusa de souscrire à de telles propositions. Il était plus disposé à seconder qu'à attaquer le bon Ooroony, et il résolut même de chercher à avoir une entrevue avec lui avant de retourner au Récif.

Marc n'aurait pu de quelque temps prévenir Eegitte de l'absence qu'il méditait de faire, sans la sollicitude de Bob. Celui-ci voyant les voiles du schooner disparaître à l'horizon, sous le vent, arma la *Neshamony*, et suivit de loin, pouvant, en cas de naufrage, être fort utile à Marc. Il accosta l'*Abraham* juste au moment où le traité venait d'être conclu, et à temps pour pouvoir rapporter les nouvelles au Cratère avant la nuit. Tout étant bien convenu, on se sépara. Bob rebroussa chemin, et le gouverneur, sous peu de voilure, mit la barre au nord-ouest, et fut suivi par tous les canots, catamarans, etc., de Waally, à un mille de distance.

CHAPITRE XIX

L'*Abraham* vogua sous peu de voilure, et pendant près de trois jours, avant d'être en vue des îles de Waally. Il mit en panne au vent des îles, et les canots passèrent dans leurs ports respectifs, laissant le schooner au large, avec les otages à bord, jusqu'à l'accomplissement du traité.

Le lendemain, Waally reparut lui-même, amenant avec lui Dickinson, Harris, Johnson, Edwards et Bright les cinq matelots du *Rancoc* qu'il avait si longtemps retenus prisonniers. Le sauvage relâchait sa proie avec peine; mais l'ambition le céda à l'amour paternel. Quant aux matelots, aucune expression ne saurait peindre leur joie. Ils étaient heureux, non-seulement de recouvrer leur liberté, mais encore de tomber dans les mains de pareils sauveurs. Ce surcroît d'équipage faisait de l'*Abraham* une puissance dans cette partie du monde. Avec douze hommes, tous robustes, courageux et pleins de santé, pour manœuvrer le schooner, avec deux caronades et une pièce de six, le gouverneur pensa pouvoir entamer avec succès quelques relations politiques avec les États voisins. Waally avait bien la même pensée, car il fit encore de nouveaux efforts pour obtenir dans le traité une clause qui lui donnât l'appui des colons contre Ooroony, afin de conserver avec eux seuls la suprématie dans le pays. Woolston demanda à Waally

quel avantage, lui, Woolston, pouvait retirer d'une telle
politique? Le rusé sauvage, avec un sangfroid incroya-
ble, lui répondit qu'il pourrait ajouter à ses possessions
du Récif l'île Rancoc. Le gouverneur remercia son puissant ami de son cadeau, et lui signifia que l'île Rancoc
lui appartenait; qu'il eut soin de n'en jamais approcher
avec ses canots; que sinon, il viendrait l'en punir
jusque dans ses habitations. Cette injonction amena une
discussion fort vive, dans laquelle Waally, une ou deux
fois, s'oublia un peu; et, quand il prit congé d** Woolston, il n'était pas de très-bonne humeur.

Marc délibéra sur l'état présent des choses. Jones connaissait bien Ooroony, près duquel il avait vécu jusqu'à sa défaite par Waally; le gouverneur le choisit
donc pour aller le trouver, et il l'embarqua dans un des
canots pris aux sauvages, et dont il avait eu soin de
conserver deux ou trois à bord. Jones, qui avait une
amitié véritable pour l'infortuné chef, accepta avec joie
le rôle de négociateur. La batterie de l'*Abraham* couvrit
l'embarcation jusqu'à ce qu'elle eût touché terre, et,
six heures après, Marc eut le plaisir de recevoir le bon,
l'honnête, le généreux Ooroony, et de l'amener par la
main sur la dunette de son bâtiment. Le chef sauvage
avait tant souffert, il avait fait pendant ces deux années
des pertes si cruelles, qu'il éprouva un bonheur indi-
cible en posant le pied sur le pont du schooner. Sa
réception par le gouverneur fut à la fois honorable et
touchante. Marc le remercia de ses bontés pour sa
femme, pour sa sœur, pour Heaton et pour son ami
Bob. Sans lui, le pauvre Woolston eût été un ermite,
éloigné pour le reste de ses jours de ses semblables. Les
remercîments de Marc furent exprimés avec chaleur, et
il y versa des larmes de joie en voyant que ses

bonnes actions étaient appréciées et récompensées.

Tout l'équipage de l'*Abraham* avait entendu parler d'Ooroony et de ses précieuses qualités. C'était en effet sa bonté qui avait été la cause de sa chute ; car s'il avait châtié Waally, comme celui-ci le méritait, alors que le pouvoir était entre ses mains, ce chef turbulent qui était né son tributaire, n'aurait jamais pu s'élever assez haut pour lui faire craindre de devenir bientôt son maître.

Un petit bâtiment de moins de cent tonneaux, avec un équipage de douze hommes, armé de trois pièces, était plus que suffisant pour replacer une dynastie à la tête d'un peuple, et pour en renverser une dont les partisans se comptaient par milliers.

C'étaient les ressources de la civilisation qui donnaient au gouverneur cet ascendant, dont il était décidé à profiter avec modération. Il voulait avant tout éviter l'effusion de sang ; et, lorsqu'il connut bien la situation des choses, il poursuivit sa tâche avec calme et prudence.

La première chose qu'il fit, fut de conduire le bâtiment à une portée de canon de la principale forteresse de Waally ; c'était là que les chefs résidaient, ainsi qu'une centaine de ses partisans, qui, par la terreur, asservissaient l'île à tous les caprices de leur maître. Cette forteresse, cette citadelle, comme on voudra l'appeler, fut sommée de se rendre, et son commandant reçut ordre non seulement de la quitter, mais de sortir de l'île. La réponse fut un refus. Avant de la recevoir, tout était prêt à bord pour soutenir vigoureusement la sommation.

Ooroony débarqua en personne, et fut reçu dans l'île par ses amis, qui, assurés d l'appui du schooner, saisirent leurs armes comme un seul homme, et formèrent une force capable de jeter à la mer toute la bande de Waally.

Néanmoins, les assiégés opposèrent une vive résistance jusqu'à ce que Marc eût pointé contre eux sa pièce de six. La mitraille traversa les palissades, et, sans avoir blessé personne, fit un tel bruit, que le commandant en chef envoya une branche de palmier en signe de soumission.

Cette conquête, faite sans effusion de sang, amena une révolution dans la plupart des petites îles, et, en quarante-huit heures, Ooroony se retrouva dans la position qu'il occupait lorsque Bob Betts était venu sur la *Neshamony*.

Waally tâcha de donner aux événements la meilleure tournure possible; il vint donc, reconnut ses crimes, obtint son pardon, et paya tribut. L'effet de cette soumission fut d'établir Ooroony plus puissant que jamais, et de lui donner une chance de régner paisiblement le reste de ses jours. Tout cela s'était accompli en moins d'une semaine depuis l'invasion du Récif, qui avait commencé la guerre!

Le gouverneur désirait trop vivement faire cesser l'inquiétude de ceux qu'il avait laissés derrière lui, pour accepter l'invitation d'un plus long séjour aux îles. Il fit quelques échanges avec les habitants, et en obtint divers objets qui devaient lui être utiles, en échange de vieilles ferrailles et d'autres choses sans valeur. De plus, il eut la certitude que le bois de sandal, rare dans l'île Rancoc, se trouvait dans le groupe en grande abondance. En conséquence, un traité fut conclu, par lequel les sauvages devaient couper et disposer une quantité considérable de ce bois, que le schooner viendrait chercher à trois mois de là. Ces arrangements terminés l'*Abraham* mit à la voile.

Au lieu de s'engager dans les courants sous le vent, Marc largua 'es écoutes, et gouverna au nord, par un passage qui le conduisit droit au Récif; tel était le nom qu'on donnait alors à toute l'île. Le schooner fut aperçu une heure avant son arrivée, et tout le monde était sur le Récif, pour acclamer le retour des aventuriers.

La colonie, heureuse de ses succès, conçut l'espoir d'un avenir tranquille.

Les derniers évènements causèrent, sous d'aures rapports, quelques soucis au gouverneur. Le nombre des colons s'était accru, les nouveaux venus étaient des marins, et des marins de l'équipage du *Rancoc;* quels étaient les devoirs de Marc envers les armateurs du bâtiment? Tant qu'il s'était regardé comme un homme perdu au milieu de ces mers, il avait usé de cette propriété sans scrupules; mais les circonstances avaient changé, et c'était sérieusement qu'il réfléchissait à la possibilité de donner leur part sur les bénéfices de la colonie, à ceux qui, à leur insu, il est vrai, avaient tant contribué, par leur prévoyance, à sa prospérité.

Le lendemain matin, pour occuper à la fois et distraire ses compagnous, Marc fit monter à bord de l'*Abraham* la plupart des hommes, et Brigitte qui désirait aller voir Anne; et il mit à la voile pour le Pic. Bob, à son retour sur la *Neshamony,* avait bien poussé jusqu'à l'Anse Mignonne pour annoncer la défaite de Waally et le départ de l'*Abraham*; mais les colons ne connaissaient pas le résultat de cette expédition.

La traversée dura six heures. L'*Abraham* entra dans l'Anse et y jeta l'ancre, aussi facilement que la plus pe-

tite embarcation eût pu le faire. Il y avait assez d'eau
pour toute espèce de bâtiments; si quelque chose faisait
défaut, c'était l'emplacement; pourtant l'Anse eût pu
contenir une douzaine de grands bâtiments. C'était à
proprement parler, moins un port, qu'un joli bassin
naturel, que l'art n'aurait pu rendre, ni plus sûr, ni
surtout plus commode. Il n'était pas à supposer que les
productions de l'île vinssent à s'accroître dans une proportion supérieure aux moyens de transport qu'avaient
les habitants.

Le gouverneur convoqua alors un conseil général de
la colonie. Les sept marins y furent admis, comme tous
les autres, à l'exception d'un ou deux hommes restés
au Cratère, et la discussion s'engagea non-seulement
avec calme, mais encore avec une certaine solennité.
Tout d'abord, la constitution de la colonie et ses projets
furent soumis aux sept nouveaux venus, qui furent engagés à exposer leurs intentions. Quatre d'entre eux, y
compris Brown, signèrent la constitution, et furent
reçus citoyens du Récif. C'était leur désir de passer le
reste de leur vie dans ce délicieux climat, au milieu de
ces îles riches et fertiles. Les trois autres s'engagèrent
au service de Marc pour un temps limité; ils désiraient
retourner ensuite en Amérique.

Lorsque les nouveaux colons eurent été proclamés
citoyens du Récif, et que leur engagement fut bien en
règle, le gouverneur exposa au conseil ses scrupules.
On avait cru longtemps que le *Rancoc* ne pourrait être
tiré du bassin où Marc et Bob l'avaient amené. L'éruption l'avait enfermé dans un trou où il y avait juste
assez d'eau pour le maintenir à flot, la plus grande profondeur étant de douze pieds. Lorsqu'on avait lancé le
Rancoc, il tirait treize pieds d'eau, et Bob le savait bien,

puisqu'il était à bord à cette époque, mais Brown suggéra le moyen de donner au bâtiment dix-huit ou vingt pouces d'eau, afin de le sortir des rochers où il était retenu prisonnier. Une fois libre, rien de plus aisé que de le conduire en pleine mer, attendu que dans un des courants ou canaux, au nord, la sonde donnait partout au moins cinq brasses. Ce canal avait été sondé avec grand soin par le gouverneur lui-même, qui le connaissait donc parfaitement : il avait du reste fait la même opération dans la plupart des canaux qui entouraient le Récif.

Du moment qu'il y avait possibilité de remettre le *Rancoc* à la mer, il devait s'élever une grave question de conscience. Ce bâtiment, qui était la propriété de certains armateurs de Philadelphie, ne devait-il pas y être reconduit? L'Ami Abraham White et ses associés avaient, il est vrai, été indemnisés par les assureurs; Brigitte se rappelait l'avoir entendu dire; mais ces assureurs eux-mêmes avaient leurs droits incontestables. Le *Rancoc* était un excellent bâtiment, qui pouvait tenir encore longtemps la mer, après quelques réparations à sa mâture et à ses agrès.

Le gouverneur se disait que, s'il pouvait remplir sa cale de bois de sandal, qu'il échangerait à Canton contre du thé, il ferait des bénéfices qui rendraient le voyage aussi profitable que son début avait été désastreux. Bientôt Brigitte serait majeure et aurait une fortune qui, sagement administrée, pourrait contribuer à la prospérité de la colonie.

Au milieu de tous ses plans, Marc n'avait pas la moindre idée d'abandonner son projet de colonisation, projet qui lui était devenu plus cher que jamais, bien qu'il vît quelques obstacles à son exécution. Personne

autre que lui ne pouvait manœuvrer le bâtiment; c'é-
tait donc à lui de le ramener aux armateurs d'Amérique, quels qu'ils fussent, et il ne devait céder ce droit
à aucun autre; mais quelle conséquence aurait pour la
colonie une absence de son gouverneur pendant douze
mois? car il lui fallait bien ce temps pour faire ce qu'il
avait à faire. Et Brigitte, l'emmènerait-il, ou pourrait-il
se résigner à la laisser derrière lui? La présence de
Brigitte maintiendrait l'ordre dans la colonie; son départ ne serait-il pas le signal d'une dispersion générale, sous cette impression que les deux personnes qui
y avaient le plus d'intérêts n'y reviendraient jamais?

La décision à prendre sur une telle matière était
extrêmement délicate. Heaton et Betts d'abord, puis,
après, tous les autres émirent l'avis que le *Rancoc* fût
conduit en Amérique, pour le profit de ses propriétaires
légitimes. Si l'on emportait une cargaison de bois de
sandal, et qu'on l'échangeât contre une de thés à Canton, le produit de ces thés couvrirait largement les frais
du voyage, et compenserait la part de propriété que
s'étaient adjugée les colons sur le bâtiment. L'usage de
cette propriété ne devait plus être le même qu'alors que
Marc et Bob se regardaient comme de malheureux naufragés. Dans ce dernier cas il n'y avait pas seulement
nécessité, mais la nécessité constituait un droit; maintenant tout ce qu'on pouvait dire, c'est que l'exercice
de ce droit était fort commode.

Les principes des colons étaient trop solides pour
qu'un seul instant ils se fissent illusion là-dessus. Pour
la plupart, ils s'étaient engagés à prendre soin de la
propriété des armateurs, et la question était de savoir
si un pareil naufrage pouvait décharger leur conscience.

Voici, suivant nous, quelle doit être la règle en pareil cas : comme tout marin a un droit de nantissement sur le bâtiment jusqu'à concurrence de sa paie, quand ce nantissement cesse d'avoir de la valeur, ses devoirs envers le navire cessent en même temps. S'il y avait la moindre chance de pouvoir conduire le *Rancoc* en Amérique, aucun des marins n'était, jusque-là, légalement relevé de ses engagements.

Il fut donc sérieusement et solennellement déclaré qu'un effort serait d'abord tenté pour sortir le bâtiment du bassin, et qu'après cette opération, la conduite à tenir serait discutée dans un autre conseil. En même temps, on envoya à Ooroony et à Waally de nouveaux présents, d'un peu plus de valeur, tels que des colliers de verroterie, des couteaux, des haches, etc., qui se trouvaient sur le bâtiment : on leur demandait, en retour, de couper autant de bois de sandal qu'il leur serait possible, et de le faire transporter sur la côte. Bob, porteur des présents, partit sur la *Neshamony*, accompagné de Jones, qui parlait la langue des sauvages; ils devaient, aussitôt leur mission terminée, revenir, pour aider aux travaux du *Rancoc*.

Ces travaux furent commencés sans retard. Heaton et Uncus restèrent, comme toujours, au Pic, afin de veiller sur cette partie de la colonie et de faire aller le moulin. Le reste des hommes retourna au Récif et se mit à l'œuvre sur le bâtiment. Le premier soin fut de débarrasser le pont de tout ce qui restait d'espars et d'agrès, et de vider la cale; après quoi chaque objet fut roulé ou porté à terre.

La cargaison du *Rancoc* n'était pas d'un grand poids; mais il y avait un grand nombre de futailles, au moins deux ou trois fois plus qu'il n'en faut pour un voyage ordinaire. Elles avaient toutes été remplies d'eau douce, dans le double but d'en fournir abondamment à l'équipage et de lester le bâtiment. Lorsqu'on eut hissé toutes ces caisses sur le pont et qu'on les eut vidées, on s'aperçut que le navire tirait quelques pouces d'eau de moins qu'auparavant.

L'enlèvement des espars, voiles, agrès, provisions, ustensiles, etc., produisit un effet encore plus sensible; et, en comparant les anciens sondages au tirant actuel du bâtiment, le gouverneur vit qu'il suffirait que celui-ci se soulevât encore de huit pouces pour sortir de son bassin naturel. Ce résultat encouragea fortement les travailleurs, qui se remirent avec plus d'ardeur à l'ouvrage.

Au bout d'une semaine, à force d'être allégé, le bâtiment s'était relevé encore de quelques pouces. A la marée haute, une forte brise étant survenue, le gouverneur se décida à essayer de franchir la barrière derrière laquelle il était enfermé. Cet ordre surprit quelque peu les travailleurs, qui pensaient attendre que le navire fût encore un pouce ou deux plus haut; mais Marc voulait profiter de la brise, et ne perdit pas un instant. Le bâtiment s'ébranla alors et s'élança sur la barrière; c'étaient les premiers mouvements qu'eût faits le *Rancoc* depuis l'éruption.

Au moment où le gouverneur pensait que le *Rancoc* était enfin sorti de sa prison, le bâtiment toucha de l'arrière. En examinant sa position, il vit que le talon de la quille était sur la pointe d'un roc, et qu'à une brasse de distance, à droite et à gauche, la mer était libre. Heureusement la tenue était légère, et avec deux ancres dans les bossoirs, le *Rancoc* put effectuer son passage. De grandes acclamations célébrèrent le succès de l'entreprise, et l'air retentit du cri de : « Laisse aller. »

C.   15

Le même jour le navire fut amarré le long du Récif, aussi sûrement que s'il eût été devant les quais du port de Philadelphie.

Ce fut alors le tour des calfats. Lorsque le bâtiment fut calfaté et regratté, on lui donna une couche de peinture, puis ses agrès réparés furent remis en place, ses mâts et ses vergues dressés, et toutes ses voiles soigneusement examinées. Un tiers des futailles, remplies d'eau douce, fut descendu dans la cale, comme lest, et tous les ustensiles nécessaires au voyage furent portés à bord. On songea aussi aux provisions. Quelques bœufs et quelques porcs furent immolés et embarqués, les soutes au pain abondamment garnies ; enfin on mit à bord de quoi nourrir l'équipage jusqu'à un port civilisé.

Le gouverneur était si embarrassé sur la question de savoir comment il composerait l'équipage, qu'il envergua même les voiles avant de réunir de nouveau le conseil. Mais il n'y avait plus de remise possible. Bob était revenu depuis longtemps avec la nouvelle qu'une grande quantité de bois de sandal avait été apportée à la côte, les deux camps des Indiens ayant travaillé avec une ardeur incontestable. En moins d'un mois, le *Rancoc* pouvait avoir reçu sa cargaison, et mettre à la voile pour l'Amérique.

Le conseil était assemblé, lorsque, à l'étonnement général, Brigitte y parut, et annonça sa détermination de demeurer au Récif, tandis que son mari conduirait le *Rancoc* à ses armateurs : elle savait, disait-elle, quel était son devoir et l'accomplirait jusqu'au bout. Mark resta saisi de surprise en voyant l'héroïque dévouement de sa jeune épouse, et il s'éleva dans son cœur un violent combat. Toutefois, une pensée le rassurait un peu Heaton était rempli de prudence, et ils étaient dans de

termes si pacifiques avec leurs voisins, — voisins, il est
vrai, séparés par quatre cents milles, — et puis le devoir
était si impérieux, qu'enfin il consentit, sans laisser
paraître son hésitation.

Il s'agit ensuite de choisir les hommes d'équipage.
Les trois marins qui avaient manifesté le désir de rentrer dans leur pays, Johnson, Edwards et Bright, tous
gens expérimentés, furent désignés d'abord ; Bob était
naturellement sur les rangs pour la place de second, à
laquelle Bigelow ne convenait pas moins. Bob ne connaissait pas la navigation comme Bigelow, qui, dans les
cas les plus difficiles, était sûr de retrouver sa route ;
mais Bob était un vieux loup de mer, qui compensait
par la pratique ce qui lui manquait en théorie. Pour
tout concilier, le gouverneur nomma Bob son lieutenant
en premier, et Bigelow lieutenant en second. Brown
restait au Récif, et devait y remplir, pendant l'absence
de Marc, les fonctions de gouverneur.

Marc crut prudent d'avoir à bord au moins huit
hommes blancs, ayant l'intention de demander à Ooroony quelques naturels pour l'aider dans la manœuvre
et dans les autres travaux : il était convaincu qu'avec
un pareil équipage il se tirerait parfaitement d'affaire.
Wattles préféra rester avec son ami Brown ; mais Dickinson et Harris, quoique disposés à revenir plus tard à
la colonie, aimaient mieux partir sur le bâtiment.

Le jour du départ arriva enfin. Marc avait conduit le
Rancoc à travers les courants, dans une bonne rade.
L'équipage monta à bord. Brigitte pleura longtemps,
mais finit par commander à son émotion, et prit même
un air assez résigné pour inspirer les mêmes sentiments
aux autres femmes. Chacun en était venu à regarder la
présence de Marc à Philadelphie comme si indispen-

sable, que son départ ne pouvait donner lieu à aucune observation ; mais une séparation d'une année n'en est pas moins pénible, et les derniers adieux ne furent point exempts de toute inquiétude.

Au point du jour, le *Rancoc* mit à la voile ; Brown et Wattles le suivirent sur la *Neshamony* jusqu'au Groupe de Betto, afin de rapporter au Récif les dernières nouvelles des voyageurs.

Marc fit dire à Ooroony d'assembler ses chefs et ses prêtres, et d'interdire toutes relations avec les blancs pendant une année : au bout de ce temps il leur promettait de revenir avec des présents qui ne leur seraient pas désagréables. Waally ne fut pas exclu de ces arrangements, et, en quittant les îles, Marc, confiant dans la vertu d'une interdiction revêtue d'un caractère religieux, dans la puissance d'Ooroony, et dans la vigilance de son rival, fut tout à fait rassuré sur le sort de la colonie pendant son absence.

Le lecteur remarquera que, sans le schooner, le Pic et le Récif eussent été dans des conditions de défense très-insuffisantes. Avec ce bâtiment, et Brown, Wattles, Socrate et Uncus pour le manœuvrer, une flotte entière de canots pouvait être dispersée ; mais dans une invasion, le moindre accident à l'*Abraham* eût été fatal à la colonie. Heaton avait reçu pour instruction de tenir constamment le schooner à la mer, et de faire, au moins tous les deux mois, une excursion aux Etats d'Ooroony, afin de surveiller ce qui s'y passait. Le prétexte était d'échanger des colliers, des haches et du vieux fer, contre du bois de sandal ; mais l'objet principal était d'avoir l'œil sur les mouvements des sauvages et d'examiner leurs dispositions.

Après avoir pris à bord une quantité considérable de

bois de sandal, et avoir reçu d'Ooroony huit hommes actifs, le *Rancoc* se dirigea vers Canton. Dès qu'il fut en pleine mer, le gouverneur, brassant carré, s'éloigna du Récif, et la *Neshamony* mit à la voile à son tour pour porter à la colonie les lettres des voyageurs. Au bout de cinquante jours, le navire entra dans le port de Canton, où il se débarrassa facilement et avantageusement de sa cargaison. Marc fit même une opération tellement lucrative qu'après avoir rempli son bâtiment de thés, il se trouva en possession d'un actif considérable, et crut pouvoir modifier ses projets.

Un petit brick américain était à vendre : on ne le regardait pas comme assez solide pour doubler le Cap, ou pour supporter de gros temps; cependant il pouvait naviguer plusieurs années sur une mer aussi calme que l'Océan Pacifique : Marc en fit l'acquisition pour un prix modique. Il mit à bord du brick tout ce qu'il put trouver de denrées utiles, entre autres, quelques vaches.

Les vaches d'Angleterre n'étaient pas rares; les bâtiments venant d'Europe en apportaient souvent, et les abandonnaient dans ces parages. Marc put s'en procurer six, pensant avec raison que cette acquisition serait bien précieuse pour la colonie. Il prit aussi une ample provision de fer, de munitions, d'armes et de fusils. La dépense totale, y compris le brick lui-même, ne dépassa pas sept mille dollars, somme que Marc pensait recevoir à Philadelphie, sur la fortune personnelle de Brigitte. Avec cette somme, il comptait payer le prix du bois de sandal, si les intéressés l'exigeaient. Quant au brick, il était fin voilier, et doublé en cuivre un peu vieux il est vrai, mais encore assez solide. Il était armé de dix pièces de six. Il était du port de deux cents tonneaux, et s'appelait la *Sirène*.

Les papiers étaient tous américains et parfaitemen
en règle.

Le gouverneur n'aurait pas fait cette acquisition sans
la rencontre qu'il fit à Canton d'un ancien ami, qui,
ayant épousé à Calcutta une jeune Anglaise de manières
fort distinguées, avait dû résigner ses fonctions dans la
marine. Saunders avait deux ou trois ans de plus que
Marc, et était d'un excellent caractère. Lorsqu'il apprit
l'histoire de la colonie, il brûla du désir de s'y adjoindre,
s'engageant à lever un équipage d'Américains, tous,
comme lui, sans occupation, et à conduire le brick au
Récif. L'arrangement fut conclu; la *Sirène* mit à la voile
pour le Cratère la veille du jour où le *Rancoc* partit pour
Philadelphie : Bigelow passa sur la *Sirène* comme pilote
et premier lieutenant; Woolston avait engagé un autre
officier pour le remplacer. Les deux bâtiments se ren-
contrèrent dans les mers de la Chine, et marchèrent de
conserve pendant une semaine, au bout de laquelle
chacun cingla de son côté. Le gouverneur était heureux
de penser que ce qu'il avait fait était pour le bien de la
colonie. Le jour de l'arrivée de la *Sirène* au Récif serait
un grand événement; et comme les instructions de
Saunders lui interdisaient de quitter les îles avant la
fin de l'année, sa présence serait un gage certain de
tranquillité.

Il est inutile de nous appesantir sur le passage du
Rancoc. Au temps voulu, il entra dans la Delaware, sur-
prenant tous les intéressés par sa subite apparition.
L'Ami Abraham White était mort, et la société dissoute;
mais la propriété avait été transmise aux assureurs par
suite du paiement de la somme convenue. Marc fit un
rapport détaillé de tous les événements, vendit les thés
fort avantageusement, et eut la satisfaction de voir sa

conduite approuvée de tous. Déduction faite de la somme payée aux assureurs, capital et intérêts, la compagnie résolut de donner le bâtiment, et le surplus des produits de la vente, au capitaine Woolston, pour reconnaître ses services et sa loyauté. Marc n'avait rien caché dans son récit, mais il avait raconté son histoire avec simplicité et sans chercher à se faire valoir. Le jeune marin, outre le navire, qui lui fut concédé légalement, reçut environ onze mille dollars, argent comptant.

Est-il besoin de dire qu'après ce succès, Marc Woolston fut regardé comme un grand homme? Non-seulement il fut reçu à bras ouverts par sa famille, mais le docteur Yardley lui témoigna une vive affection. On lui rendit de fidèles comptes de tutelle; de sorte qu'il se trouva en possession de plus de vingt mille dollars. Il se mit dès lors à prendre tous ses arrangements pour retourner au Cratère, où il désirait se fixer, de préférence au Pic; et ce goût était partagé par sa compagne.

CHAPITRE XX

Marc Woolston dut procéder avec une grande prudence. Il aurait pu profiter de la facilité qu'il avait de quitter les îles; il lui suffisait de faire encore un voyage, de remplir le bâtiment de bois de sandal, et d'emmener ceux qui auraient voulu le suivre; mais il était comme ensorcelé par ce climat, qui avait tout le charme d'une latitude basse, sans en avoir les inconvénients. Les brises de mer conservaient une fraîcheur qui tempérait l'air même au Récif; au Pic, dans les mois les plus chauds, rarement on devait cesser le travail en plein midi. Le climat, en somme, ne différait pas beaucoup de celui de la Pensylvanie; seulement, dans ces îles nouvelles, il n'y avait pas d'hiver. Rien n'exerce plus d'influence sur les hommes qu'un délicieux climat. Tant qu'ils en jouissent, ils n'y sont point aussi sensibles; mais c'est lorsque cet air pur vient à leur manquer qu'ils sentent la privation. Tous les voyageurs reconnaissent ce charme du climat, charme bien supérieur aux beautés ordinaires de la nature.

Marc Woolston n'avait pas la moindre envie d'abandonner le Cratère et le Pic. Il ne voulait pas non plus les peupler au hasard, et, en formant une société politique, y jeter des germes de dissensions, qui la feraient périr en peu de temps. Au contraire, son désir était de chercher à y faire régner la tranquillité et la bonne harmonie, qui, plus que la force et le nombre, pouvaient lui donner les avantages de la civilisation.

Parmi les connaissances de Marc se trouvait un jeune homme, à peu près de son âge, nommé Pennock, qui lui parut être l'homme qu'il lui fallait pour l'accomplissement de son dessein.

Pennock s'était marié très-jeune, et était père de trois enfants. Il commençait à sentir les charges d'une famille et sa situation était des plus précaires. C'était un excellent fermier, élevé dans l'amour du travail, et qu'on avait destiné à une profession libérale. Marc lui raconta son histoire, lui exposa, sous le secret, ses projets tout au long, et lui offrit de l'emmener, lui, sa

femme, ses enfants, et deux de ses sœurs qui n'étaient
pas mariées. Après avoir pris quelque temps pour y réfléchir, Pennock accepta l'offre aussi cordialement
qu'elle lui était faite.

A partir de ce moment, le gouverneur remit à John
Pennock le soin de choisir le reste des émigrants, ce
qui lui permit de terminer ses achats et de disposer tout
pour un prochain appareillage. Deux de ses frères,
Charles et Abraham Woolston, ayant exprimé le désir
de se joindre à la colonie, furent portés sur la liste.
Cinq ou six autres postulants furent encore admis di rec-
tement par le gouverneur, sans l'intervention de Pennock. Tout cela fut fait dans le plus profond secret,
Marc désirant, pour plusieurs raisons, ne pas attirer
l'attention publique sur sa colonie.

Ces raisons étaient sérieuses. En premier lieu, retenir
le monopole d'un commerce qui pouvait être si profitable, était un motif trop évident pour qu'il soit besoin
de l'appuyer d'aucun argument. Aussi longtemps que le
bois de sandal serait abondant, la colonie battrait monnaie en toute liberté. Mais il était certain que de nombreux compétiteurs se rueraient sur les îles, du moment
qu'une pareille mine de richesses viendrait à être révélée. Alors Marc redoutait la cupidité des gouverne-
ments établis, et leur ambition d'acquérir de nouveaux
territoires. Il était impossible de posséder à un meilleur
titre que celui auquel Marc occupait ses domaines.

Le gouverneur ne se dissimulait pas que, s'il révélait
l'existence des îles, il lui arriverait de toutes parts des
demandes d'admission dans la colonie; aussi prit-il les
plus grandes peines pour cacher sa découverte. L'arrivée du *Rancoc* fut insérée dans les journaux sans réflexions; on donnait seulement à entendre au lecteur que

le bâtiment avait touché sur des brisants et avait perdu la presque totalité de son équipage ; que plus tard il avait recueilli ceux qui survivaient, réparé ses avaries et achevé le voyage.

Marc et ses îles échappèrent donc aux commentaires. Il n'avait eu, par exemple, aucun besoin de parler du Pic aux assureurs ; et, sous ce rapport, il garda un silence prudent, ainsi que sur ses commencements de colonisation. La manière dont le bâtiment avait été en dérive sous le vent, et dont l'équipage avait été recueilli, fut racontée exactement, ainsi que les procédés de sauvetage qu'on avait employés.

Marc ajouta seulement qu'une partie de la cargaison avait été appropriée à ses besoins, sans entrer dans aucun détail, et comme les résultats étaient satisfaisants, les assureurs n'en demandèrent pas davantage.

Aussitôt les caps doublés, le gouverneur fit l'inventaire de sa cargaison. Il emportait un grand nombre d'articles dont l'expérience lui avait appris l'utilité, entre autres une collection d'instruments et de grains qui ne faisaient pas partie de l'assortiment réuni par feu l'Ami Abraham White.

Il emmenait encore une demi-douzaine de vaches et une espèce améliorée de porcs, ainsi qu'une couple de juments, car s'il ne fallait pas à la colonie une grande quantité de chevaux, il était utile d'en conserver quelques-uns.

On avait aussi besoin de bœufs, mais un des nouveaux colons amenait son attelage, qui pouvait suffire provisoirement. Des voitures et des chariots avaient été embarqués en nombre suffisant.

Une bonne provision de fer en barres fut faite, outre les clous et les autres menus articles du même métal,

Enfin Marc emportait quelques milliers de dollars, particulièrement en petites pièces et en monnaie de cuivre ; mais, en outre, tous les émigrants avaient avec eux des espèces en plus ou moins grande quantité.

On avait mis au fond de la cale une certaine quantité de bois de construction, quoique le moulin à scier les planches fût alors en pleine activité. Le magasin était bien pourvu de munitions, et le gouverneur avait fait l'acquisition de quatre petites pièces de campagne, de deux pièces de trois et de deux obusiers de douze, avec leurs affûts. Il avait aussi acheté six canons de bord ; ces pièces convenaient mieux aux batteries que les caronades, trop légères pour résister à un feu soutenu, et éparpillant trop la mitraille pour porter loin.

Le *Rancoc* avait aussi un armement entièrement nouveau, ayant laissé au Récif ses anciennes pièces. Marc emportait encore deux cents mousquets et cinquante paires de pistolets. On voit que rien n'avait été négligé pour la défense matérielle de la colonie.

Toutefois c'était à la partie humaine, si l'on peut s'exprimer ainsi, de la cargaison, que le gouverneur attachait le plus d'importance. Aussi le choix des émigrants avait-il été fait avec le plus grand soin, et la première condition d'admission était la moralité. Il fallait ensuite chercher à ce que les différents corps de métiers y fussent représentés.

Ainsi, il y avait parmi les nouveaux venus, des charpentiers, des maçons, des forgerons, des tailleurs, des cordonniers, etc., au moins un homme, et quelquefois plus, de chaque profession. Tous étaient mariés, à l'exception de quelques jeunes frères et sœurs, dont une douzaine furent admis avec leurs parents. Tout l'entre-

pont fut disposé pour recevoir les colons, au nombre
de deux cent sept, sans compter les enfants.

Marc Woolston était trop sensé pour tomber dans aucune de ces absurdités modernes, au sujet de l'égalité
et de la communauté des biens. Un ou deux individus
avaient voulu l'accompagner, avec l'intention de former une association, dans laquelle la propriété serait en
commun, et où l'on n'agirait que conformément au
droit naturel.

A cette dernière proposition, Marc n'avait aucune objection à faire ; mais quant à l'application, quant aux
moyens d'arriver à ce résultat, on ne put s'entendre.
Son opinion était que la civilisation ne peut pas exister
sans la propriété, et que la propriété elle-même ne peut
exister sans un intérêt direct et personnel, qui veille à
son accumulation et à sa conservation.

Un médecin vint aussi offrir ses services : Marc, qui
se rappelait les querelles de son père et de son beau-
père, pensa que c'était assez d'Heaton, et qu'il valait
autant mourir par un système que par deux. La plus
grande difficulté fut sous le rapport de la religion. La
question de religion n'était pas si sérieusement débattue
il y a un demi-siècle qu'à présent, pourtant elle était
déjà sur le tapis. Une partie des nouveaux colons étaient
malheureusement ce qu'on appelle des hommes tièdes,
c'est-à-dire peu attachés à leurs opinions, et peu rigides
dans la pratique. Voici donc quel était l'embarras de
Marc : un seul prêtre était bien suffisant pour toute la
colonie; mais un même prêtre ne serait point écouté
de tous. Comment le choisir?

Parmi les parents de Heaton se trouvait un jeune
homme nommé Hornblower, qui avait été ordonné
prêtre récemment, et dont la santé réclamait un climat

plus doux que celui sous lequel il vivait. Ce motif, mis en avant, ne trouva point d'opposition parmi les colons, et le prêtre fut reçu à bord.

Nous n'avons pas l'intention de suivre le *Rancoc* jour par jour dans son voyage. Le bâtiment toucha à Rio, et remit à la voile au bout de quarante-huit heures. La traversée offrit peu d'incidents dignes d'être mentionnés : en sortant des .eaux du Cap, une des vaches fut renversée par un coup de vent, et on ne put la sauver. Quelques jours après, un enfant mourait à la suite de convulsions.

Il y avait cent soixante jours que le bâtiment était en mer, en comptant la station à Rio, et tous les voyageurs étaient impatients d'arriver. A dire vrai, quelques-uns des émigrants doutaient de l'habileté du gouverneur à retrouver les îles, dont personne, du reste, ne contestait l'existence. Cependant les naturels déclarèrent qu'ils commençaient à flairer la terre, et cette assurance donnée par des hommes ignorants, qui la puisaient peut-être dans leur seule imagination, eut plus de poids sur les émigrants que toutes les observations et tous les instruments du gouverneur.

Un jour, un peu avant midi, Marc parut sur le pont avec son quart de cercle, et, tout en essayant les verres de l'instrument, il annonça que, suivant sa conviction, le bâtiment entrerait sous peu dans les eaux du Cratère. Un courant l'avait porté plus au nord qu'il ne pensait, mais ayant gouverné au sud-ouest, il attendait midi pour pouvoir calculer la latitude, et s'assurer de la position où il se trouvait.

Comme le gouverneur observait toujours une certaine réserve et avait l'habitude de ne faire que les communications absolument nécessaires, cette annonce fut accueillie avec transports par l'équipage et les émigrants. Tous les yeux se tournèrent vers le point où l'on espérait apercevoir bientôt la terre.

A midi, le gouverneur avait fait ses observations, et il trouva qu'il était à trente milles environ au nord des îles qu'il cherchait, son calcul lui indiquant qu'il était encore trop à l'est, il gouverna dans la direction où il pensait trouver la terre. Au bout de trois heures, les hommes en vigie dans les barres de perroquet dirent qu'ils n'apercevaient rien de l'avant. Un affreux soupçon traversa alors l'esprit de Marc : une nouvelle convulsion de la nature aurait-elle englouti les îles? Mais cette crainte ne dura qu'un instant, car bientôt le cri : « Une voile! » se fit entendre, et fut répété par tout l'équipage.

C'était le premier navire que voyait le *Rancoc* depuis son départ de Rio. Au bout d'une heure, les deux bâtiments furent assez rapprochés pour qu'on pût, à l'aide de la lunette, distinguer réciproquement les objets; et la dunette du *Rancoc* fut bientôt érigée en un observatoire, d'où le nouveau venu était attentivement examiné.

— C'est la *Sirène!* dit Marc à Bob. Rien n'est plus certain. Mais que vient-elle faire ici, au vent des îles? je ne sais qu'imaginer?

— Peut-être, Monsieur, est-ce une croisière qu'on fait en notre honneur, répondit Bob. Oui, c'est à peu près le temps où ils doivent nous attendre; je gagerais que mistress Woolston et Marthe ont mis dans leur tête de venir à notre rencontre pour nous voir plus tôt.

— Sa marche est bien étrange, Bob, répondit le gouverneur. Regardez-la donc. Elle court des bordées comme un homme ivre. Il ne doit y avoir personne à la barre.

— Et comme sa voile, sauf votre respect, est mal établie ! Voyez donc le grand hunier ! une des écoutes n'est pas roidie ; la vergue est brassée à coiffer (1).

Le gouverneur, fort préoccupé, se promena sur le pont pendant cinq minutes, s'arrêtant de temps à autre pour considérer le bâtiment, qui n'était plus qu'à une lieue du *Rancoc*. Soudain, il appela Bob.

— Ordonne le branle-bas ! cria-t-il. Tout le monde à son poste !

Cet ordre mit tout en mouvement à bord Les femmes et les enfants descendirent, et les hommes qui, pendant ces cinq mois, avaient été constamment exercés, coururent à leur poste, avec l'assurance de vieux marins. Les canons furent détachés, des gargousses et des boulets furent placés à côté ; en un mot, tout fut disposé pour le combat. Les deux bâtiments n'étaient plus qu'à une portée de canon. Mais personne à bord du *Rancoc* ne pouvait comprendre les évolutions de la *Sirène*. La plupart de ses voiles carrées étaient en place, mais sans qu'aucune fut hissée convenablement. Une tentative avait été faite pour brasser les vergues, mais les bras étaient mal placés ; aucun ordre n'avait présidé au gréement.

Mais ce qu'il y avait de plus remarquable, c'était la marche du brick. Son intention semblait être d'amortir son aile devant le vent ; mais il faisait à tous moments des embardées telles, que quelques-unes de ses voiles légères étaient presque constamment coiffées.

Marc observait ces mouvements avec la plus grande attention, ainsi que l'aspect des gens de l'équipage qui se montraient dans les agrès.

(1) On dit qu'une voile *se coiffe* quand, abandonnée à elle-même, elle se colle aux mâts et ne sert plus à la conduite du vaisseau.

— Mettez un canon de chasse en batterie! cria-t-il à
Betts; il doit être arrivé quelque affreuse catastrophe!
Le brick est au pouvoir des sauvages, qui ne savent
point le diriger!

On peut se figurer l'effet que produisit une pareille
nouvelle. Si les sauvages étaient maîtres du brick, ils
l'étaient donc aussi du Pic et du Récif; et alors, quel
était le sort des colons? Il se passa un quart d'heure
d'attente horrible pour tout l'équipage, et d'angoisses
inexprimables pour Marc. Bob n'était pas le moins
agité. Était-il possible qu'Ooroony les eût trahis? Marc
ne pouvait le croire.

— Cette pièce est-elle prête? demanda le gouverneur.

— Oui, oui, commandant; toute prête.

— Eh bien! feu; et pointe haut; effrayons-les d'a-
bord; mais s'ils résistent, malheur à eux!

Bob fit feu, et au grand étonnement de tout l'équipage, le brick répondit immédiatement par une bordée!
Mais cette énergique démonstration fut la seule marque
de résistance du bâtiment ennemi; bien que le brick
eût tiré cinq pièces presque à la fois, la décharge n'a-
vait causé aucun dommage au *Rancoc*, les Indiens ayant
tiré presque au hasard. Il n'en fut pas de même des
sauvages, dont trois ou quatre avaient été renversés par
le recul. Aussitôt il n'y eut plus aucune apparence
d'ordre à bord du brick. Le bâtiment fit chapelle (1), et
les voiles se trouvèrent coiffées.

Cependant le *Rancoc* s'avançait de plus en plus, avec
l'intention d'en venir à l'abordage; mais le gouverneur,

(1) On dit qu'un bâtiment *fait chapelle*, quand il vire de bord avec
vent devant (vent contre lui), ce qui est un mouvement assez dangereux.

ne voulant pas exposer ses hommes à un combat corps
à corps, dont ils n'avaient pas l'habitude, ordonna de
tirer à mitraille sur le brick. Il n'en fallut pas davantage
pour décider l'affaire.

Une demi-douzaine de sauvages furent tués ou blessés; d'autres coururent se cacher à fond de cale, ou
montèrent dans les hunes; la plupart, sans hésiter,
sautèrent par dessus le bord.

A la grande surprise des spectateurs, les hommes qui
s'étaient jetés à la mer, se mirent à nager dans la direction du vent, ce qui annonçait évidemment qu'ils savaient trouver une terre ou des canots de ce côté. En
présence d'un tel état de choses, Marc se dirigea sur le
brick et jeta le grappin d'abordage. Au même instant il
s'élança sur le pont, à la tête de vingt de ses hommes,
et, en une minute, il était maître du bâtiment.

Aussitôt que le gouverneur eut fini de donner ses
ordres comme marin, il descendit dans l'intérieur du
brick. Dans la cabine il trouva M. Saunders (ou le capitaine Saunders, comme l'appelaient les colons), les pieds
et les mains liés. Le cambusier avait eu le même sort,
ainsi que Bigelow, qu'on trouva aussi prisonnier dans
le logement des matelots. C'étaient là tous les colons
qui se trouvaient à bord, et l'équipage ne comptai'
même que deux hommes de plus au moment où le brick
avait été capturé.

Le capitaine Saunders ne put guère en apprendre au
gouverneur plus que celui-ci n'en voyait de ses propres
yeux. Toutefois, un fait important qu'il s'empressa de
lui communiquer, c'est que Marc, au lieu d'être au
vent du Cratère en était alors sous le vent, les courants
ayant porté le *Rancoc* plus à l'ouest qu'on ne croyait.
Le bâtiment eût abordé à l'île Rancoc au lever du so-

leil, s'il eût persisté dans la direction qu'il suivait lorsqu'il aperçut la *Sirène*.

Marc fut bientôt rassuré sur ce qui lui importait le plus, sur le sort des femmes de la colonie. Elles étaient toutes au Pic, qu'elles n'avaient point quitté depuis six mois, alors que la mort du bon Ooroony avait rendu à Waally toute sa puissance. Aussitôt après la mort de son père, le fils d'Ooroony avait été renversé, et Waally n'avait tenu aucun compte de l'espèce d'anathème religieux prononcé contre quiconque approcherait du brick, assurant à son peuple qu'il ne pouvait avoir aucune importance, lorsqu'il s'agissait de blancs. Ce fut en promettant le pillage de tout ce que les colons possédaient, ainsi que des trésors de fer et de cuivre qu'on trouverait sur leurs navires, que Waally parvint à reprendre son autorité. Toutefois la guerre ne s'alluma point aussitôt que Waally eut révolutionné les îles en sa faveur. Au contraire, en politique habile, il combla les colons de protestations d'amitié, leur peignant ses actes comme nécessaires au bien de ces îles ; il avait fait d'immenses provisions de bois de sandal, qu'il permettait de transporter au Cratère, où une cargaison entière était déjà arrivée ; en un mot, il n'était pas de démonstrations amicales qu'il ne fît pour tromper la vigilance des colons. Personne au Cratère ne s'attendait à une invasion ; mais on s'apprêtait à la réception de Marc, dont le retour était attendu d'heure en heure, depuis une quinzaine de jours.

La *Sirène* avait pris aux îles de Betto une grande quantité de bois qu'elle avait déchargée au Cratère ; puis elle avait mis à la voile dans l'intention d'aller au devant du *Rancoc*, pour porter des nouvelles de la colonie, qui étaient toutes favorables, sauf la mort d'Oo roony et les derniers événements. *C'était le matin même* du jour où la rencontre venait d'avoir lieu. L'équipage de la *Sirène* se composait du capitaine Saunders, de Bigelow, du cuisinier et du cambusier, ainsi que de deux hommes qu'on avait engagés à Canton, et dont l'un, Chinois de naissance, n'était bon à rien. C'étaient ces deux malheureux qui, étant de vigie, et s'étant enivrés, avaient laissé approcher une flotte de canots ennemis dans l'obscurité ; ils avaient payé de leur vie leur défaut de vigilance, car, premières victimes de la fureur des sauvages, ils avaient été massacrés et jetés par-dessus le bord. Le reste de l'équipage dut la vie au sommeil dans lequel il était plongé, et les ennemis les épargnèrent, n'ayant pas à redouter leur résistance. Au jour, le câble du brick fut coupé, les voiles établies à leur manière, et les sauvages se mirent en devoir de conduire leur proie au Groupe de Betto. Dieu sait quel eût été le sort du malheureux équipage, sans l'apparition du *Rancoc*.

Saunders ne pouvait rien dire de plus sur les projets des sauvages. Il avait été garrotté et tenu tout le temps à fond de cale ; il ne pouvait donc évaluer le nombre des canots ennemis. Cependant il pensait que la *Sirène* avait été attaquée par une très-petite portion des forces de Waally, commandée par ce chef en personne. Par quelques mots recueillis durant sa captivité, le capitaine Saunders avait cru comprendre que le reste des sauvages s'était engagé dans le canal, guidés par l'intention de pénétrer jusqu'au Cratère. Socrate, Uncus et Wattles y résidaient, et la *Sirène*, en partant, n'y avait pas laissé d'autres défenseurs. Lorsque le *Rancoc* avait quitté le Récif, quelques habitations y avaient été construites, et même, au Sommet, on avait élevé une maison d'assez belle dimension. Ces constructions, il est vrai, n'étaient pas tout à fait terminées, mais elles avaient une valeur inestimable pour des hommes dans la situation des colons. De plus, dans la prairie aux mille acres d'étendue, les porcs labourant par-ci, fouillant par-là, erraient à l'abandon. Socrate, de temps à autre, leur menait du Cratère un canot de vivres, afin d'entretenir avec eux des relations amicales; ces porcs n'avaient pas encore changé entièrement de nature, cependant ils commençaient à se rapprocher sensiblement de l'état sauvage. Il y en avait alors près de deux cents. Il se trouvait aussi en ce moment au Cratère de grandes provisions, surtout de fer, venant de Canton, qui étaient livrées, sans résistance possible, à la merci des hordes de Waally.

Aussitôt que le gouverneur eut entendu ces détails, son parti fut pris. Il fit serrer le vent pour passer le plus près possible de l'endroit où nageaient les Indiens : c'étaient des ennemis, c'étaient des sauvages, mais, avant cela, c'étaient des créatures humaines, et Marc ne pouvait se résigner à les abandonner au milieu de la mer. Après avoir couru quelques bordées, et louvoyé deux ou trois fois, les colons se trouvèrent au milieu des nageurs ; il n'était pas probable qu'il s'en fût échappé un sur dix, sans l'humanité de leurs ennemis. La *Sirène* mit à la mer trois ou quatre canots, et les laissa aller à la dérive ; les Indiens, malgré la terreur que leur inspirait la vue du bâtiment, nagèrent de tous côtés vers ces canots de salut et n'hésitèrent pas à s'y réfugier.

Il y avait trois canaux par lesquels le *Rancoc* pouvait arriver au Cratère; Marc choisit celui du nord, parce qu'il était le plus rapproché, et parce qu'on pouvait le suivre sans avoir besoin de louvoyer continuellement;

comme il connaissait maintenant sa position, il n'eut pas de peine à trouver le canal. Le gouverneur donna à la *Sirène* un équipage de douze hommes, et l'envoya vers les rades de l'ouest pour couper la retraite à Waally s'il tentait de s'échapper avec le butin fait au Cratère. Quant au *Rancoc*, au bout d'une heure, il fut en vue de la terre, et, au coucher du soleil, il jeta l'ancre dans les rades du nord, où il trouvait à l'abri du vent une profondeur suffisante. Le bâtiment y passa la nuit, le gouverneur ne se souciant pas de s'engager dans d'étroits passages pendant l'obscurité.

CHAPITRE XXI

Marc Woolston, en jetant l'ancre pour cette nuit, ne négligea pas de pousser une reconnaissance. Ce fut Bob qui en fut chargé : il monta dans un canot bien équipé et armé, et se dirigea vers le Récif pour s'assurer de ce qui s'y passait. D'après les instructions du gouverneur, il devait s'avancer le plus loin qu'il serait possible, et tâcher même de communiquer avec Socrate, qui, sur le point attaqué, pouvait être considéré comme le commandant.

Bien prit au gouverneur de s'être avisé de cette mesure. Bob, ayant la chaloupe du bâtiment qui portait deux voiles, marcha rapidement, et fut avant minuit en vue du Récif. A son grand étonnement, tout lui parut

tranquille, et sa première pensée fut que les sauvages
avaient accompli leur dessein et étaient repartis. Mais
Bob n'était pas un homme d'un courage ordinaire, et
une reconnaissance faite de loin ne le satisfaisait pas;
il conduisit son embarcation jusqu'au quai naturel
formé le long du Récif. Aussitôt il débarqua et prit le
chemin du Cratère. La porte était négligemment entr'ouverte, et en entrant dans l'enceinte, les marins
trouvèrent partout le calme, sans trace d'aucune violence récente. Bob, se souvenant que l'on préférait
généralement le Sommet pour dormir, monta à l'une
des cabanes qui y étaient élevées. Quelle furent sa surprise et sa joie de trouver toute la petite garnison plon-
gée dans un profond sommeil, et sans aucune idée du
danger qui la menaçait! Dès lors, il était évident que
les sauvages ne s'étaient pas encore montrés, et que
Socrate ignorait qu'il fût arrivé malheur au brick.

Il serait difficile de peindre la joie du nègre lorsqu'il
serra la main de Bob, et qu'il apprit que son maître
Marc était si près de lui avec un nombreux renfort. Du
reste, comme le gouverneur avait donné à son premier
lieutenant pour cette exploration vingt-cinq hommes
bien armés, Bob regarda le Cratère comme en sûreté
avec une telle garnison. Il renvoya la chaloupe, montée de quatre hommes, pour rendre compte au gouverneur de l'état dans lequel il avait trouvé les choses,
puis il songea à organiser la défense.

Au dire de Socrate, il n'y avait pas trop à s'inquiéter,
le Récif pouvant être facilement mis à l'abri d'une invasion. L'*Abraham* était mouillé devant le Pic, dans
l'Anse Mignonne; il en était de même de la *Neshamony*
et de la plupart des embarcations. Les porcs et les vaches
étaient les plus exposés : bien qu'une partie du bétail

fût habituellement gardée au Pic, il y avait encore encore environ deux cents porcs et huit bêtes à cornes, y
compris les jeunes veaux, sur la prairie. Bob, toutefois,
craignait moins pour les bêtes à cornes que pour les
porcs, et voici pourquoi : c'est que les derniers seraient
tués par les flèches des sauvages, tandis que Waally
ferait tous ses efforts pour prendre les autres vivantes.

Il n'y avait, à moins de venir par mer, qu'un seul
chemin qui conduisît au Cratère ; ce chemin longeait le
Parc aux Porcs et traversait le pont de planches. Bob
crut prudent de prendre immédiatement possession de
ce passage. Il ordonna à Socrate de veiller sur la porte,
où il établit un poste ; quant à lui, il vint avec dix
hommes prendre position tout près du pont. Les troupes
de Waally pouvaient, il est vrai, se jeter à la nage, et
n'attendraient sans doute pas longtemps devant le bassin ; mais il y aurait grand avantage à les combattre
ainsi dans l'eau. Toutes les caronades furent chargées ;
puis, ces précautions prises, toutes les sentinelles à leur
poste, Bob permit à ses hommes de sommeiller sans
quitter leurs armes. La position était trop nouvelle
pour qu'aucun fût tenté d'user de la permission, bien
que le commandant lui-même donnât l'exemple, en
faisant entendre ses ronflements sur tous les tons de la
gamme.

Comme on s'y attendait, Waally commença l'attaque
au point du jour. La chaloupe avait eu le temps de
rejoindre le brick, et celui-ci faisait force de voiles vers
le Cratère. La *Sirène*, suivant les instructions de Marc,
était entrée dans les rades de l'ouest, et s'avançait à
toutes voiles pour prendre la flotte de Waally par derrière. Telle était la situation, lorsque retentit le cri de
guerre des Indiens.

Waally dirigea sa première attaque contre le pont, qu'il pensait emporter sans résistance. Sachant que le bâtiment était parti, il n'en craignait plus le feu ; mais il savait aussi que des canons étaient placés au Sommet et il espérait s'emparer de ces pièces dans l'ardeur du premier engagement. Ces terribles instruments de destruction étaient pour les sauvages l'objet d'une profonde terreur, et Waally sentait toute l'importance d'une telle prise. Il fallait pour cela une grande rapidité dans les mouvements. Ayant pris des informations sur l'état du Récif, il pensait n'y trouver aucune résistance, supposant que depuis qu'il avait capturé la *Sirène*, ses ennemis étaient réduits à une demi-douzaine. Ce calcul n'était pas dépourvu de raison, et, sans contredit, Socrate et les siens, seuls au Récif, et par conséquent dans toute l'île, seraient infailliblement tombés entre les mains des sauvages, sans l'arrivée fortuite d'un renfort. Les Indiens poussèrent leurs cris, lorsqu'ils virent que le pont était retiré, et aussitôt le poste placé sur le Récif leur envoya une terrible décharge. Ainsi commença le combat, qui s'engagea avec une furie et des clameurs prodigieuses. Waally ne savait de quel côté viser, car il n'apercevait pas les hommes dont il essuyait le feu ; il ne pouvait les voir sur le Récif que par intervalles, ceux-ci se cachant derrière les anfractuosités des rochers. Waally, après avoir fait feu de sa mousqueterie, se décida à livrer l'assaut ; plusieurs centaines d'hommes se jetèrent à la nage, et, traversant le bassin, se dirigèrent vers le Cratère. Averti par ce mouvement, Pob se retira avec calme et en bon ordre vers la porte, laissant les sauvages gagner le Récif, sans les inquiéter. Ceux-ci prirent terre en foule et se ruèrent de tous côtés, avides de pillage et altérés de sang. Bob passa immédiatement la porte avec ses hommes, la referma, sachant bien que ses efforts pour arrêter le torrent à l'extérieur seraient inutiles, et il ne songea plus qu'à la défense du Cratère.

Le plateau qui servait de citadelle n'avait pas, on s'en souvient, moins de cent acres de superficie, et cette étendue rendait la garnison insuffisante pour soutenir un siége. Il n'eût pas été possible de songer à s'y défendre sans la certitude d'être soutenu par des forces qui ne pouvaient être éloignées. Cette pensée encourageait la garnison, et la confiance triplait ses forces. Bob divisa ses forces en petits détachements de deux, et les échelonna autour du plateau, avec ordre de veiller sans cesse et de se soutenir mutuellement. Il savait bien qu'il n'était pas d'autre moyen de pénétrer au Cratère qu'en passant par la porte, à moins d'apporter des échelles ou quelque machine de siége. Or, pendant les préparatifs de l'assaut, le jour serait complétement venu, et les colons auraient tout le temps de se porter en force suffisante sur le point menacé. La porte, en outre, était commandée par une caronade et gardée par un poste.

Waally fut cruellement désappointé, en s'apercevant que le Sommet ne pouvait être escaladé sans recourir à des moyens artificiels quelconques. Il eut au moins la prudence de faire retirer ses hommes derrière les rochers, muraille naturelle qui les tenait à l'abri du feu des caronades, mais qui les réduisait en même temps à une complète inaction.

A quelque distance, derrière une cabane, Waally apercevait une masse de fer assez considérable, et d'autres objets d'une valeur moindre peut-être, mais qui tentaient tout autant sa cupidité. Détacher un de ses

C. 16

hommes pour s'en emparer, c'était l'envoyer à une mort certaine ; et le pouvoir magique des balles et des boulets gardait mieux la propriété des colons que tous les anathèmes du monde. Pendant cette mémorable matinée, il y avait, comme on le sut par la suite, onze cents guerriers sur le Récif, sous les remparts naturels du Cratère. Il y avait en outre une centaine d'hommes dans les canots, soit dans les rades de l'Ouest, soit en pleine mer, attendant l'issue de l'entreprise.

Enfin Waally tenta un effort; il ordonna à une troupe de se hisser sur le plateau, en montant sur les épaules les uns des autres. Ce plan paraissait d'abord avoir réussi, mais le premier Indien qui montra sa tête au-dessus du roc, reçut une balle qui lui fendit le crâne, et tomba, entraînant avec lui plusieurs de ses compagnons qui se brisèrent les os dans leur chute. Le coup avait été ajusté par Socrate. La position complétement isolée du Cratère ajoutait singulièrement à sa force, en tant que poste militaire, et Waally se sentait arrêté par des difficultés qui, certes, eussent embarrassé un de nos généraux. Pour la première fois de sa vie, ce guerrier rencontrait une forteresse, qui ne pouvait céder qu'à un siége régulier ou à un coup de main. Le coup de main ayant échoué, les Indiens se trouvaient à bout de ressources et n'étaient plus à la hauteur de l'entreprise.

Fatigué d'une trop longue inaction, Waally se décida à tenter un effort désesperé. Le chantier servait encore à réparer les canots, etc., et il y restait toujours quelques matériaux. Waally prit une centaine d'hommes résolus, et les envoya, sous la conduite d'un de ses plus braves chefs, avec ordre de prendre autant de bois, de planches, de solives, etc., qu'ils pourraient, et de les apporter au pied du Cratère. Bob soupçonna cette sortie; aussitôt il chargea une caronade à mitraille, et la pointa sur la principale pile de bois. A peine les sauvages parurent-ils, qu'il alluma sa mèche, et lorsqu'ils furent tous réunis autour de la pile, il fit feu. Une douzaine d'Indiens tombèrent, et le reste disparut, comme la poussière balayée par le vent.

En ce moment, un cri, répété par les sentinelles du Sommet, signala l'arrivée du *Rancoc*. Sans aucun doute, le gouverneur avait entendu le coup tiré du Cratère, car il y répondit aussitôt, encourageant les assiégés par ce signal. Une minute après, un troisième coup se fit entendre du côté de l'ouest, et Bob aperçut les voiles de la *Sirène* au-dessus des pointes des rochers. Il est presque inutile d'ajouter que le bruit de l'artillerie et la vue des deux bâtiments détruisirent tous les plans de Waally, qui commença une seconde retraite, refoulant sa rage au fond de son cœur.

La retraite de Waally fut, sinon digne, du moins heureuse. A un signal donné, les sauvages se jetèrent à la mer et traversèrent de nouveau le bassin. Bob pouvait mitrailler les fuyards, et en détruire un grand nombre, mais il avait horreur de répandre le sang inutilement. Cinquante hommes de plus ou de moins n'eussent rien changé au résultat, leur retraite étant chose décidée. Les Indiens purent donc quitter le Récif, emportant leurs morts et leurs blessés, au moyen du pont qu'ils purent rétablir.

Toutefois, il avait été facile à Waally de regagner ses canots, mais par quelle route sortir des eaux du Récif? A l'ouest la *Sirène* lui coupait la retraite, au nord le *Rancoc* venait toutes voiles dehors. Pour sortir à l'est ou au sud, il fallait passer sous le feu du Récif, et courir

entre le Cratère et le *Rancoc*. A la présence d'un pareil
danger, Wally eut la pensée de se rendre, ne voyant aucun moyen de tirer sa flotte de cette mauv. .. passe.
Cependant, en prenant le vent, et nageant vivement de
leurs pagaies, ils pouvaient parvenir à éviter les deux
bâtiments, qui ne sauraient les poursuivre dans d'aussi
étroits canaux. Les sauvages entrevirent ce moyen de
salut, et firent un violent effort pour gagner l'est. Bob
les laissa passer sans les inquiéter, bien qu'ils fussent à
une demi-portée de la batterie. Heureusement encore
pour eux, lorsque le *Rancoc* arriva, ils étaient parvenus
à l'endroit d'où ce bâtiment avait été pour la première
fois conduit au Récif par les moyens ingénieux imaginés
par Marc et par Bob.

Ce dernier vint à la rencontre du gouverneur pour
lui exposer ses opérations. Le danger était éloigné, et
Woolston n'était pas fâché de n'avoir pas eu besoin d'a-
voir recours à ses batteries pour que le succès fût complet. Le bâtiment fut amarré à l'un des quais naturels,
et tous les passagers se précipitèrent en foule à terre,
dès qu'une planche put être placée pour leur faciliter la
descente. En une heure les vaches furent débarquées et
prirent possession de leurs pâturages du Cratère, où
l'herbe venait jusqu'au genou ; tout ce qui avait vie fut
bientôt à terre, à l'exception des rats et des vers qui
avaient élu domicile dans les flancs du bâtiment. Quant
aux ennemis, on n'y pensait plus. Un homme, monté
dans les vergues, annonça qu'on les voyait s'éloigner
rapidement, et qu'ils étaient déjà trop loin pour qu'on
pût conserver quelque inquiétude. Il eût été facile cependant aux deux bâtiments de leur donner la chasse;
mais tout le monde était trop content d'en être débar-
rassé pour songer à aller les rejoindre.

Ce fut une grande joie pour les colons de mettre le pied sur la terre ferme. Dans des circonstances ordinaires, le Récif, le Cratère, le Parc aux Porcs, n'auraient pas eu des charmes excessifs pour les émigrants ; mais il n'y a rien de comparable à une traversée de cinq mois pour embellir les sites les plus stériles. Le reproche de stérilité ne pouvait plus s'appliquer aux îles dont nous parlons, et surtout aux parties déjà livrées à la culture par les colons. Les arbres commençaient à être en grand nombre ; on en avait planté des milliers, les uns pour leurs fruits, les autres pour leur bois, quelques-uns pour leur ombrage seulement. Socrate, pour sa part, avait planté de sa main plus de cinq mille saules, l'opération consistant tout simplement à enfoncer un bout de branche dans la terre. Pour la rapidité de la végétation, nous ne pourrions en donner une idée, même en la comparant à celle des parties les plus fertiles de l'Amérique.

Enfin, après un si long voyage, Marc revenait au domicile qu'il s'était choisi. Son bâtiment était là, rempli de mille objets qui devaient ajouter au bien-être de toute la colonie. Il y eut un moment où le cœur de Marc fut inondé de bonheur.

A peine une demi-heure s'était-elle écoulée depuis l'arrivée du bâtiment, que Bob s'élançait dans la *Neshamony*, et faisait voile vers le Pic pour y porter l'heureuse nouvelle, et pour ramener au Récif la femme de son gouverneur. Il devait être de retour vers le coucher du soleil, grâce à la marche rapide du petit navire ; mais il n'eut pas besoin d'aller jusqu'au Pic. A peine avait-il doublé le Cap-Sud, et était-il entré dans le détroit, qu'il rencontra l'*Abraham* faisant voile vers le Récif. Il paraît que l'on avait remarqué du Pic, à quelques signes, les intentions hostiles de Waally, ainsi que le départ de sa flotte de l'île de Rancoc ; on avait tenu conseil, et il avait été décidé que l'*Abraham* irait avertir les habitants du Récif de l'imminence du danger, et les aider à repousser les Indiens. Brigitte, voulant veiller sur quelques objets de valeur déposés dans la « maison du gouverneur », au Sommet, était montée à bord du schooner, accompagnée de Marthe.

Nous laissons au lecteur le soin de s'imaginer la joie qui éclata à bord de l'*Abraham* à la nouvelle du retour du *Rancoc !* Pour Brigitte, sa joie tenait du délire ; plus que jamais elle persista dans sa détermination d'aller au Récif et d'y amener ses enfants avec elle. Après les premiers transports et les explications nécessaires, on s'entendit sur ce qu'il y avait à faire. Brown commandait l'*Abraham*, dont l'équipage était suffisant : Bob l'envoya au large observer la direction du vent. Il fallait obliger Waally à passer au nord et l'empêcher de se rapprocher du Récif, non-seulement pour que sa retraite fût immédiate et complète, mais pour qu'il ne lui prît pas fantaisie de recommencer pareille expédition. Pour une telle course, le schooner était le meilleur bâtiment de la colonie, parce qu'il fallait peu de bras pour la manœuvre, et qu'il avait un armement convenable. Brown était bien capable de le diriger, et il orienta au plus près, tandis que Bob, ayant pris les femmes sur son bord, retournait au Récif.

Cette journée avait commencé de si bonne heure qu'ils y arrivèrent avant midi. Le gouverneur, en voyant revenir la *Neshamony*, fut rempli d'inquiétude. Elle ne pouvait avoir été jusqu'au Pic ; Waally lui avait donc barré le passage avec sa flotte, et Bob venait demander du renfort. Mais bientôt le bâtiment approchant davantage, Marc aperçut des vêtements sur le pont, et braquant sa lunette, il put distinguer sa jeune épouse. Les bâtiments venant du sud étaient obligés de passer à travers un détroit resserré entre le Récif et le Parc aux Porcs, du côté du pont mobile, dont nous avons si souvent parlé. Il y avait en cet endroit assez d'eau pour une frégate, et assez d'espace aussi, la largeur étant de cinquante pieds; l'épreuve, du reste, en avait été faite avec l'*Abraham*. Woolston s'y établit, attendant l'arrivée de la *Neshamony* avec une impatience qu'il avait peine à contenir.

Bob vit le gouverneur, et le montra du doigt à Brigitte, offrant à celle-ci de la faire descendre dans un canot pour arriver plus vite; mais la tendre affection des deux époux eut bientôt rapproché la distance, et Marc, sautant à bord de la *Neshamony*, dès qu'elle parut dans le détroit, put serrer Brigitte contre son cœur.

Il faisait presque nuit lorsque le gouverneur se retrouva au milieu des colons. Déjà ceux-ci avaient jeté un coup-d'œil sur le Récif et les îles voisines, et les plus difficiles d'entre eux furent trompés en bien sur les avantages du pays qu'ils allaient habiter. L'impression favorable que tous éprouvèrent était due peut-être à l'abondance des fruits des tropiques. Peu à peu, plus de mille orangers avaient été plantés sur le Cratère et dans les alentours, et ils étaient en plein rapport. On en voyait aussi s'élever sur les îles adjacentes. Quelques-uns de ces arbres étaient encore, il est vrai, un peu jeunes, mais enfin ils portaient des fruits, et pour ces hommes arrivés de la Pensylvanie, quel délice de se promener dans des allées embaumées d'orangers, et de savourer à discrétion des fruits exquis!

Quant aux figues, aux melons, aux citrons, aux noix

de cocos, il y en avait en quantité suffisante pour la population. La nouveauté séduisit pendant quelque temps les nouveaux venus, mais bientôt ils soupirèrent après les pommes et les pêches de leur pays : c'est que la pomme et la pêche, comme la pomme de terre, sont les dons de la nature qui fatiguent le moins notre goût.

Cette nuit-là, beaucoup d'émigrants retournèrent coucher à bord, la plupart pour la dernière fois. Vers dix heures du matin, Brown venant de l'est, aborda au Récif : il rapportait que Waally était parti, et bien parti, sans être tenté de regarder derrière lui. La question était de savoir si ce chef, après une course de quatre cents milles, pourrait retrouver la route de ses domaines ; car la moindre déviation pourrait avoir pour lui des conséquences funestes. Du reste, qu'importait aux colons? Plus Waally trouverait d'obstacles, moins il serait tenté de renouveler sa visite, et la perte de quelques hommes dans cette retraite serait peut-être une leçon profitable pour les sauvages.

Le gouverneur, après avoir entendu le rapport de Brown, décida qu'il n'y avait pas lieu de poursuivre la flotte ennemie, la leçon étant déjà suffisante, d'autant plus qu'il était peu probable que la colonie fût inquiétée de nouveau de ce côté.

Ce jour-là et le suivant, les colons s'occupèrent à débarquer leurs effets, consistant en meubles, outils et provisions de toutes sortes. Comme le gouverneur avait l'intention d'envoyer quarante familles au Pic, l'*Abraham* fut amené au quai, et les effets de ces familles, aussitôt descendus à terre, furent chargés sur le schooner. Hommes et femmes furent employés à cette tâche, et ce point du Récif ressemblait à une vraie ruche. Bill Brown commandait encore l'*Abraham*.

Trois jours après l'arrivée du *Rancoc*, au coucher du soleil, l'*Abraham* mit à la voile pour le Pic, ayant à bord un peu moins de cent colons, y compris les femmes et les enfants. La *Neshamony* le précédait de quelques heures, portant le gouverneur et sa famille.

Vers minuit, l'*Abraham* entra dans l'Anse Mignonne. Vu l'heure avancée, chaque colon, homme ou femme, prit une charge proportionnée à sa force, et gravit la pente. Il faisait un magnifique clair de lune. La plupart des nouveaux venus passèrent la nuit en plein air, sous des tentes ou sous un abri de feuillage qui leur avait été préparé, et bientôt un doux sommeil leur apporta, dans des rêves embaumés, le bonheur et la tranquillité qu'ils venaient chercher sous ce beau climat.

Dès le matin, tous étaient debout, et chacun, en sortant de sa demeure improvisée, ne pouvait croire à la réalité du spectacle qui s'offrait à ses yeux! L'art, il est vrai, n'avait point apporté là ses ressources ingénieuses et variées, mais les dons de la Providence et les beautés de la nature s'étalaient avec une richesse qui confondait l'imagination.

CHAPITRE XXII

Au point où était arrivée alors la colonie, il s'agissait de procéder avec méthode et avec prudence. Il y avait à établir certains grands principes sur lesquels le gouverneur avait longtemps médité, et qu'il était décidé à appliquer, quoiqu'il s'attendît à quelque résistance. Il redoutait, du reste, plutôt des tracasseries qu'une opposition sérieuse.

Jusqu'alors, à l'exception de quelques priviléges accordés au gouverneur, par égard pour sa position plus encore que pour son droit, tout ce qui tenait à l'agriculture dans la colonie avait été possédé en commun. Mais le bon sens de Marc lui montra qu'un tel état de choses ne pouvait ni ne devait exister plus longtemps. Les théories, si à la mode de nos jours, sur les bienfaits de l'association, étaient alors peu connues et ne trouvaient guère de crédit. La société, telle qu'elle est légalement constituée, est tout ce qu'il faut, en fait d'association, pour tout ce qui est utile, et le gouverneur ne voyait pas la nécessité d'ajouter une roue à une autre roue. Tant qu'un homme travaille pour lui ou pour ses proches, la société est sûre qu'il travaille avec beaucoup plus d'ardeur que s'il devait mettre en commun le fruit de son travail. Ce fut dans cette vérité si simple que notre jeune législateur trouva la théorie de son gouvernement.

Le premier acte du gouverneur fut de nommer son frère, Abraham Woolston, secrétaire de la colonie. En Amérique, le respect pour l'autorité était encore en grand honneur, et M. le secrétaire Woolston devint bientôt un personnage important, comme les autres fonctionnaires nommés par le gouverneur.

En entrant en fonctions, Abraham Woolston commença par faire le recensement de la population. La colonie se composait de trois cent vingt personnes. L'intention du gouverneur n'était pas d'augmenter ce nombre en provoquant une émigration nouvelle, sauf des cas imprévus, et encore, après une mûre délibération. On avait choisi avec le plus grand soin les colons actuels, et admettre maintenant à la légère de nouveaux venus, c'eût été détruire tout le bien qu'on avait fait. Ces raisons furent portées dans le nouveau conseil, et l'opinion du gouverneur fut admise à l'unanimité.

Il n'est pas inutile de dire un mot de ce conseil. Le nombre des membres fut élevé à neuf, au moyen d'une nouvelle élection, et ils furent nommés à vie; cette précaution était prise pour prévenir toute tentative de corruption électorale. Le nouveau conseil était composé ainsi qu'il suit :

MM. HEATON, — PENNOCK, — BOB BETTS, — C. et A. WOOLSTON, frères du gouverneur, — CHARLTON, — SAUNDERS, — WILMOT, — WARRINGTON.

Ces noms étaient ceux des hommes les plus capables de la colonie, à l'exception peut-être de Betts, mais ses droits à faire partie du conseil étaient trop évidents pour être contestés ; et puis, Bob avait beaucoup de bon sens, et surtout une grande modestie. Il savait ce qu'il valait, et n'était pas assez ridicule pour se faire passer pour plus qu'il n'était réellement; en outre, ses connaissances pratiques le rendaient fort utile au conseil, où son opinion était toujours écoutée ave attention et même avec respect. Charlton et Wilmot étaient des commerçants qui venaient avec l'intention de trafiquer des denrées indigènes ; Warrington, le plus riche des colons, après le gouverneur, se donnait à lui-même le nom de fermier, malgré ses connaissances élevées et ses études libérales.

Warrington fut nommé juge, avec un faible traitement, qu'il abandonna au vénérable prêtre, M. Hornblower: il n'avait pas besoin de ce traitement pour lui-même, et contribuait ainsi aux dépenses du culte, pour

.squelles il n'existait pas de fonds à la colonie. Charles Woolston, qui avait étudié les lois, fut nommé avocat général, ou, comme on l'appela moins pompeusement, avocat de la colonie, fonctions auxquelles il ajouta celles d'inspecteur général. Charles, qui n'avait pas de fortune, reçut deux cent cinquante dollars d'appointements. Le traitement du gouverneur fut ensuite discuté ; mais Marc trancha la question en déclarant qu'il n'en recevrait pas. Sa fortune personnelle était plus que suffisante. Par exemple, il établit sur une base inébranlable le droit de propriété, dans l'acception la plus étendue du mot.

Le conseil fut convoqué le lendemain de sa nomination. Après quelques préliminaires, on discuta la grande question de la division des propriétés. Warrington et Charles Woolston posèrent en principe que la Providence avait placé toutes ces terres entre les mains du gouverneur, et que lui seul pouvait transférer à d'autres des titres de propriété. Cette théorie avait quelque affinité avec celle du droit commun, d'après lequel le prince est suzerain et hérite de toutes les propriétés en déshérence. L'humilité, disons mieux, la justice de Marc, lui fit repousser tout d'abord cette doctrine. Il admit la souveraineté et les droits qui y sont attachés, mais ce ne fut pas en lui qu'il voulut qu'elle résidât, mais dans l'universalité des citoyens de la colonie. Du moment que la partie la plus intéressée envisageait la question sous ce point de vue, les autres n'avaient qu'à se soumettre. Les terres, dès lors, furent déclarées propriété de l'État. Cependant des concessions importantes furent faites à Marc et à Bob Betts, qui avaient été, en quelque sorte, les pionniers et les premiers possesseurs, et un vote unanime confirma leurs roits. Le gouverneur Woolston reçut, pour sa part, un millier d'acres de terre au Pic, dont la contenance était environ trente mille acres; il eut en outre une île d'une étendue à peu près égale, admirablement située au centre du groupe, et à une lieue à peine du Cratère. Bob Betts reçut cent acres, dans le voisinage aussi du cratère, mais il refusa toute autre propriété, considérant son droit de premier possesseur comme suffisamment rétribué. Lorsque le conseil en fut à faire la part de chaque colon, il reçut la sienne, mais rien au delà. Heaton se vit donner deux cents acres au Pic, et autant dans les îles, en récompense de ses importants services. Un état de ces diverses cessions de terres fut aussitôt dressé et scellé du grand sceau de la colonie; car, dans sa prévoyance, le gouverneur avait apporté du parchemin, de la cire, et un sceau à l'usage de ces nouveaux états.

Le partage du reste des terres fut fait d'après un principe général : chaque citoyen mâle âgé de vingt et un ans, reçut cinquante acres au Pic, et cent acres au récif; ceux qui n'avaient pas atteint cet âge, devaient attendre. On fit alors l'arpentage du terrain, et les diférents lots furent numérotés et enregistrés par ordre, puis on procéda au tirage, en mettant dans une boîte les noms des ayants droit, et dans une autre un nombre de numéros correspondants. Le chiffre et le nom sortis furent inscrits, et les formules imprimées des titres de propriété furent remplies, signées, scellées et remises aux titulaires. Nous disons imprimées, parce qu'on avait amené un imprimeur à bord du *Rancoc*, avec une presse et des caractères.

Comme une loterie n'a point à s'occuper des intérêts particuliers, il se fit, avant la délivrance des titres, des

C.

17

échanges, dans le but de rapprocher les uns des autres les amis et les parents. On vendit des terres au Pic, pour n'en posséder que dans le Récif et réciproquement. Il y avait, il faut le dire, des lots d'une valeur plus ou moins grande, suivant la convenance des colons.

Comme tout avait été réglé d'après un même principe, et que le tirage avait eu lieu en public, il n'y avait pas lieu à réclamation. La plus grande différence dans la valeur provenait de ce que certains lots, moins mauvais pourtant qu'ils ne semblaient au premier abord manquaient souvent d'eau douce et d'engrais. Ici la terre était trop forte ; là, couverte par les sables, elle ne pouvait produire : Heaton suggéra un expédient qu'il avait employé avec le plus grand succès, pendant l'absence du gouverneur ; c'était de mélanger les deux espèces de terre, et la fertilité des parties déjà travaillées de la sorte était remarquable.

Le transport du sable fut plus facile qu'on ne l'avait imaginé ; comme il était naturellement près de l'eau on put le porter dans les bateaux par les nombreux canaux qui sillonnaient les îlots du Récif. Chacun put ainsi améliorer son lot sans grande peine, et les travaux furent poussés avec activité.

Il fallut un mois pour mettre tous les propriétaires en possession de leurs lots ; mais, au bout de ce temps chacun put se convaincre, par sa propre expérience des résultats du système de Marc, concernant la propriété. Un individu n'était pas plutôt en possession de sa terre, il n'avait pas plutôt l'assurance que cette terre était son bien propre, qu'il en pouvait faire ce que bon lui semblait, qu'aussitôt il se mettait à l'œuvre avec un courage que soutenait l'espérance et que couronnait toujours le succès.

Au travail individuel se joignait le travail en commun. On se réunissait, on s'aidait l'un l'autre.

Tous les colons se mirent donc à l'œuvre comme un seul homme : comme, d'après les avis d'Heaton, on commença par charrier le sable, le besoin de chevaux et de gros bétail se faisait vivement sentir; mais, faute de tombereaux, on construisit des brouettes, et l'on s'aperçut bientôt qu'avec ces ustensiles douze bonnes paires de bras avançaient bien l'ouvrage en un jour. On s'ingénia de toutes manières pour le transport de ce sable, et le gouverneur établit un système d'après lequel chaque ferme en reçut une charge à son tour. La besogne était très-avancée au bout d'un mois, les distances ayant été rapprochées par la construction de quelques bateaux de supplément.

Les habitations furent l'objet d'une attention spéciale. Le bois, par malheur, était fort rare dans le Groupe, et il devenait indispensable de s'en procurer. L'île Rancoc était fort bien boisée et renfermait, entre autres espèces, un très-grand nombre de pins élevés. Bigelow y fut envoyé avec l'*Abraham*, pour y établir un moulin à eau et scier les bois, qu'il expédierait ensuite à la colonie. Le moulin fournit abondamment des planches, que le schooner transporta au Cratère. On coupa aussi beaucoup de cèdres, qui n'étaient pas en moins grand nombre que les pins. Le transport de ces bois était le point difficile.

Bigelow creusa dans l'île Rancoc un canal fort ingénieux, par lequel les bois étaient amenés jusqu'au moulin. Au moyen de digues, l'eau resserrée traversait, pendant deux ou trois milles, une gorge de montagnes, et, se précipitant ensuite avec force, entraînait les arbres qu'on y lançait des pentes voisines. On s'aperçut, en outre, qu'en aval du moulin le torrent pouvait porter les trains de bois jusqu'à la mer.

L'exécution de tous ces projets ne fit pas oublier au gouverneur les graves intérêts qui se rattachaient à ses relations avec ses voisins : il s'agissait de surveiller Waally et de protéger les droits du fils d'Ooroony. Le conseil déclara à l'unanimité qu'une démonstration était nécessaire de la part de la colonie, pour faire impression sur leurs turbulents voisins. En conséquence, on prépara une expédition à laquelle devaient prendre part la *Sirène*, l'*Abraham* et un nouveau bateau-pilote, de cinquante tonneaux. Ce schooner était tout prêt à être lancé lors du retour du *Rancoc*, et il fut mis à flot à cette occasion. Il avait été construit dans une baie où Bigelow avait trouvé un chantier convenable, et où le bois était plus à portée qu'au Récif. Comme l'île Rancoc fournissait facilement d'excellents matériaux, le conseil se détermina à y établir un chantier permanent pour la réparation et la construction des navires. Cette île, du reste, offrait des avantages de tous genres : on y trouvait de très-bonne terre à briques et une quantité de pierres à chaux. Sous le rapport de l'agriculture, l'île n'était pas aussi avantageuse, comprenant à peine un millier d'acres de terre labourable, mais les montagnes renfermaient des trésors inépuisables.

On construisit immédiatement un four à briques et un four à chaux : il se trouvait heureusement parmi les colons des hommes habitués à ces travaux. Avant le départ de l'expédition contre Waally, deux fours étaient terminés, et une quantité considérable de briques et de chaux avait été portée au Récif. Comme, pendant les douze mois d'absence du gouverneur, on avait amassé une provision énorme de bois de sandal, le *Rancoc* en

reçut une cargaison pour Canton. Marc n'avait pas le
projet de commander en personne le bâtiment pour ce
voyage, mais il remit le commandement à Saunders,
qu'il regardait comme tout à fait compétent. Aussitôt
que tout fut prêt, le *Rancoc*, la *Sirène*, l'*Abraham* et
l'*Anna*, — c'était le nom du nouveau bateau-pilote, —
fi ent voile vers le Groupe de Betto. Marc avait son plan,
et en faisant passer sa flotte vis-à-vis des îles, il voulait
intimider ses ennemis. Depuis la dernière révolution
accomplie par Waally, les naturels qui, lors du précé-
dent voyage, étaient à bord du *Rancoc*, n'avaient aucune
envie de retourner au service de Waally. Ils s'engagèrent tous avec empressement pour une nouvelle traversée commerciale. Les services de ces hommes
étaient fort précieux, et le gouverneur avait l'intention
d'en attirer quelques-uns encore, si l'occasion s'en
présentait.

L'arrivée d'une force aussi redoutable décida Waally
à des arrangements tout pacifiques. Dans sa retraite du
Récif, sa flotte avait essuyé un grain, pendant lequel
une vingtaine de canots avaient été jetés sur une plage
lointaine, avec une poignée de sauvages à demi-morts
de faim, tout le reste avait dû être englouti par les
flots. Ce désastre avait rendu Waally très-impopulaire :
les amis des malheureuses victimes étaient animés
contre lui, et, de plus, il avait échoué dans son expédition.

Le succès, voilà la première condition de la popu-
larité ; et chaque jour nous voyons le vulgaire porter
aux nues celui auquel on jetait la pierre un instant auparavant. Est-il étonnant que Dieu soit oublié par des
hommes dont l'existence se passe à courtiser le peuple ?
Il viendra un temps, cependant, où tous les ambitieux

déçus s'écrieront, comme Wolsey, dans Shakspeare :

Si pour servir le Seigneur
J'avais jamais montré la moitié de l'ardeur
Dont j'ai servi mon roi, serais-je sans défense.
A tous mes ennemis livré pour récompense?

La puissance de Waally, déjà ébranlée par un premier revers, s'écroula entièrement devant les forces que
le gouverneur Woolston amena contre lui. Bien que
celui-ci n'eût sur ses bâtiments qu'une quarantaine
de blancs, lorsque les chefs indiens aperçurent les
canons, pas un n'eut la pensée de prendre l'offensive.
Waally comprit aussitôt sa situation, et eut la sagesse
de se soumettre à sa fortune. Il envoya au gouverneur
un messager, porteur d'une branche de palmier, offrant
de restituer au jeune Ooroony l'autorité de son père, et,
quant à lui, de se retirer dans ses domaines privés.
Telles étaient les bases du traité qui fut conclu, et dont
l'accomplissement fut garanti par la remise de plusieurs
otages. Waally consentit à tout ce que le gouverneur
exigea, et les clauses furent faites à l'entière satisfaction
des blancs et du jeune Ooroony. Voici quelles étaient
les principales :

En premier lieu, une centaine de jeunes Indiens furent choisis et donnés à Marc comme apprentis marins.
C'étaient autant d'otages pour assurer la soumission de
leurs parents ; de même que ces parents, sous la domination de la colonie, serviraient d'otages pour leurs
enfants. Le gouverneur commençait à concevoir l'espérance de pouvoir établir entre la colonie et les Indiens
des rapports de bonne amitié. En plaçant les jeunes sauvages à bord des différents bâtiments, Marc donna aux
officiers des instructions très-positives, et leur recommanda beaucoup de bonté pour leurs jeunes élèves ; on

devait leur apprendre en même temps à lire et les in-
struire dans la religion chrétienne. M. Hornblower et
la majeure partie des femmes de la colonie prirent un
intérêt très-vif à ces nouvelles occupations. La justice
et les bons traitements produisirent sur ces cent jeunes
gens leur effet ordinaire ; tous au bout d'un certain
temps, étaient bien plus attachés au Récif et à ses
usages qu'à leurs îles et à leurs premières habitudes.
La mer, il n'en faut pas douter, était pour beaucoup
dans ce progrès en civilisation ; car tout homme qui a
pris goût à la vie du bord, ne peut plus s'accoutumer à
la terre ferme. Le gouverneur, en outre, embarqua au
Groupe de Betto des recrues, non pas comme otages,
ceux-là, mais comme ouvriers à gages : c'étaient, du
reste, tous hommes robustes. Leur paie devait consister
en grains, en vieilles ferrailles, en hameçons et autres
bagatelles, d'une immense valeur à leurs yeux ; leur
engagement n'était que de deux mois. Une partie des
colons eût volontiers fait travailler gratuitement ces
hommes comme esclaves ; mais le conseil ne voulut pas
entendre parler d'un semblable projet.

Il y avait encore un autre avantage dans cet arrangement. Sans doute, tant que régnerait le jeune Ooroony,
il n'était pas à croire que les relations amicales des
deux peuples dussent être rompues, mais il était à espérer que les nouveaux rapports résultant de cette convention, aidés par le commerce du bois de sandal, auraient pour effet de resserrer par l'intérêt les liens
d'amitié entre les blancs et les naturels.

Toutefois, un surcroît de bras habilement dirigés,
devait être d'un secours puissant pour la jeune colonie.
Les Indiens furent donc pris comme auxiliaires ; mais
ce fut le gouvernement qui les engagea, se réser-

vant le contrôle de leur travail et le soin de leur paie.

Les bâtiments restèrent au Groupe de Betto une quinzaine de jours, jusqu'à la conclusion de tous les arrangements. Le *Rancoc* mit alors à la voile pour son grand voyage, et l'*Anna* fut envoyée au Récif pour y annoncer que la guerre était terminée. Qnant à Waally, il dut remettre son fils entre les mains du jeune Ooroony, qui eut ainsi un gage des bonnes intentions de son ancien rival.

CHAPITRE XXIII

Un an se passa après le retour de l'expédition contre les îles de Betto. Les naissances, dans le cours de cette année, avaient atteint le chiffre de soixante-dix-huit. Il y avait eu peu de décès : un seul dans les adultes, résultat d'un accident ; la santé de la colonie était excellente. La statistique, établie vers la fin de l'année, donnait un total de trois cent soixante-dix-neuf âmes, sans compter les Kannakas, — c'était le nom donné aux naturels.

Quant aux travaux de ces Indiens, ils dépassèrent toutes les prévisions du gouverneur. Ils ne travaillaient pas, il est vrai, comme des hommes civilisés; et il n'était pas très-aisé de les employer utilement ; mais ils étaient bien précieux pour porter des fardeaux. Le premier soin du gouverneur avait été de donner à tous une habitation convenable, bien close et ne craignant point les pluies. Par bonheur, il n'y avait pas au Récif

de ces amas de substances végétales qui produisent tant
de fièvres ; et, tant que les colons pourraient éviter l'humidité, leur santé ne courrait aucun risque.

Quatre sortes, quatre classes si l'on veut, de maisons
furent élevées, et chaque colon put en choisir une,
moyennant, bien entendu, une certaine contribution
envers l'Etat, soit en travail, soit en espèces.

Dans le principe, on ne put songer à construire des
habitations complètes, et l'on se contenta d'en faire de
petites dont la dimension et les matériaux variaient suivant la fortune des propriétaires. Les unes étaient en
bois, les autres en pierres, d'autres en briques cuites,
d'autres en terre, toutes élevées avec beaucoup d'adresse.
On préférait de beaucoup la pierre, dont l'île Rancoc
fournissait une inépuisable quantité, et qui avait tous les
caractères du tuf. Les plus grosses de ces pierres étaient
amenées au Récif par des canots servis par les Kannakas,
tandis que les plus petites étaient déposées sur les différents points du rivage, suivant la demande des colons.
Quelques mois après l'arrivée des émigrants, plus de
cent habitations s'élevaient déjà, moitié au Pic, moitié
au Cratère ; habitations fort exiguës à la vérité, mais
commodes, et offrant un sûr abri contre la pluie.

Les plus grandes maisons avaient trente pieds carrès,
les plus petites n'en avaient que quinze. Ces dernières
avaient leur cuisine détachée, tout auprès, sous un hangar attenant à l'habitation. On avait fait aussi un certain nombre de fours ; et les cheminées étaient presque
toutes extérieures. Il n'y avait qu'une seule maison à
deux étages, c'était celle de John Pennock, qui était un
des plus riches habitants. Quant au gouverneur, ce ne
fut que lorsque chacun fut casé, qu'il posa à son tour la
première pierre de deux habitations, l'une au Pic, qui

17.

était sa propriété personnelle, l'autre au Récif, destinée à être la Maison du gouvernement, ou de la colonie. La première était en briques, la seconde en pierres, de toute solidité, et bâtie comme une sorte de forteresse.

La maison particulière de Marc n'avait qu'une élévation médiocre, mais une assez grande superficie : elle avait soixante pieds carrés. La Maison du gouvernement était bien plus grande ; elle avait deux cents pieds de long sur soixante de large. Cet édifice, du reste, était disposé, moins pour servir de logement au gouverneur, que pour contenir au rez-de-chaussée le mobilier du gouvernement, et pour recevoir au premier étage tous les services publics. Il y avait de plus un étage supérieur, mais il resta inachevé pendant longtemps, quoique déjà pourvu de moyens de défense.

La Maison du gouvernement avait été placée dans un but de défense en face du pont-levis ; et, dans cette position, elle était située à proximité de la source, avantage d'autant plus grand que l'eau manquait au Récif. Lorsque le gouverneur chargea son frère, l'inspecteur général, de tracer le plan d'une ville, celui-ci regarda comme de la première nécessité de remédier à cet inconvénient. Il choisit un endroit propice, et fit pratiquer dans le roc une citerne, destinée à recevoir les eaux pluviales provenant du toit de la maison du gouvernement. Ce réservoir contenait plusieurs milliers de gallons, et, une fois plein, il devait être suffisamment alimenté par les pluies.

Dès que le gouverneur se fut décidé à bâtir, et à faire du Récif sa capitale, il voulut procéder méthodiquement et ne rien négliger pour l'embellir.

Décidé à pousser activement les travaux, il envoya l'*Abraham* au jeune Ooroony pour lui demander encore son assistance. Le jeune chef fut enchanté d'accorder ce qu'on réclamait de lui, et il vint en personne avec cinq cents de ses sujets, pour aider son allié à accomplir sa tâche. Cette masse d'ouvriers travailla deux mois entiers, au bout desquels le gouverneur annonça que tout était terminé, et congédia ses voisins, qui emportèrent tous des gages de sa reconnaissance.

On avait craint pendant quelque temps qu'il n'y eût danger à attirer tant de sauvages au Récif ; mais le gouverneur n'eut pas lieu de se repentir de sa confiance. Au contraire, ces rapports produisirent un excellent effet, et les liens des peuples s'en resserrèrent davantage.

Mais si les Kannakas étaient admis au Récif, il n'en était pas de même au Pic, dont le gouverneur ne souffrait jamais qu'aucun d'eux approchât. La sorte de mystère qui planait sur cette île redoutable pouvait contribuer à les tenir en respect, et le jeune Ooroony lui-même était toujours resté dans l'ignorance de ce qui pouvait s'y trouver. Il voyait les bâtiments aller et venir ; il savait que le gouverneur y débarquait souvent ; il voyait parfois sur le Récif apparaître des fignres étrangères qu'il supposait habiter l'île mystérieuse ; il pensait donc, naturellement, qu'il existait là un peuple bien plus puissant que celui avec lequel il était en relations.

Le gouverneur avait un moyen aussi simple qu'ingénieux d'intéresser les Kannakas au travail, c'était de faire jouer la mine devant eux. La vue de ces blocs de pierre sortant avec fracas de leur lit, et bondissant sous l'action d'une force inconnue, avait un attrait singulier pour ces sauvages. Ils travaillaient toute la journée à percer le roc, pnis, après l'explusion, ils charriaient les débris qui devaient servir à la construction des murs.

C'était un jeu plus qu'un travail, et, certes, ils n'eussent pas mis la moitié de ce zèle à toute autre besogne.

Les plus grands soins furent donnés à la culture du
jardin colonial. Dans certains endroits la terre n'avait
qu'un pied de profondeur; dans d'autres, où des fissures
naturelles avaient facilité le jeu de la mine, il avait fallu
quatre ou cinq pieds de remblai. Ces places profondes
furent marquées, afin de recevoir plus tard des arbres.
On ne se contenta point d'étendre sur la terre une couche de sable et de limon, mais on commença par y
mettre des herbes marines, qui furent recouvertes ensuite par l'engrais. De cette façon, on forma un sol capable de porter les plus riches produits de la nature.
Mais le gouverneur ne voulait faire cette fois qu'un
jardin d'agrément. Des arbustes, des fleurs, du gazon,
voilà tout ce qu'il mit dans le jardin colonial; quant aux
fruits et aux légumes, les plaines du Cratère en fournissaient suffisamment pour les besoins de toute la colonie.
Le danger que redoutait le plus le gouverneur, c'était
que cette grande abondance de produits ne rendît son
peuple indolent et paresseux ; car la paresse entraîne
infailliblement à sa suite l'ignorance et le vice.

Le gouverneur ne s'en tint pas à ces essais d'horticulture. Avant de congédier les cinq cents travailleurs
d'Ooroony, il avait, en plus de cent endroits au Récif,
fait creuser de larges excavations, qu'on avait remplies
d'engrais. Puis dans ces trous, devenus fertiles, on avait
planté des arbres, principalement des cocotiers, qui
pouvaient y trouver une nourriture suffisante.

Toute cette industrie avait métamorphosé complète-
ment le Récif. Sans parler des maisons construites, des
jardins dessinés et plantés dans l'intérieur de la ville,
la surface entière de l'île n'était plus reconnaissable. Là

où naguère on ne voyait que rocs nus et dépouillés, on trouvait maintenant une verdure fraîche, et des arbres montrant leur tête fleurie au milieu de prairies délicieuses. Quant à la ville elle-même, elle contenait environ vingt maisons, toutes fort modestes, et habitées principalement par des hommes dont l'industrie réclamait une position centrale. Ainsi, les commerçants durent nécessairement fixer leur résidence au Récif; leurs magasins furent établis à proximité du rivage, et pourvus de grues et de tous les ustensiles ordinaires pour décharger et embarquer leurs colis. Chaque habitation était peu éloignée du magasin. Ils trafiquaient avec les Indiens, et recevaient, en échange de leurs produits, des quantités considérables de bois de sandal.

Il est un fait que nous ne devons pas oublier de mentionner. Le gouverneur et le conseil promulguèrent un acte concernant la navigation, lequel avait pour but de réserver à la colonie le transport des produits. Le véritable motif de cet acte était bien plutôt de tenir les Indiens dans de certaines limites, que de vouloir s'assurer les bénéfices qui en résulteraient. Aux termes de la loi, aucun canot ne pouvait se rendre du Groupe de Betto aux îles de la colonie sans une permission expresse du gouverneur. A certains jours désignés, les deux parties se rencontraient dans un village d'Ooroony, pour y faire leurs échanges, et les bâtiments de la colonie ramenaient au Récif le bois de sandal.

Dans le but de pouvoir transporter ensuite ces bois jusqu'à un marché, Saunders avait reçu, dans ses instructions, l'ordre d'acheter un bâtiment convenable qu'il ramènerait avec le *Rancoc*, et sur lequel il embarquerait les articles les plus nécessaires à la colonie, entre autres des vaches et des juments. Saunders se dirigea vers la côte occidentale du Cap Horn, afin de faire ses achats dans l'Amérique du Sud. Le bétail n'y était pas aussi beau, mais on évitait ainsi de doubler le Cap.

Après avoir parlé de tous les travaux, de toutes les améliorations apportées au Récif, il est nécessaire de dire un mot de l'île Rancoc.

L'établissement des moulins, des fours à chaux et à briques, des carrières de pierres, conduisirent naturellement le gouverneur à élever une petite forteresse où toute la colonie pût trouver un refuge en cas de besoin. On y monta deux pièces d'artillerie. Nulle part on ne négligeait les moyens de défense. Le Pic seul se défendait assez par sa position, et ses habitants étaient assez nombreux pour repousser les ennemis qui oseraient y aborder dans le cas où l'Anse Mignonne viendrait à être découverte. Il n'en était pas de même du Récif, qui offrait partout un libre accès. Sans doute la construction de maisons en pierre contribuait efficacement à la défense de la ville; mais le gouverneur comprit la nécessité de songer aux moyens de défense du côté de la mer.

Les travaux de défense, de constructions, de terrassements, n'occupèrent pas exclusivement l'attention des colons pendant cette importante année. Les deux frères du gouverneur s'étaient mariés, l'aîné avec la sœur aînée de John Pennock, et le plus jeune avec une sœur de M. Hornblower. Comme cela se fera toujours chez les peuples civilisés, les positions égales se rapprochaient.

On pensait que le *Rancoc* n'amènerait que fort peu d'émigrants, quoique le capitaine Saunders fût porteur de lettres écrites par des colons à certains de leurs amis, afin de les engager à venir s'établir au Récif. L'incertitude sur ce point ne fut pas de longue durée, car, juste un an et huit jours après le départ du *Rancoc* du Groupe de Betto, le bon navire fut signalé ; les vigies du Pic annonçaient qu'il était à l'entrée de la Rade du Nord, et qu'il se préparait à jeter l'ancre. Aussitôt le gouverneur partit sur l'*Anna*, accompagné de Bob, et le dirigea vers le *Rancoc*, pour le conduire jusqu'au Récif. Marc et Bob étaient regardés comme les deux seuls hommes qui connussent assez les profondeurs données par la sonde pour piloter, sans danger, un si grand navire à travers les passes.

Lorsque l'*Anna* héla le *Rancoc*, le capitaine Saunders parut sur la poupe, et en réponse, cria :

— Tout va bien !

Ces mots rassurants soulagèrent d'un poids énorme le cœur de Marc ; car l'absence engendre l'inquiétude et une foule de noirs pressentiments. Cependant tout à bord paraissait en bon état, et, à leur grande surprise, les deux pilotes aperçurent, outre l'équipage, un grand nombre de têtes par-dessus les lisses du navire. Un peu plus loin, une autre embarcation était en vue ; c'était, dit le capitaine Saunders, le brick la *Jeune-Poule*, qu'il avait acheté pour le compte de la colonie, et qu'il avait chargé de tout ce qui pouvait être le plus utile.

Il y avait à bord du *Rancoc* cent onze nouveaux émigrants. Toutes les relations d'amitié avaient été mises en œuvre, chacun avait cherché à faire des prosélytes, et n'avait que trop bien réussi, et il n'y avait pas eu moyen de diminuer le nombre. Marc fit contre fortune bon cœur, et son désappointement cessa en partie lorsqu'il apprit que les nouveaux venus étaient des gens précieux pour la colonie, tous jeunes, bien portants, d'une moralité incontestable, et de plus, possédant plus ou moins de fortune. Ces recrues portèrent le chiffre de la population à plus de cinq cents hommes, parmi lesquels se trouvaient près de cent cinquante enfants, au dessous de quatorze ans.

Les passagers furent charmés de pouvoir mettre pied à terre dans une petite île située près de la rade, et où les bâtiments trouvèrent un excellent mouillage. Un des colons, homme d'un grand sens, nommé Dunks, avait entrevu l'importance future de cette île, située à l'extrémité de la rade, et il avait traité avec le conseil pour obtenir l'échange de ce terrain contre sa part de terres au Récif. L'arrangement avait été conclu; et depuis quelques mois, il y était établi avec trois ou quatre de ses parents ou amis, formant, si l'on peut s'exprimer ainsi, une *sous-colonie*, dépendante de la colonie du Récif.

Comme cette position était exposée de toutes parts, on construisit une sorte de forteresse en pierre, capable, en cas d'invasion, de recevoir tous les habitants, et on l'entoura, en outre, d'une palissade destinée à la protéger contre un assaut. Le gouverneur avait envoyé une pièce de campagne : en sorte que la petite colonie pensait pouvoir résister à une attaque, défendue comme elle l'était par onze combattants.

Le gouverneur envoya l'*Anna* avec ordre de faire préparer aux émigrants des logements à la Maison coloniale, assez grande pour les recevoir tous. Quant à lui il attendit, avec le *Rancoc*, que la *Jeune Poule* fût arrivée. Alors il monta à bord du brick et jeta un coup d'œil sur la cargaison. Saunders, en homme sage et sensé, avait bien compris que le plus important pour la colonie était d'augmenter son bétail; aussi avait-il embarqué le plus de vaches et de juments qu'il avait été possible. Il amenait vingt-cinq de ces dernières et vingt vaches; toutes achetées à Valparaiso.

Les vents avaient été favorables, et les animaux n'avaient point eu à souffrir de la traversée; seulement, la longueur du voyage ayant dépassé toutes prévisions, le fourrage était venu à manquer, et les pauvres bêtes, lorsqu'on arriva, attendaient depuis vingt-quatre heures leur nourriture. En outre, l'eau était rare, et ce qu'il en restait était corrompu. Depuis un mois les malheureux animaux étaient à la demi-ration; aussi avec quel bonheur ils sentirent la terre! Et certainement leur odorat leur annonçait qu'ils en étaient proches; car, lorsque le gouverneur monta à bord du brick, leurs beuglements, leurs hennissements, leur agitation lui causèrent tant de pitié qu'il déclara qu'il fallait d'abord songer à eux.

Le brick était à l'ancre près d'un banc du sable le plus fin, traversé par plusieurs cours d'eau, et communiquant directement avec une prairie où l'herbe était fort épaisse. On fit aussitôt marché avec Dunks; et les deux équipages, celui du *Rancoc* et celui du brick, se mirent à l'œuvre pour débarquer tous les passagers à quatre pattes de la *Jeune-Poule.* Comme les élingues étaient toutes prêtes, l'opération put commencer tout de suite; une jument fut hissée à travers l'écoutille, et, après être restée un instant suspendue en l'air, conduite par-dessus le bord et descendue dans la mer. La pauvre bête, qui, par un mécanisme ingénieux, se trouva tout à coup dégagée des élingues, se mit à nager, et, bien qu'épuisée par le manque de nourriture, aborda en quelques minutes.

La première chose qu'elle fit fut de courir à l'eau douce; mais Dunks se trouvait là et il parvint à l'em-

pêcher de trop boire, et à la diriger vers la prairie,
où elle commença joyeusement son repas. Le reste
du bétail fut débarqué de la même manière, et au
bout de deux heures, le brick cessait d'être une étable.
Immédiatément l'eau et les balais furent mis en jeu,
mais il fallut un grand mois pour chasser de la *Jeune-
Poule* l'odeur de ses passagers.

Les hommes ne furent pas moins aises que les animaux de descendre à terre. Dunks leur fit le plus cor-
dial accueil, et à défaut de beaucoup de fruits, il leur
offrit des légumes en abondance. Par exemple, il leur
servit des melons, dont ils étaient privés depuis longtemps, et dont ils se firent un vrai régal.

Les juments et les vaches furent laissées à l'île de
Dunks, et y restèrent jusqu'à ce qu'on eût prévenu le
gouverneur qu'elles avaient tout mangé, et que, à
moins de les mettre encore à la demi-ration, il fallait les
changer de pâturages. Il ne fut pas difficile d'en débarrasser Dunks; du reste, les prairies dans ce climat,
étaient si rarement fauchées que c'était un bien véritable pour elles que la présence des bestiaux. Ceux-ci
furent répartis entre les différentes fermes; les poules
et les porcs furent distribués de la même façon, de
sorte que chaque colon pût avoir une truie et des poulets dans sa basse-cour. Ces espèces se reproduisaient si
rapidement qu'on était sûr d'avoir toujours du porc et
des œufs au delà des besoins. Le maïs venait à merveille
et presque sans culture.

Lorsqu'on eut fait tous les préparatifs nécessaires, les
bâtiments mirent à la voile pour le Récif. On juge si les
amis et les parents qui se retrouvaient dans ces loin-
tains parages furent charmés de se revoir. Ceux qui
arrivaient avaient beaucoup de choses à dire à ceux qui

les avaient précédés de dix-huit mois; et ceux-ci, qui se considéraient comme de vieux colons, ne pouvaient se lasser d'entretenir les nouveaux venus des merveilles de leur colonie.

CHAPITRE XXIV

Les cargaisons des bâtiments qui arrivaient au Récif étaient partagées entre le gouverneur et l'Etat. Le gouverneur en recevait la moitié pour lui-même, en sa qualité de propriétaire du *Rancoc,* cause première de l'existence de la colonie; l'Etat avait l'autre moitié, en retour du travail des colons et du droit qu'il avait d'imposer l'importation comme l'exportation. De cette seconde moitié, une partie était immédiatement divisée entre les colons, et le reste était emmagasiné.

Les produits du bois de sandal, du thé, etc., jusqu'à ce jour, avaient été très-avantageux, et avaient beaucoup contribué à l'aisance de la colonie. Une cargaison d'articles de peu de valeur, il est vrai, mais d'une grande utilité, avait pu être acquise à un prix bien inférieur au produit des thés achetés à Canton en échange du bois de sandal; de telle sorte que Saunders, outre les deux cargaisons de ses bâtiments, apportait une somme considérable en espèces, qui fut versée moitié dans les coffres de l'Etat, moitié dans la caisse du gouverneur Woolston. Il y avait douze mois que l'argent circulait dans la colonie ; mais il ne fallut rien moins que cet arrivage de numéraire pour activer les transactions et arrêter le penchant à thésauriser, qui se manifestait déjà.

Nous pourrions à peine énumérer tous les articles qui furent apportés au Récif par les bâtiments ; ils comprenaient tout ce qui sert aux hommes dans les pays civilisés, depuis une meule jusqu'à des charrettes. Les épiceries étaient aussi en grande quantité, telles que thés, sucre, etc.; objets bien moins répandus en Amérique il y a cinquante ans qu'à présent. Ces denrées furent mises entre les mains des marchands, qui les débitèrent en détail. Il y avait alors des boutiques régulières, trois au Récif et une au Pic, où l'on pouvait, à bas prix, se procurer tous les objets nécessaires. Le prix des marchandises était peu élevé, parce que l'État n'usait pas de son droit d'imposer les importations.

Loin de monopoliser le commerce de la colonie, ce que sa position et sa fortune personnelle lui eussent rendu facile, le gouverneur Woolston agissait de la manière la plus libérale. A l'exception de l'*Anna*, bâtiment construit par la colonie, le conseil avait décidé, suivant le droit le plus strict, que tous les bâtiments étaient la propriété particulière du gouverneur. Cette décision n'eut pas plutôt été rendue, que Marc Woolston transféra la propriété de la *Sirène* et de l'*Abraham* à l'État ; la première pour servir de croiseur, le second pour être employé au transport des passagers et des marchandises, d'une île à l'autre. La *Neshamony* fut concédée en toute propriété à Bob Betts, qui sut en tirer un excellent parti, en organisant un service de cabotage, qui ne tarda pas à lui rapporter d'immenses bénéfices. Pour donner encore plus de facilités à son vieux camarade, Marc résolut de lui faire construire **un sloop, qui servirait** en même temps de paquebot et de bâtiment marchand. On se mit donc à l'œuvre; et, au bout de six mois, un bâtiment de quarante-cinq tonneaux fut mis à flot. Dans l'intervalle, l'honnête garçon, qui se rendait justice, avait renoncé de lui-même à sa place dans le conseil, composé d'hommes plus instruits et d'une classe plus élevée que lui. Marc comprit ses scrupules et ne chercha pas à retenir son ami dans des fonctions qui étaient si antipathiques à sa nature.

La nouvelle embarcation reçut le nom de *Marthe*, hommage rendu à l'active compagne de Bob. Cette embarcation était légère à la course, gracieuse de forme, et, avec un mousse et un Kannaka, Bob pouvait parfaitement manœuvrer son petit bâtiment. Il allait souvent avec lui au Pic et à l'île Rancoc, ayant toujours à bord quelques articles utiles aux colons; il fit même, dans les premiers mois, quelques excursions jusqu'au Groupe de Betto. Dans ces petits voyages, il emmenait des naturels comme passagers, et portait aux sauvages différents articles, tels que des hameçons, du vieux fer, des haches, et de temps en temps un peu de tabac. Il prenait en échange des noix de coco, fruit encore rare à la colonie, eu égard au nombre des habitants, des corbeilles, des tissus indigènes, des pagaies, et diverses plantes plus abondantes au Groupe de Betto qu'au Récif, **et même au Pic.**

Le plus grand voyage de Bob de la saison fut celui où il chargea son sloop d'une cargaison de melons. Ce fruit était si abondant à la colonie qu'on en donnait aux porcs; les naturels, au contraire, ne le connaissaient pas. Aussi en furent-ils très-friands, et Bob put remplir la cabine de la *Marthe* d'articles obtenus en échange de ses fruits. Entre autres choses, il reçut une quantité de bois de sandal, dont le produit lui suffit pour acheter assez d'épices pour la consommation de sa famille pendant plus d'un an.

Bob se plaisait à répéter que c'était de ce voyage que datait le commencement de sa fortune. Il l'avait entrepris sans se mettre en peine des intrigues incessantes de Waally, et il avait eu d'autant plus de raison, que ce fut avec ce chef astucieux qu'il fit ses meilleures affaires, et qu'il n'eut qu'à se louer de ses procédés.

Cependant le *Rancoc* avait été disposé pour le départ, le gouverneur pensant l'envoyer chercher une cargaison où cela serait possible, lorsque tout à coup une observation d'un matelot, nommé Walker, changea les idées de Marc et fit donner au navire une destination qui devait exercer une influence décisive sur l'avenir de la colonie.

L'équipage du *Rancoc*, non-seulement lors de son premier voyage sur ces mers, mais dans deux traversées subséquentes, avait remarqué la présence d'une certaine quantité de baleines au vent du Cratère. Walker, qui avait été second à bord d'un baleinier de Nantucket, et qui, ainsi qu'une demi-douzaine d'autres colons, connaissait la pêche de la baleine, avait conseillé au capitaine Saunders, dont il était le premier lieutenant à bord du *Rancoc*, de faire provision de tout l'attirail nécessaire pour cette pêche : attirail consistant en cordages, harpons, piques, lances et barriques. La cale de la *Jeune-Poule* avait donc été remplie de tous ces articles.

Le bois de sandal commençant à devenir rare, il n'était plus question d'envoyer le bâtiment à Canton cette année. Au premier abord, il semblait devoir en résulter une grande perte pour la colonie, mais quand le gouverneur vint à y réfléchir sérieusement, non-seulement lui, mais tout le conseil, durent reconnaître qu'ils étaient singulièrement favorisés de la Providence, puisqu'elle leur ouvrait une nouvelle source de prospérité. Quel que fût le produit du bois de sandal, c'était une valeur nécessairement transitoire, qui s'épuiserait bientôt, tandis que la pêche de la baleine ne serait pas moins productive et offrait une mine inépuisable. Seulement une pareille entreprise demandait de l'industrie, du courage, de la persévérance et des capitaux. Les bâtiments, la colonie n'en manquait pas; les moyens d'exécution, Saunders et Walker y avaient songé; les provisions, elles étaient abondantes au Récif.

Il ne pouvait rien arriver de plus heureux dans ce moment que cet aliment offert à l'esprit d'entreprise des colons. L'homme a besoin d'être tenu en haleine par une préoccupation constante, par un travail soutenu, sous peine de voir son ardeur s'émousser et ses progrès s'arrêter. Dès que le mot de pêche eût été prononcé, tous les esprits se tournèrent de ce côté, et le gouverneur profita de cette bonne disposition pour annoncer que chaque colon aurait dans la pêche un intérêt, et que le capital à fournir serait payable en provisions. La colonie, en son nom collectif, devait avoir aussi une part dans les bénéfices, en raison des articles fournis par les magasins de l'État; quant au gouverneur, il aurait droit à un cinquième, comme propriétaire des bâtiments; et certes, on trouva généralement qu'il était loin d'être indemnisé par là des sacrifices qu'il faisait pour l'entreprise.

Le *Rancoc* ne fut pas disposé pour la pêche, mais comme magasin destiné à recevoir l'huile jusqu'à la fin

des opérations, puis à la porter en Amérique. En conséquence, le navire fut dégréé et mis en état pour son
nouveau service. Il fut placé le long d'un des quais naturels, devant lequel on établit des hangars pour protéger le magasin contre les chaleurs du climat.

La *Jeune-Poule*, brick solide, avec un vaste pont, une
mâture forte et de bons agrès, fut équipée en baleinier;
l'*Anna* devait marcher de conserve. Cinq chaloupes
baleinières furent munies des équipages nécessaires,
deux restèrent avec l'*Anna* et les trois autres furent
placées à bord du brick. On embarqua bon nombre de
Kannakas, qui étaient d'infatigables rameurs, et une
vingtaine d'enfants de la colonie, de huit à seize ans,
pour les habituer à la mer; on n'était pas en peine de
les utiliser.

L'intérêt de toute la colonie était excité par le départ
de la *Jeune-Poule* et de l'*Anna*. Presque toutes les
femmes, sœurs, filles ou fiancées des pêcheurs, auraient
bien voulu les accompagner; l'élan était si spontané,
que le gouverneur se décida à emmener à bord de la
Sirène autant de passagers des deux sexes qu'il pourrait
en embarquer pour faire une excursion de quelques
jours et assister aux succès de leurs amis dans leur nouvelle entreprise. Bob suivit sur la *Marthe*, et l'*Abraham*
aussi fut de la partie; quant à la *Neshamony*, elle fut
envoyée sous le vent pour servir d'éclaireur de ce côté
et avoir l'œi' sur les naturels, dans le cas où ceux-ci
profiteraient de l'absence d'une centaine des défenseurs
du Cratère. Il est vrai que ceux qui restaient à la colonie étaient bien en état de repousser Waally et sa bande;
mais l'homme est ainsi fait : lorsqu'il n'y avait que
vingt hommes à la colonie, on se croyait bien forts,
et maintenant que les colons étaient dix fois plus

nombreux, ils prenaient des précautions inusitées.

Tout étant prêt, l'expédition mit à la voile ; le gouverneur montait la *Sirène*, ayant à bord une quarantaine de femmes, parmi lesquelles se trouvaient Brigitte et Anne. Les bâtiments sortirent par les passages du sud. Cette marche avait pour but de prendre plus facilement le vent en gagnant la pleine mer entre le Cap Sud et le Pic, au lieu de passer par les étroits canaux entre les îlots du Récif. En voyant la légèreté avec laquelle le nouveau brick glissait sur l'eau, les femmes tremblaient et ne pouvaient croire qu'une si frêle embarcation pût attaquer une baleine.

La flotte passa sous le côté du vent du Pic, dont le sommet était couvert d'une population avide de contempler ce nouveau spectacle. La *Marthe*, qui portait plus de voiles que la *Sirène*, à cause de ses dimensions plus considérables, était en avant. Par un de ces hasards qui déjouent tous les calculs, tout à coup l'eau jaillit au vent des brisants, de manière à annoncer la présence d'une baleine, dans un moment où le sloop en était d'une lieue plus près que tous les autres bâtiments. Chaque chaloupe baleinière avait son équipage ; mais, à l'exception des hommes de la *Jeune-Poule*, la presque totalité des autres colons était tout à fait inexpérimentée. Ils avaient étudié la théorie de la pêche, mais ils manquaient de la pratique. Bob n'était cependant pas homme à voir une partie engagée sans faire un effort pour la gagner. Son bateau fut prêt dans un instant, et il s'y élança avec Socrate pour attaquer un énorme animal qui se roulait sur les eaux. Il arrive souvent que de jeunes soldats, animés par l'esprit de corps, se lancent dans des hasards que n'affronteraient pas des troupes plus exercées. C'est ce que fit l'équipage de la chaloupe

C.　　　　　　　　　　18

de la *Marthe*. Bob poussa droit au monstre; Socrate, pâlissant sous l'empire de l'émotion que lui causait une attaque d'un genre si nouveau pour lui, saisit son harpon, et au moment où l'avant se trouva au-dessus de l'immense animal, il lança le fer. Le nègre avait mis dans ce coup toute sa force, sentant que c'était une question pour lui de vie ou de mort ; la baleine blessée lança un long jet de sang. Les pêcheurs regardent comme un grand exploit de donner un coup mortel avec le harpon; d'ordinaire on ne fait que retenir la baleine avec le harpon ; et c'est avec la lance qu'on l'achève. C'était donc avec un harpon que Socrate avait donné la mort à la première baleine qu'il eût jamais attaquée, et de ce moment le nègre devint un personnage important parmi les pêcheurs de ces mers. C'était un heureux coup de fortune, précurseur de plus grands succès; on pouvait dire désormais, qu'avec Bob à la barre et Socrate au harpon, une baleine passait un mauvais quart d'heure. Plusieurs chaloupes, il est vrai, furent endommagées , et deux Indiens furent noyés pendant le cours de l'été, mais on s'empara des baleines, et Bob et le nègre échappèrent à tout danger.

Pour en revenir à la première baleine qui fut narponnée, l'animal faisait jaillir l'eau et avait déjà à moitié rempli la chaloupe, qui eût été bientôt submergée sans le bras vigoureux du nègre et son terrible coup de harpon, qui fit tourner l'animal sur lui-même et lui donna la mort presque instantanément. Le gouverneur arriva sur les lieux au moment où Bob venait d'amarrer une aussière à la baleine, et se disposait à regagner avec sa proie les passages du Cap Sud. Les bâtiments passèrent devant le corps de l'ennemi vaincu en poussant des cris de joie, et le gouverneur recommanda à

Bob de ne point déposer la carcasse de la baleine trop
près des habitations, dans la crainte des exhalaisons
malsaines ; mais Bob avait déjà son ancrage en vue, et,
poussé par une brise favorable, il hala sa prise à raison
de quatre ou cinq nœuds à l'heure. La *Morthe* entra
dans le passage ; et, dès que la baleine fut à flot dans
des eaux peu profondes, Bob, avec une vingtaine de
Kannakas, se mit à la dépecer d'une façon sinon scien-
tifique, du moins bien suffisante. L'opération fut terminée pendant la nuit, et le lendemain matin l'animal
était dépouillé de sa tunique de graisse, et la *Marthe*
était couverte d'un assortiment de chaudières dans lesquelles la graisse bouillait à grands feux. Les barils
étaient tout prêts, et l'on tira de cette seule baleine cent
onze barils d'huile, dont trente-trois de première qualité. C'était un brillant début dans cette nouvelle
branche de commerce, et Bob transporta la totalité de
sa prise au Récif, où l'huile fut déposée dans le premier
plan du *Rancoc*, dont les barriques avaient été réparées
pour cet objet.

Une semaine après, le gouverneur croisait sur la
Syrène, de conserve avec la *Jeune-Poule* et l'*Abraham*,
cherchant sans succès des baleines à cent milles au vent
du Pic, lorsqu'il fut rejoint par Bob, qui était à bord de
la *Marthe*. Marc témoigna à Betts combien il appréciait
ses services, et, se rappelant la faculté qu'avait son vieux
compagnon d'apercevoir plus loin que tout le monde,
il le pria de monter dans les barres de hune du brick et
de donner un coup d'œil sur la mer. Le clairvoyant
marin n'eut pas examiné dix minutes, que le cri : —
Une baleine ! une baleine ! — retentit dans tout le bâtiment. Des signaux furent faits à la *Jeune-Poule* et à l'*A-
braham*, et tous firent voile dans là direction indiquée.

Au coucher du soleil, on aperçut un grand nombre de baleines ; mais, comme d'après les observations de Walker, ce devait être l'endroit où elles prenaient leur nourriture, on crut pouvoir attendre jusqu'au matin. Par exemple, au point du jour, six chaloupes furent mises à la mer et se disposèrent à l'attaque.

En cette occasion, Walker prit la tête, comme il convenait à son rang et à son expérience. En moins d'une heure il était tout près d'une immense baleine, sœur de celle prise par Betts. Les femmes qui se trouvaient à bord eurent l'émouvant spectacle d'une chaloupe traînée à la remorque par un énorme poisson, avec une vitesse d'au moins vingt nœuds à l'heure.

Il est utile d'expliquer au lecteur qui ne le saurait pas, ce que c'est qu'un harpon : c'est une sorte de lance barbelée, attachée au bout d'une corde mince, mais solide. La chaloupe s'approche de la baleine, le bossoir par l'avant, mais l'embarcation est toujours pointue des deux bouts, afin de pouvoir s'éloigner rapidement et à reculons, s'il est nécessaire ; car l'approche de l'animal est souvent dangereuse, surtout lorsqu'il vient d'être frappé. La baleine, harponnée, plonge immédiatement, et il faut lui lâcher de la ligne, sans quoi elle entraînerait la chaloupe avec elle. Mais l'animal, comme l'homme, a besoin de respirer, et plus son plongeon a été rapide, plus il revient vite à la surface. L'usage du harpon et de la ligne est seulement de retenir la baleine, à laquelle ce premier coup est quelquefois mortel. Dès que la baleine reparaît à la surface et s'arrête, ou du moins ralentit sa fuite, les pêcheurs commencent à retirer la ligne et à se rapprocher graduellement de leur victime. Il arrive parfois que le monstre plonge de nouveau ; et ce mouvement de tirer et de lâcher la ligne

doit se répéter souvent plusieurs fois pour prendre une
seule baleine. Lorsque la chaloupe a pu être approchée
assez près, l'officier qui la commande darde sa lance et
vise une partie vitale. Si le sang jaillit, c'est bien; mais
si aucune partie vitale n'a été atteinte, la baleine s'é-
chappe de nouveau, et il faut recommencer toute l'opération comme si l'on n'avait rien fait.

Dans ce moment, le timonier de Walker, qui tenait
le harpon à bord de la chaloupe, l'avait lancé avec
adresse et attaché solidement à la baleine. L'animal fit
un long circuit autour de la *Sirène,* à une distance qui
permit de voir du brick tout ce qui se passait. Lorsque
le cétacé fut près du bâtiment et qu'il fit jaillir l'eau
autour de la chaloupe à deux pieds plus haut que le
plat-bord, Brigitte se pressa contre son époux, et, pour
la première fois de sa vie, remercia mentalement le
ciel de ce que Marc était gouverneur, et, en cette qualité, ne pouvait prendre part à cette pêche dangereuse.
En même temps, Marc brûlait du désir de se mêler à
ces jeux terribles.

Bob ne s'en était pas tenu à sa première prise : l'honnête marin de la *Delaware* avait, avec l'aide de Socrate,
prix deux autres baleines. Les chaloupes de la *Jeune-
Poule* en avaient pris deux aussi, et l'*Abraham* une. Bob
avec la *Marthe* et le gouverneur avec la *Sirène,* remor-
quèrent quatre de ces baleines dans le canal du sud,
dans une baie qui reçut le nom de Baie des Baleiniers.
C'était là que Bob avait amené sa première prise, et
l'endroit était en tous points favorable. La Baie formait
un havre parfaitement sûr; il n'y avait pas seulement
un banc de sable sur lequel les baleines étaient à flot,
mais un quai naturel tout proche, et où le *Rancoc* pouvait s'amarrer. L'eau douce était abondante, et l'île était

C.   18

d'une étendue capable de recevoir le plus immense établissement de pêche. Un inconvénient capital était l'absence totale d'engrais, et par suite, de toute verdure;
mais la surface était unie comme celle du quai, et offrait
toutes facilités pour rouler les barils d'huile. Aussitôt
que le gouverneur se fut assuré des avantages de cette
place, assez éloignée du passage ordinaire qui conduisait au Pic, pour être à l'abri de toute inquiétude, il se
détermina à y établir le centre de la pêche.

L'*Abraham* fut envoyé à l'île Rancoc pour chercher
des matériaux, et des hangars furent élevés en même
temps pour recevoir la *Jeune-Poule*, qui allait arriver
avec mille barils d'huile à bord, et, à la remorque, trois
baleines qu'elle avait prises entre le Cap Sud et le Pic.
Cependant le *Rancoc*, sous ses basses voiles, venait du
Récif à l'île où Marc organisait ses nouveaux entrepôts.
Ce mouvement des bâtiments au milieu des îles était
devenu très-facile, depuis qu'un long usage avait appris
aux mariniers à distinguer les divers canaux; et, tant
qu'il ne fallait pas aller au vent, ils savaient suivre une
route qui leur permît de serrer le vent autant qu'il était
nécessaire, sans approcher trop du rivage.

Tels furent les commencements d'un commerce destiné à prendre de grandes proportions. Dans cette première croisière, qui n'avait pas duré deux mois, les
chaloupes baleinières avaient recueilli ensemble deux
mille barriques d'huile, qui remplissaient la cale du
Rancoc. Aux prix courants des marchés d'Europe et
d'Amérique, le produit des huiles pouvait être évalué à
une somme de près de cent mille dollars.

CHAPITRE XXV

Un pareil succès ne pouvait qu'ajouter à l'ardeur des colons pour une pêche qui était tout à la fois une source intarissable de plaisir et de profit. Ce fut bientôt un engouement universel qui gagna même les paisibles habitants du Pic, et Brigitte avait peine à comprendre qu'on quittât les délicieux ombrages de l'Éden, et ces vergers, chargés des plus beaux fruits, pour aller sur l'Océan braver un soleil ardent et risquer sa vie à la poursuite d'une baleine. Mais un colon se serait cru perdu d'honneur s'il n'avait pas pris part à cette chasse si pleine d'intérêt et d'émotion, et le gouverneur comprit qu'il risquait de déchoir dans l'opinion publique s'il ne se signalait pas à son tour par quelque coup d'éclat.

Il semblait tout naturel que les hauts fonctionnaires de la colonie, Heaton et les deux jeunes frères du gouverneur, qui exerçaient des fonctions purement civiles, fonctions qui les obligeaient à une vie sédentaire, ne prissent point part à ces dangereux divertissements : ils avaient la main trop délicate pour manier convenablement l'aviron. Mais le gouverneur était un marin du premier ordre ; et, sans le dire, on s'attendait à le voir un jour ou l'autre frapper une baleine. Cette attente ne fut pas trompée. Avant la fin de la saison, le gouverneur

était sorti quatre fois sur une des chaloupes de l'État,
et chaque fois un monstrueux cétacé était tombé sous
sa lance. Il n'en fallut pas davantage pour porter au
plus haut degré l'enthousiasme des esprits; ce fut à qui
marcherait de plus près sur ses traces glorieuses; de
simples enfants demandaient à grands-cris à être em-
menés. Les Kannakas, qui faisaient partie des équipages, gagnèrent sensiblement dans l'opinion publique.
Enfin, ce fut dans cette colonie et non pas à Nantucket,
comme on l'a supposé par erreur, que prit naissance la
coutume qui ne permettait pas à un jeune homme de
conduire la danse s'il n'avait pas tué sa baleine.

Les bâtiments ordinaires se trouvèrent bientôt insuf-
fisants. La *Jeune-Poule* venait de partir pour Hambourg
avec un chargement de dix-sept cents barils d'huile. On
s'arrachait les embarcations, et il fut décidé qu'on con-
struirait deux bricks de cent quatre-vingts tonneaux.
Six mois après, le *Dragon* et le *Jonas* étaient mis à l'eau;
mais dans l'intervalle l'ouvrage ne chômait pas, et
Betts, en particulier, avait réalisé des profits si considérables, qu'un jour il vint trouver son ami le gouverneur qui était à son bureau dans la salle d'audience de
la Maison Coloniale. Il est bon de dire que le premier
magistrat occupait alors une suite d'appartements dont
l'ameublement et la décoration auraient été remarqués
même à Philadelphie. L'île Rancoc fournissait un bois
très-facile à travailler, et qui avait des veines admi-
rables, et l'on en avait fait des meubles ravissants.
Jamais un bâtiment n'était revenu de Chine sans rapporter au gouverneur des tables et des chaises en laque,
des nattes du tissu le plus fin, ainsi que des porcelaines
de tout genre. Brigitte avait disposé tout cela avec le
goût qui la caractérisait, et le gouverneur avait le faible

de tous ceux qui viennent de s'enrichir : il aimait à s'entourer de toutes ces inventions délicates de la civilisation. C'était en même temps relever l'importance de ses fonctions aux yeux de ses administrés.

— Entrez, capitaine Betts, entrez, Monsieur, et veuillez vous asseoir, dit le gouverneur, en présentant un siége à son vieil ami. Vous êtes toujours le bienvenu ici, car je n'ai pas oublié le temps passé, mon camarade !

— Merci, gouverneur, merci. Tout est changé ici, depuis quelque temps ; il n'y a que vous qui soyez toujours le même. Pour moi, vous êtes toujours monsieur Marc et monsieur Woolston, comme au temps où je vous apprenais à distinguer un « nœud de vache » d'une « gueule de raie. »

— Où est le temps où nous aurions été bien heureux d'avoir un toit pour nous couvrir, et où quelques herbes marines et un peu de limon étaient des trésors pour nous ! Il y a de quoi être reconnaissants envers qui de droit, et j'espère que vous ne l'oubliez pas plus que moi, Betts ?

— C'est ce que m'efforce de faire, gouverneur, quoique nous soyons toujours tentés de croire que nous méritons ce qui nous arrive, pourvu que ce ne soient pas des revers. Marthe, surtout, y pense pour nous deux et prie Dieu avec ferveur. Pour moi, c'est plus difficile, parce que j'ai commencé tard, comme vous savez.

— Oui, vous avez raison, les semences qui viennent le mieux sont celles qui sont confiées de bonne heure à la terre. Mais nous avons payé trop cher les leçons de l'expérience pour ne pas en profiter.

— Soyez tranquille, gouverneur, je marcherai droit.

Mais je m'aperçois que je vous fais perdre votre temps,
qui est trop précieux pour que j'en abuse comme autrefois. Venons au but de ma visite. Je vous félicite des
deux nouveaux bricks que vous venez de mettre à
l'eau.

— Merci, mon ami; est-ce que votre visite a rapport
à l'un de ces bricks?

— Précisément : je me suis pris d'amitié pour le
Dragon, et m'est avis que je voudrais l'acheter.

— L'acheter, y pensez-vous! savez-vous qu'il est d'un
prix considérable, huit mille dollors environ? Où trou-
veriez-vous cette somme?

— En espèces, ce serait difficile; mais, si de l'huile
vaut de l'argent, j'ai trois cents barils tout prêts, et
cent, entre autres, d'une qualité supérieure.

— Eh bien! tope, capitaine Betts, j'achète votre huile,
et vous aurez le brick. Je suis charmé q'il passe entre
les mains d'un vieux camarade.

— Entre nous, gouverneur, ne croyez-vous pas qu'à
la course il est capable de battre le *Jonas* d'un demi-
nœud? c'est mon impression à moi.

— C'est aussi la mienne, bien que je n'aie pas voulu
la manifester, pour ne pas décourager les constructeurs
du *Jonas*.

— Eh bien! me voilà sûr de ne pas m'être trompé;
car vous avez un coup d'œil auquel on peut se fier, et
le *Dragon* ne s'endormira pas entre mes mains, je vous
en réponds!

Cette importante acquisition augmenta encore la considération dont Betts jouissait dans la colonie. Le brick
justifia la bonne opinion qu'on avait conçue de lui. A
ses qualités réelles vint se joindre bientôt une réputation
de bonheur qui ne nuit jamais, et que chaque nouvelle

croisière vint confirmer. Betts se voyait presque au moment de battre monnaie.

Le *Jonas* fut vendu à une société de négociants. La *Marthe*, reprise à Betts, commença à faire un service régulier, d'île en île. Deux fois par semaine, elle allait du Récif à l'Anse-Mignonne, et, tous les quinze jours, à l'île Rancoc. Elle était chargée du transport des lettres.

Une loi relative au service de la poste fut rendue par le conseil et approuvée par le gouverneur. Ce n'était pas dans une société si simple et si pratique que les théories alambiquées sur les droits de l'homme pouvaient venir se jeter à la traverse de règlements qui étaient d'une utilité tout à fait incontestable pour le public.

Ce fut peu de temps après l'organisation de ce service, qui fut accueilli comme un bienfait, que le gouverneur, accompagné des principaux fonctionnaires, résolut de visiter tous les établissements de la colonie, afin de dresser une statistique générale, et surtout d'avoir des données sur les lois qu'il pourait être utile d'établir. Comme c'était en même temps un voyage de plaisir, les femmes furent de la partie, et nous nous proposons de suivre aussi les voyageurs pas à pas, puisque ce sera un moyen de nous tenir nous-mêmes au courant des progrès qui avaient pu se réaliser.

La *Marthe*, qui appartenait au gouvernement, avait naturellement été choisie pour ce voyage. Elle partit de l'Anse-Mignonne vers huit heures du matin, ayant à bord dix-sept passagers, sans compter deux ou trois colons qui allaient à l'île Rancoc pour des affaires personnelles. Le sloop ne s'y rendit pourtant pas en ligne directe ; il commença par gouverner vers le volcan, qui semblait n'avoir plus la même activité, et que le gouverneur était bien aise d'examiner de près. C'était un fin voilier, et la *Marthe* eut bientôt jeté l'ancre dans une petite baie, sous le vent de l'île.

C'était la première fois depuis son existence qu'on faisait l'ascension du Cratère. Les cendres et les scories s'étaient accumulées à la base en bien plus grande quantité qu'à la première visite du gouverneur, et la lave commençait à couler en deux filets. L'île pouvait avoir alors deux milles de diamètre, et, comme elle était à peu près ronde, six milles environ de circonférence. Le Cratère lui-même avait un demi-mille de diamètre, et il s'élevait alors de mille pieds au-dessus de la mer. Au centre de cette vaste vallée, les feux souterrains s'étaient frayé trois issues plus petites. De temps en temps, à un murmure sourd et prolongé succédait un sifflement aigu, semblable au bruit que fait la vapeur comprimée en s'échappant, puis on entendait une détonation accompagnée de fumée, et des pierres étaient lancées à une grande hauteur, puis retombaient dans la vallée. Mais ces explosions devenaient de moins en moins fréquentes.

Le résultat de toutes ces observations fut d'amener la conviction que ces passages ouverts à la fermentation intérieure de la terre allaient bientôt se fermer, et qu'elle chercherait sans doute à se frayer une autre issue. Brigitte et Marthe n'avaient pas hésité à accompagner leurs maris dans cette ascension ; elles se trouvèrent récompensées de leur peine, et elles déclarèrent l'une et l'autre que les beautés comme les terreurs de ce lieu mémorable resteraient à jamais gravées dans leur mémoire.

En quittant le volcan, la *Marthe* se dirigea vers l'île

Rancoc, où e..e arrivait au coucher du soleil. Elle jeta l'ancre dans le havre ordinaire, et tous les passagers mirent pied à terre. Le fort était toujours gardé, dans l'intérêt du petit nombre d'habitants qui demeuraient dans l'île, quoiqu'une visite des Indiens fût peu à craindre. A l'exception des Kannakas qui étaient employés sur les différents bâtiments de la colonie, aucun Indien ne s'était montré dans ces parages depuis le jour où le jeune Ooroony avait amené lui-même cinq cents travailleurs. Le nombre et la force des navires des blancs semblaient leur assurer pour jamais la domination de ces mers.

La population de l'île Rancoc n'était que de cinquante âmes, compris les femmes et les enfants. Veiller au moulin, tailler des planches de toutes sortes, faire des briques et de la chaux en quantité suffisante pour les besoins des deux autres îles, telles étaient leurs occupations régulières. Le sol eût été assez fertile, mais on ne songeait pas à le cultiver ; la *Marthe* apportait chaque semaine les fruits et les légumes dont on pouvait avoir besoin. Les visiteurs s'informèrent de la situation des troupeaux qu'on avait lâchés en liberté dans les pâturages. Tout croissait et prospérait avec plaisir, et l'on provoyait même un temps où il faudrait faire une chasse pour arrêter cette exubérance de population, surtout en ce qui concernait les porcs.

De l'île Rancoc la *Marthe* se rendit au Récif, qui fut inspecté dans toutes ses parties. Il y avait sur ce point une cinquantaine de belles fermes en plein rapport.

Le système adopté par le gouvernement de la colonie, relativement à l'extension des établissements, était bien différent de celui qui se pratique en Amérique, où la population se dissémine sur une surface immense, ce qui rend les progrès de la civilisation rapides, mais très-imparfaits. Si les habitants des États-Unis étaient concentrés sur la moitié du territoire qu'ils occupent aujourd'hui, il est hors de doute qu'ils seraient plus heureux, plus puissants, plus civilisés et moins grossiers dans leurs manières et dans leurs sentiments, bien que ce soit un crime de haute trahison de laisser soupçonner qu'ils ne soient pas arrivés au plus haut point de la perfection dans tous les genres. Mais il y a un juste milieu à garder dans l'accumulation de la population ; Marc Woolston avait étudié avec profit ce qui se passe en Europe, et la pratique était d'accord avec la théorie pour lui démontrer ce que toute force gagne à être concentrée. Aussi avait-il décidé que les habitations seraient groupées les unes près des autres. Quelques exceptions avaient dû être faites sur trois ou quatre points, à cause surtout de la pêche de la baleine. Le plus considérable de ces établissements isolés était la baie des baleiniers, où s'étaient formés des ateliers de construction.

Le *Rancoc* était de retour de Hambourg, où il s'était défait de sa cargaison aux prix les plus avantageux, et il était dans la rade, s'occupant déjà de faire un nouveau chargement de l'huile qui avait été préparée pendant son absence. Saunders était d'une activité qui tenait du prodige ; et mistress Saunders, qui était venue au-devant de lui, ne se lassait pas de montrer aux autres femmes de la Baie les charmants cadeaux que son mari lui avait rapportés.

Au Récif proprement dit, la petite ville, construite avec beaucoup de goût sur un plan uniforme, offrait un charmant aspect. Depuis que les opérations relatives au commerce de l'huile avaient été transportées à la Baie, l'ordre et la propreté avaient reparu dans ses rues et dans les promenades publiques. A voir la fraîcheur des jardins, on n'aurait jamais pu croire qu'ils avaient pour couche première de la lave solide. Ils étaient alors en si grand nombre, que la ville semblait reposer sur un lit de verdure. Les rues étaient étroites, comme elles doivent l'être dans les climats chauds, pour donner de l'ombre et pour augmenter le courant d'air ; mais, par derrière, il y avait de l'espace pour aérer les bâtiments. Le nombre des habitations était alors de soixante-quatre, et, en comprenant les édifices publics, les magasins, boutiques, etc., de plus de cent. Toutes les maisons, sans exception, avaient des espèces de *verandas*, entourées de vigne-vierge et de plantes grimpantes, qui offraient des retraites délicieuses pendant les heures les plus chaudes de la journée.

En dehors de la ville, un système régulier avait été suivi pour développer la culture : dès qu'on avait besoin de pierres, on faisait sauter le roc, en ayant soin seulement de laisser un quai sur le bord de l'île. Quand il y avait une excavation suffisante, on la remplissait de toutes les substances qui pouvaient contribuer à former le sol ; aussitôt on plantait, on ensemençait ; et déjà la distance qui séparait la ville du Cratère, et qui était d'un quart de mille, était une riante promenade, entourée d'arbustes et de gazon.

Quant au Cratère même, c'était là que la végétation déployait surtout toutes ses richesses. Le Sommet était couvert, sur quelques points, de bouquets d'arbres à travers lesquels on avait ménagé des percées sur des tapis de verdure aussi frais, toute l'année, que si l'on eût été à vingt degrés plus loin de l'équateur. Kitty, suivie d'un nombreux troupeau de descendants, y avait

alors ses grandes entrées, et semblait y régner en souveraine. La plaine était devenue le jardin commun de
la colonie. Chaque habitant était taxé à tant de journées
de travail, moyennant quoi il avait une quantité déter-
minée de fruits et de légumes ; et les produits étaient si
abondants qu'ils suffisaient et au-delà à la consommation générale.

Nous avons déjà mentionné l'établissement de Dunks.
Il y en avait un semblable à la baie de l'Est. C'était là
que Marc était parvenu à gagner la pleine mer en s'engageant dans une passe étroite et à peine visible ; et cette
passe était devenue la route habituelle des pêcheurs, qui
trouvaient très-commode de remorquer les baleines
dans ce grand bassin et de les y dépecer. C'était ce qui
avait donné naissance à cet établissement, qui commençait à prendre un air de civilisation.

A la baie de l'Ouest était une sorte de station navale
pour observer les habitants des îles voisines. Sur ce
point, il n'y avait qu'une ferme, une petite batterie qui
commandait la rade, et une maison fortifiée, qui était
en même temps une taverne.

La population vraiment agricole s'était établie le
long des différents canaux qui avoisinaient le Récif, à
une lieue de distance. Un sentier praticable pour les
chevaux, conduisait d'une ferme à l'autre, mais les
canaux étaient le grand moyen de communication, et
ils étaient sillonnés continuellement par des bateaux.

La tournée se termina au Pic. Il méritait si bien le
nom d'Éden par les beautés pittoresques que la nature
y avait rassemblées, qu'il restait peu de chose à faire à
la main des hommes. Les maisons, toutes en pierres,
étaient peu élevées et n'occupaient pas un grand emplacement. Celle du gouverneur, qui était sa propriété

privée, faisait seule exception. C'était là le séjour habituel de Brigitte, parce qu'il semblait convenir le mieux pour les enfants. L'air y était si pur et si frais que deux écoles y avaient été fondées, mais le gouverneur eut grand soin qu'on n'y enseignât que ce qui était véritablement utile, et l'amour de Dieu avant toutes choses. Il savait trop bien quel fléau c'est partout que les demi-savants, et il ne voulait pas en infecter sa colonie naissante.

Tel était, en résumé, l'état de la colonie à l'époque où nous sommes parvenus maintenant. Tout semblait aller à merveille. La *Jeune-Poule* était arrivée, avait déposé sa cargaison pour en prendre une nouvelle, et elle venait de repartir, emportant jusqu'au dernier baril d'huile.

*

CHAPITRE XXV

La colonie jouit d'une longue période de paix et de prospérité. La pêche de la baleine fut continuée avec un grand succès, et devint pour plusieurs de ceux qui s'y livrèrent une source de bénéfices considérables. De ce nombre fut naturellement le gouverneur, qui, n'ayant pas besoin de sommes aussi importantes, en plaça la plus grande partie en rentes six pour cent aux Etats-Unis, en chargeant ses amis de toucher les intérêts, et de les porter à son crédit.

Si l'industrie de l'homme était pour beaucoup dans
la prospérité de la colonie, la nature avait fait plus encore, et Dieu semblait avoir entouré cette heureuse terre
d'une prédilection toute particulière. Mais il est de notre
triste devoir de dire que les colons ne tardèrent pas à
l'oublier. Après ces succès éclatants, il se fit un changement notable dans leurs sentiments, et ils s'exagérè-
rent outre mesure leur importance et leur pouvoir. On
eût dit, à les entendre, que c'étaient eux qui avaient
fait ces îles charmantes, qui les avaient douées de fertilité, et les avaient transformées en de riches greniers
d'abondance. Les palmiers s'étendaient alors sur une
grande partie des îles; les orangers et les citronniers
embaumaient l'air du parfum de leurs fleurs; les cam-
pagnes étaient vertes et riantes, et l'abondance régnait
jusque dans la plus modeste habitation.

C'est dans des conditions semblables que cette humilité salutaire, qui est la sauvegarde de l'humanité,
court de grands dangers. De l'oisiveté qui résulte de
ce bien-être naît bientôt la sensualité; la créature s'ou-
blie; elle se met à la place de Dieu, et ne tarde pas à
croire que ces biens dont elle jouit, c'est elle qui les a
créés.

Sans doute cette oisiveté, si dangereuse, n'avait pas
encore étendu sur nos colons sa morbide influence;
l'appât du gain les stimulait encore à des efforts peut-
être plus énergiques; mais la présomption commençait
à s'emparer d'eux.

Au nombre des émigrants que le *Rancoc* ramena d'un
nouveau voyage, et que le conseil se vit dans la nécessité d'admettre par considération pour des familles déjà
établies dans la colonie, se trouvaient un imprimeur et
un homme de loi.

L'arrivée de l'homme de loi eut des effets très-malheureux. Les colons ne tardèrent pas à découvrir qu'ils étaient lésés par leurs voisins de mille manières, qu'ils n'avaient pas même soupçonnées auparavant. La loi, qui n'avait jamais été employée jusque-là que dans l'intérêt de la justice, fut enrôlée au service de la spéculation et de la vengeance. Ce fut alors que s'éleva une classe entièrement nouvelle de philanthrope, toujours disposés à prêter de l'argent à ceux qui en avaient besoin, mais toujours à gros intérêts, et surtout sur d'excellentes hypothèques, parce que leur conscience leur en faisait un devoir, ou bien parce qu'ils l'avaient promis à leurs femmes. Le gouverneur s'aperçut bientôt qu'il n'était pas un de leurs débiteurs qui ne sortît de leurs mains complétement plumé; et, la loi à la main, le charitable créancier se faisait mettre en possession de tous les biens hypothéqués.

Enfin, la presse vint achever ce que la prétendue science du droit avait si bien commencé. Elle n'eut pas de cesse que la puissance n'eût passé, des autorités légalement constituées, dans ses bureaux. Le peuple fut bientôt convaincu qu'il avait vécu jusqu'alors sous une tyrannie insupportable, qu'il était temps qu'il sortît de son assoupissement, et qu'il se montrât digne de ses hautes destinées. Puis suivait une longue kyrielle de griefs, plus criants les uns que les autres. D'abord, qui avait été consulté sur les institutions? un dixième de la population tout au plus; les autres avaient été obligés de les accepter telles quelles. Ensuite les autorités actuelles n'avaient pas été nommées par la majorité; ceux qui étaient arrivés dans l'île en dernier lieu avaient dû les reconnaître sans avoir contribué à leur nomination. Il y avait là un thème incessant de décla-

mations et de plaintes. Pourtant le peuple n'aurait jamais soupçonné l'oppression sous laquelle il gémissait,
sans l'arrivée si opportune de ce monsieur, qui savait
faire un si merveilleux usage de la publicité.

Quoiqu'il n'y eût aucune sorte d'impôt dans la colonie,
et que pas un schelling n'y fût perçu sous aucune espèce de forme, il n'en déclarait pas moins que les habitants des îles étaient le peuple le plus pressuré de toute
la chrétienté. Les taxes n'étaient rien, en Angleterre,
auprès de cela, et il annonçait d'un ton d'oracle, que la
banqueroute était à leurs portes, avec toutes ses conséquences désastreuses, si l'on ne s'empressait d'adopter
les expédients qu'il proposait pour arrêter le mal. Nous
n'essaierons pas de reproduire les arguments qu'il employait, ce qui nous entraînerait trop loin ; mais ceux
de nos lecteurs qui font leur pâture ordinaire de la lec-
ture des journaux, suppléeront facilement à notre silence.

A cette époque, un fait imprimé acquérait une toute
autre autorité que s'il avait été attesté de vive voix par
la personne la plus digne de foi, bien qu'il parût sous
le voile de l'anonyme, et sans que le caractère même de
l'écrivain pût en garantir l'authenticité. De nos jours ce
prestige s'est bien évanoui ; la presse, par ses excès
mêmes, a trouvé le moyen de détruire cette crédulité,
par trop naïve, et, au lieu de dire : « C'est vrai, car je
l'ai lu dans un journal, » — on dit généralement au-
aujourd'hui : « Ce n'est qu'un bruit de gazette. »

Le *Véridique du Cratère* avait donc toute carrière, et il
en usait largement. Tout en s'occupant des affaires de
la colonie, il ne négligeait pas les siennes. Ainsi, il in-
sérait de temps en temps des petits articles dans le genre
de celui-ci :

« Notre estimable ami, Peter Snooks, vient de nous apporter un échantillon de ses noix de coco, que nous n'hesitons pas à déclarer d'une qualité supérieure ; aussi est-ce avec une entière confiance que nous les recommandons aux ménagères du Cratère. »

Et les échantillons de tout genre pleuvaient chez le journaliste. S'il avait quelques démêlés avec la justice, il avait grand soin de ne présenter qu'un côté de la question, et c'était toujours le sien. Il y avait bien des moments où, par suite d'allégations faites imprudemment et contre toute évidence, son crédit semblait baisser ; mais alors il avait recours aux grands mots : il ne parlait plus que du peuple et de ses droits. Le moyen était infaillible : les colons donnaient tête baissée dans le panneau ; le journaliste remontait sur son piédestal, et ses doctrines étaient une sorte de don du ciel pour former le palladium de leurs précoces libertés !

La grande théorie mise en avant par ce politique de bas étage c'était que, dans toute société, la majorité avait le droit de faire ce qui lui plaisait. Le gouverneur vit, dès le principe, non-seulement la fausseté, mais le danger de cette doctrine, et il ne dédaigna pas de descendre lui-même dans l'arène pour la combattre :

« Mais si cette théorie est foncièrement vraie, disait-il, si la majorité a ce droit et qu'elle puisse en user arbitrairement, elle a donc le droit de mettre sa volonté au-dessus des commandements divins, et de sanctionner le meurtre, le parjure, tous les crimes stigmatisés dans le xxᵉ chapitre de l'Exode ? »

Le démagogue, un peu déconcerté par cette botte inattendue qui lui était portée, crut s'en tirer en exceptant les lois de Dieu, que, disait-il, les majorités elles-mêmes doivent respecter. — A quoi le gouverneur ré-

pondit que les lois de Dieu n'étaient autre chose que les
grands principes qui devaient diriger les actions humaines, et que par conséquent cette concession équivalait à l'aveu qu'il y avait une puissance devant laquelle
la majorité elle-même devait s'incliner. Les constitu-
tions, ou lois fondamentales, étaient précisément destinées à être l'expression de ces principes éternels, en
même temps qu'à garantir les droits imprescriptibles
de la minorité.

Il y avait beaucoup de sens et de raison dans ce que
le gouverneur écrivit à cette occasion ; mais parlez donc
raison à des insensés, et essayez de montrer la lumière
à des aveugles. Une phrase emmiellée du journaliste
sur les droits de l'homme faisait plus d'effet que tous les
arguments du gouverneur. De la discussion générale,
le journaliste passa aux attaques privées. Ameutés par
lui, quelques brouillons se mirent à contrôler la conduite de Marc Woolston, à contester ses droits, assurés
néanmoins par le pacte fondamental. On essaya de tous
les moyens pour le miner dans l'opinion, même de
l'arme du ridicule. On l'accusait de fierté, parce qu'il
se nettoyait les dents, ce que la majorité ne faisait pas;
parce qu'il ne mangeait pas aux mêmes heures, qu'il
crachait dans son mouchoir, et qu'il ne se mouchait
pas avec ses doigts.

Le moment vint enfin où les démagogues se crurent
assez forts pour faire jouer la mine. Quoique tous les
colons eussent voté la Constitution, soit eux-mêmes,
soit dans la personne de leurs parents, il était temps de
la renverser pour mettre quelque chose de nouveau à
la place. Il était bon que, de temps en temps, il y eût
un temps d'arrêt dans la société, et qu'on fît alors
table rase, pour qu'on pût pratiquer tout à son aise le

grand principe de : « Ote-toi de là que je m'y mette! »

Le journal proposa un beau matin de convoquer une Convention pour améliorer et changer la loi fondamentale. La loi contenait une clause spéciale pour indiquer le mode d'après lequel des changements pourraient être faits à la Constitution : il fallait le consentement du gouverneur, du conseil, et finalement, du peuple. C'était une marche lente et solennelle pour donner à chacun le temps de réfléchir à ce qu'il faisait, pour éviter que, sous prétexte d'améliorations, on n'en vînt à une révolution complète. Mais c'était précisément une révolution que les mécontents voulaient, puisque c'était pour eux le seul moyen d'avoir des places. Il ne s'agissait que de s'assurer la majorité. Or ils savaient très-bien que la minorité-clique parvient à l'emporter sur la majorité-principe, et voici comment ils s'y prirent pour assurer leur succès.

Toute la colonie était divisée en paroisses qui exerçaient quelques-unes des attributions secondaires du gouvernement, et qui avaient un pouvoir législatif restreint. Ces sections furent appelées à voter, par oui ou par non, s'il y avait lieu de convoquer une Convention pour amender la Constitution. Un quart des électeurs se rendit à ces assemblées primaires; tous les autres s'abstinrent, regardant la mesure non-seulement comme illégale, mais comme dangereuse. Sur les dix sections, il y en eut six où il eut deux voix de plus en faveur de la proposition. Il n'en fallait pas davantage pour décider que la majorité voulait la révision. Aussitôt ces premiers élus se mirent à élire les membres de la Convention. Il ne se présenta qu'un tiers des électeurs, difficulté qui n'arrêta pas plus que la première fois les fougueux démagogues. La majorité avait prononcé! A l'abri de ces principes tutélaires, les représentants d'une minorité évidente se réunirent en Convention, et établirent une loi fondamentale entièrement nouvelle, qui renversait de fond en comble la précédente. Pour se débarrasser sûrement du gouverneur, qui eût encore réuni plus de suffrages qu'aucun autre, on fit un article spécial pour établir que personne ne pourrait remplir ces fonctions plus de cinq ans de suite. C'était mettre M. Marc Woolston en dehors de l'élection nouvelle. Deux corps législatifs furent formés ; l'ancien conseil fut dissous ; enfin toutes les mesures que la ruse la plus fine put suggérer furent mises en avant pour faire passer le pouvoir dans de nouvelles mains. C'était là l'unique but de toutes les menées des démagogues.

Quand la nouvelle Constitution fut achevée, elle fut soumise à l'approbation du peuple. A ce troisième appel, un peu moins de la moitié de tous les électeurs votèrent, les autres s'abstenant toujours par le même principe, et la Constitution fut adoptée par une majorité d'un tiers environ. Par ce simple et charmant procédé républicain, le principe du règne des majorités fut établi, un nouveau pacte fondamental fut donné à la colonie, et tous ceux qui étaient en place furent mis à la porte. C'est toujours là le dernier mot comme la clef de toutes les révolutions.

Des élections générales suivirent l'adoption de la nouvelle Constitution. Pennock fut nommé gouverneur pour deux ans ; l'homme de loi fut nommé juge ; l'éditeur secrétaire d'Etat et trésorier. Toute la famille Woolston fut complétement mise de côté. Ce fut moins le fait des électeurs, auprès desquels elle était encore populaire, que celui des comités dirigeants. Ces comités sont encore une des inventions les plus merveilleuses pour diriger ou plutôt pour déplacer les majorités. Mais c'est un procédé trop connu pour que nous croyions nécessaire d'en expliquer le mécanisme.

Ce fut de cette manière qu'une grande révolution s'accomplit dans la colonie du Cratère. Si le gouverneur eût voulu employer la force, il lui eût été facile de faire taire toute cette meute criarde. Les Kannakas lui étaient tout dévoués, et même, à bien dire, la majorité des électeurs. Mais il se soumit à tous ces changements par amour pour la paix, et il consentit à n'être qu'un simple citoyen là où il avait tant de droits à occuper le premier rang. Certes, jamais souverain sur son trône ne put, à plus juste raison que Marc Woolston, écrire devant son titre *Gracià Dei*; mais son bon droit ne le mit pas à l'abri des griffes de la démagogie. Ce qui l'affligea, ce fut de voir Pennock accepter sa place avec aussi peu d'hésitation et tout aussi naturellement que l'héritier légitime succède à la couronne de son père.

Si Marc fut sensible à ce changement, et nous ne serions pas historien fidèle si nous le contestions, ce fut bien plus dans l'intérêt de la colonie que dans le sien propre ou celui de ses enfants. Il avait appris cette grande vérité politique : « Plus un peuple cherche à exercer une autorité directe dans les affaires de l'Etat, moins, par le fait, il les contrôle : que pour lui tout se borne à nommer des législateurs pour le représenter, et qu'ensuite ce sont quelques intrigants habiles qui exercent l'influence qu'il s'imagine follement s'être réservée. » Cette vérité devrait être écrite en lettres d'or à tous les coins de rue et sur toutes les grand'routes des états républicains.

CHAPITRE XXVI

Les premiers mois qui suivirent le changement de gouvernement furent employés par Marc Woolston à mettre en ordre ses affaires particulières, avant une assez longue absence qu'il se proposait de faire. Brigitte avait exprimé le désir de voir encore une fois l'Amérique ; les deux aînés de ses garçons étaient d'âge à commencer sérieusement leur éducation. L'intention de leur père avait toujours été de les envoyer en Pensylvanie quand le moment serait arrivé, et de les placer sous la tutelle de quelques amis qui comprendraient toute l'importance d'un pareil dépôt ; mais le dégoût que les derniers événements n'avaient pu manquer de lui inspirer le décida sans doute à les conduire lui-même.

Les affaires de la colonie étaient loin d'aller bien depuis qu'elle était devenue radicalement libre.

Le *Rancoc* arriva d'Amérique, où il avait été porter une cargaison d'huile, et son propriétaire annonça l'intention d'être lui-même du prochain voyage. Ses frères, Heaton et sa femme, le capitaine Betts et l'Amie Marthe témoignèrent le désir de l'accompagner, tous n'étant pas fâchés de revoir les bords de la Delaware encore une fois, et d'exhaler un peu librement l'humeur qu'ils éprouvaient des derniers changements. Woolston acheta tout ce qui restait d'huile dans la colonie à des prix favorables, les derniers cours annonçant une baisse considérable. Il se procura aussi un assortiment complet de magnifiques coquillages. Quand il eut réuni tout ce qu'il voulait emporter, il reconnut qu'un second bâtiment serait absolument nécessaire, et Betts se détermina à reprendre son brick, occupé à la pêche de la baleine, et à l'équiper pour le voyage. Il est vrai que cette pêche n'allait plus que d'une aile. On eût dit que les cétacés s'étaient donné le mot pour déserter leurs anciens parages, comme s'ils avaient voulu manifester leur mécontentement du renversement de l'ancien ordre de choses.

Au bout d'un mois, les deux bâtiments étaient prêts. Avant de quitter des lieux qui lui étaient chers à tant de titres, Marc Woolston voulut leur rendre une dernière visite, non plus comme fonctionnaire, mais comme simple particulier. L'*Anna* lui fut prêtée à cet effet par le nouveau gouverneur, qui n'oublia pas de stipuler une indemnité convenable en faveur de l'Etat.

Une semaine fut consacrée à visiter le groupe d'îles. Ceux des habitants qui se reprochaient de n'avoir pas pris la défense de leur bienfaiteur, éprouvaient une gêne maladroite, ou se confondaient en excuses plus maladroites encore. En somme, Marc n'eut pas beaucoup à se louer de son excursion, sous le rapport de ses relations avec les personnes ; mais la nature se chargea de le dédommager amplement. Partout les canaux étaient bordés d'arbres vigoureux ; les progrès de l'agriculture annonçaient un état de civilisation déjà avancé ; des haies toutes parsemées de fleurs divisaient les champs, et ce n'étaient partout que plaines labourées ou que riches pâturages.

C'était au **Récif** que s'étaient opérés les plus grands

changements. La ville ne comptait pas alors moins de deux cents maisons, et la population dépassait cinq cents âmes. C'était peu en proportion des habitations, mais il faut remarquer que les enfants étaient encore en petit nombre.

Si l'on ne savait pas jusqu'où l'égoïsme et l'intérêt peuvent pousser les hommes, on ne croirait jamais que la propriété du Cratère fut sérieusement contestée à Marc Woolston, le Cratère qui n'était qu'un amas de cendres à son arrivée, et qu'il avait eu tant de peine à fertiliser. Ce fut cependant ce qui arriva. On prétendit que c'était une propriété publique, et l'on ne rougit pas d'intenter à Marc un procès en revendication, sans doute parce qu'il en avait abandonné la jouissance à l'Etat pendant un certain temps, pour qu'il servît de lieu de refuge en cas d'invasion. Aucun des anciens habitants ne contestait ses droits. C'étaient les nouveaux venus qui, ne pouvant prétendre à des privilèges semblables, ne pouvaient les supporter dans les autres.

Marc était bien décidé à ne pas se laisser exproprier ainsi. Le Cratère était pour lui un don spécial de la Providence qui le lui avait départi dans ses mauvais jours, et il s'en était réservé expressément la possession, quand il avait admis des étrangers à venir s'établir au Récif. L'affaire fut soumise au jury. L'avocat général fit de belles phrases sur l'aristocratie et les classes privilégiées, ainsi que sur les droits imprescriptibles du peuple. A l'entendre, on aurait pu croire que les Woolston étaient des princes en pleine possession de leurs Etats héréditaires, et disposés à attenter aux libertés publiques, tandis que, par le fait, il n'avaient pas un seul droit de plus que le dernier des citoyens, en même temps qu'ils avaient de plus à lutter contre les préjugés et la jalousie.

Woolston, qui avait différé son départ de quelques jours
pour être présent au procès, se défendit par quelques
paroles pleines de noblesse. Il ne concevait pas même
qu'il eût pu venir dans la pensée d'une seule personne
d'élever une réclamation semblable, et il s'en rapportait
avec confiance à la décision du jury. Dix jurés se pro-
noncèrent contre lui, mais deux tinrent bon et défendi-
rent le bon droit, et, comme il fallait l'unanimité, l'affaire fut renvoyée à une autre session, c'est-à-dire à six
mois.

Marc ne pouvait différer plus longtemps son départ,
et le lendemain du jugement, il s'embarqua sur le *Rancoc*, en même temps que Betts sur son brick. Sa dernière
visite, en passant, fut pour le Pic, et les passagers montèrent tous jusqu'à la plaine, pour prendre congé de ce
Paradis terrestre. Le Pic était vraiment la résidence
privilégiée; c'était là que demeurait l'aristocratie de
la colonie. Aussi était-il grandement question d'y procéder à une nouvelle répartition des terres, les nouveaux arrivés ayant grande envie d'avoir leur part du
gâteau.

Mais Marc et Brigitte tâchèrent de ne pas faire attention à ces tracasseries pour admirer une dernière fois
la nature dans une de ses productions les plus belles et
les plus sublimes. C'était bien, ainsi que Marc l'avait
appelé, le Paradis au milieu des eaux.

Cependant les deux bâtiments sortent de l'Anse-Mignonne, toutes voiles déployées. Ne les retardons pas
dans leur traversée; disons seulement qu'après s'être
séparés au Cap Horn, s'être rejoints à la Baie de Rio,
puis s'être perdus de nouveau, ils entraient à Philadelphie à une heure de distance l'un de l'autre.

Ce fut un grand événement dans la petite ville le

Bristol que le retour de tous les Woolston, qui étaient allés on ne savait guère où : les uns disaient à la Nouvelle-Hollande, quelques-uns en Chine, d'autres même au Japon. La nouvelle s'en répandit aussitôt jusqu'à la petite ville de Burlington, et il y eut un moment de crainte que toute l'histoire de la colonie ne parût dans les journaux. Mais les colons se montrèrent discrets, et il en fut de cet événement comme de toutes choses de ce monde : une semaine après, un autre était survenu qui avait absorbé l'attention de la multitude, et le premier était oublié.

Mais ce fut dans les familles d'Anne et de Brigitte qu'éclata la joie de leur retour. Grâce au climat délicieux dans lequel elles avaient vécu, on les retrouvait aussi fraîches qu'au départ. On s'arrachait leurs enfants, on leur faisait fête de tous côtés.

Les voyageurs, qui rapportaient une fortune assez ronde, n'en étaient pas plus mal reçus pour cela. Les deux frères de Woolston avaient alors une honnête aisance, et ils ne tardèrent pas à annoncer qu'ils ne retourneraient pas aux îles. Quant à l'ex-gouverneur, il pouvait passer pour riche, mais ses affections étaient toujours pour la colonie, malgré l'ingratitude des habitants. Il avait pour elle l'indulgente faiblesse d'un père pour les défauts de ses enfants. Néanmoins, Brigitte se décida à rester encore un an auprès de son père, qui était alors infirme, et qui ne pouvait se résoudre à voir repartir sa fille unique, lorsqu'il avait eu à peine le temps de la serrer dans ses bras. L'Ar ie Marthe aimait beaucoup à régler sa conduite sur celle de Brigitte Woolston ; il fut donc convenu que Betts vendrait son brick, et qu'il s'embarquerait comme passager à bord du *Rancoc,* sous la condition que cette fois il consentirait à coucher dans une des chambres de la cabine, et à prendre place à la table du commandant.

Les Heaton se déterminèrent à rester, du moins momentanément, en Amérique. M. Heaton était plus révolté que son beau-frère des procédés indignes des colons. Il savait mieux que personne tout ce que Marc avait fait pour eux, et il ne pouvait leur pardonner de l'avoir oublié. Anne regretta un moment le Pic et son air si pur et si salubre; mais elle était dans sa famille, avec son mari et ses enfants, et elle ne pouvait que se trouver heureuse.

Quand le *Rancoc* mit à la voile, il n'y avait donc à bord, outre les gens de l'équipage, que Marc Woolston et Betts. Sa cargaison avait été composée des objets qui pouvaient être utiles à la colonie. Marc eût trouvé à s'en défaire avantageusement à Valparaiso; mais il repoussa les offres qui lui furent faites : la manière la plus noble à ses yeux de se venger des colons était de chercher à les servir.

Entre Valparaiso et le Cratère, la traversée était ordinairement de cinq semaines, quoique cela dépendît un peu de l'état des vents alizés. Cette fois elle fut plus longue, parce que M. Woolston voulut essayer un nouveau chemin. Au lieu d'aller au Groupe de Betto, il chercha s'il ne pourrait pas, en gouvernant plus au sud, arriver directement au Pic de Vulcain.

Ce fut dans la matinée d'un des jours les plus purs de ce beau climat, que le capitaine Saunders se trouva sur le pont avec l'ex-gouverneur au moment où celui-ci sortait de la cabine pour la première fois, et il lui annonça qu'il venait d'envoyer quelques matelots en haut pour chercher la terre. D'après ses calculs, ils devaient être au plus à vingt lieues du Pic, et il s'étonnait qu'on

ne le vît pas encore. Au surplus, cela ne pouvait pas
tarder, car il était tout-à-fait sûr de sa latitude, et quant
à sa longitude, il ne croyait pas qu'il pût s'être trompé
de beaucoup. Les matelots en vigie furent hélés alors
pour savoir s'ils découvriraient le Pic à l'avant; la réponse fut qu'aucune terre n'était en vue sur aucun
point de l'Océan.

Le bâtiment continua pendant plusieurs heures à
courir vent arrière, et ce même vide extraordinaire
régnait au-dessus des eaux. Enfin une île fut aperçue,
et la nouvelle en fut envoyée sur le pont. Le *Rancoc*
gouverna vers cette île, et dès qu'on en fut près, à la
surprise entière de tout l'équipage, on vit qu'elle était
entièrement inconnue. Marc et le capitaine avaient la
conviction qu'ils ne pouvaient être qu'à quelques lieues
du Pic et du volcan, et ils ne voyaient ni Pic ni volcan;
à la place était une île nouvelle. Cette terre ignorée, de
peu d'étendue, sortait de l'eau de trois cents pieds environ. On mit un canot à la mer pour aller considérer
de plus près cet étrange phénomène.

Marc, en approchant, découvrit quelques contours
qui lui semblaient familiers. L'embarcation se porta un
peu plus vers le nord, et il aperçut un arbre solitaire.
A cette vue, un cri s'échappa de ses lèvres, et la terrible
vérité lui fut révélée tout-à-coup dans toute son horreur.
Il voyait la cime du Pic, et cet arbre était celui qu'il
avait désigné lui-même pour servir de signal. Le reste
de son paradis s'était abîmé sous les eaux.

On mit pied à terre, et un examen plus attentif confirma entièrement cette effrayante catastrophe. De tout
ce séjour enchanteur que Marc avait appelé le Pic de
Vulcain, il ne restait debout que le sommet rocailleux,
couvert d'une couche vénérable de guano. Tout le reste

avait été submergé, et lorsqu'on consulta la sonde, la plaine, ce lieu de délices, qui semblait tenir du ciel plus que de la terre, se trouva être près de cent brasses au fond de l'Océan.

Il serait impossible de décrire l'horreur dont Marc et ses compagnons se trouvèrent saisis à cet affreux spectacle. Il n'y avait pas à en douter : les feux intérieurs avaient produit une nouvelle convulsion ; le fruit de tant de travaux était à jamais perdu ! La croûte de la terre s'était brisée de nouveau ; et cette fois c'était pour détruire au lieu de créer. La sonde ne confirma que trop ce désastre : c'était bien tout autour de la montagne les mêmes configurations de terrain qui avaient été reconnues tant de fois; c'étaient aussi, à ne pas s'y méprendre, les contours du Pic dont la cime était toujours là, dépouillée, battue des flots, mais non plus entourée de cette riante nature qui en faisait tout le charme.

Les navigateurs retournèrent à bord le cœur navré. Ils passèrent la nuit près de la petite île ; le lendemain, ils gouvernèrent dans la direction de la place où le volcan avait surgi un jour du sein des eaux. Arrivés sur le lieu, après avoir couru des bordées dans tous les sens, ils mirent en panne, et on fila la ligne de sonde sans trouver de fond à deux cents brasses. Le *Rancoc* se dirigea alors vers l'île qui avait porté son nom; on trouva la place, mais la montagne s'était enfoncée dans l'Océan. Sur un point, la sonde indiqua dix brasses d'eau, et le bâtiment y jeta l'ancre. A la pointe du jour, en appareillant, l'ancre ramena une portion du squelette d'une chèvre, qui, sans doute, était à brouter sur la pointe extrême de la montagne, au moment où était survenu le tremblement de terre qui avait tout englouti.

Le *Rancoc* prit alors la route du Récif. Dès qu'il fut

arrivé à la rade de l'Ouest, on n'avança plus que la sonde à la main et avec une grande prudence, dans la crainte de rencontrer des écueils; car M. Woolston ne tarda pas à se convaincre que, comme dans la première convulsion, c'était au Pic que la plus grande commotion avait eu lieu, et que les îles du Récif étaient loin de s'être enfoncées à la même profondeur. Vers le soir, lorsqu'on était arrivé, suivant son estime, au centre du groupe, les vigies annoncèrent qu'on voyait la pointe de quelques brisants, à un demi-mille de distance, par le travers de babord. Le *Rancoc* mit en panne, et Marc monta sur un canot avec son ami Betts pour aller faire une reconnaissance.

Cet écueil n'était autre chose que le Sommet du Cratère et les brisants signalés sur un ou deux points étaient formés par les saillies des rocs les plus élevés. Le canot passa néanmoins sans peine, en ayant soin, toutefois, d'éviter les endroits où l'eau était blanche. En plein milieu du Cratère, le plomb de sonde atteignit le fond à vingt brasses. Ainsi donc, c'était à vingt brasses sous la surface de la mer que le Cratère, avec sa ville et ses habitants, s'était enfoncé! Si quelque objet avait flotté quelques instants sur l'eau, comme il était probable, il y avait longtemps que les courants l'avaient emporté, ne laissant après eux aucune trace qui pût désigner l'emplacement habité si récemment encore par tant de créatures humaines!

Après quarante-huit heures employées à des recherches qui ne pouvaient avoir de résultat, il fallut s'éloigner de ce lieu de désolation, et Marc se rendit au Groupe de Betto. Il y trouva le jeune Ooroony qui gouvernait paisiblement sa peuplade. On n'avait rien su du sort des colons, quoiqu'on eût été surpris de ne recevoir la visite d'aucun de leurs bâtiments. Déjà, depuis assez longtemps, les relations étaient beaucoup plus rares. La plupart des Kannakas avaient quitté successivement le service des blancs. Presque aussitôt après le départ des Woolston, les prétendus défenseurs de l'humanité, ces amis exclusifs du peuple, s'étaient mis à exiger d'eux beaucoup plus de travail qu'autrefois, et ils oubliaient de les payer. Aussi bientôt la désertion avait-elle été générale. Voilà à peu près tous les renseignements que les Indiens pouvaient fournir au sujet de la colonie. Seulement ils parlèrent de l'affreux tremblement de terre qui avait eu lieu il y avait quelques mois, et qui avait surpassé de beaucoup en violence tout ce qu'on avait jamais ressenti dans ces régions. C'était dans cette convulsion affreuse de la nature que la colonie du Cratère avait péri tout entière.

Woolston laissa quelques présents à son ami, le jeune Ooroony, et après avoir débarqué deux ou trois Kannakas qui se trouvaient encore parmi l'équipage, il mit à la voile pour Valparaiso, où il se défit avantageusement de sa cargaison, et il rentra à Philadelphie après un peu plus de neuf mois d'absence.

Il fut rarement question parmi ceux qui avaient échappé si miraculeusement à ce désastre, de la colonie du Cratère, dont la naissance et la fin avaient été marquées par des catastrophes si extraordinaires. Mais ce fut pour notre ami l'objet de longues et profondes méditations. Que de fois il repassa dans sa mémoire tous les événements de sa vie qui se rattachaient au Récif : son naufrage, et son isolement complet, lorsqu'il y aborda pour la première fois ; ce roc aride, devenu fertile par une sorte de miracle dont il avait été l'humble instrument ; puis toutes ces îles grandissant tout-à-coup

à la suite d'un tremblement de terre ; l'arrivée de sa
femme et de ses amis ; le commencement et les progrès
de la colonie, prospère tant qu'elle avait suivi la bonne
route, maudite lorsqu'elle s'en était écartée ; son départ
lorsqu'il laissait des établissements en pleine activité au
milieu d'une sorte de paradis terrestre ; son retour,
pour trouver tout enseveli sous l'Océan !

Voilà pourtant l'histoire du monde et de ses avantages
si vantés ! Pendant quelque temps nos efforts semblent
créer, orner, perfectionner ; puis nous oublions notre
origine et notre destinée ; nous voulons substituer notre
néant à l'action de l'Etre infini, et dès que la main qui
nous soutenait se retire, nous tombons dans l'abîme
sans fond !

Imprimé en France
FROC02n1351190718
19265FR00011B/137/P